2019年国家社会科学基金教育学项目"学校物件的教育文化研究"
（编号:BAA190229）研究成果

教室

物件视角的教育文化研究

熊和平　等◎著

Classroom: Researches on Educational Culture
from Object Perspective

ZHEJIANG UNIVERSITY PRESS
浙江大学出版社
·杭州·

图书在版编目（CIP）数据

教室：物件视角的教育文化研究 / 熊和平等著.
杭州：浙江大学出版社，2025. 5. -- ISBN 978-7-308
-26189-0

Ⅰ. G481

中国国家版本馆 CIP 数据核字第 2025XD7360 号

教室：物件视角的教育文化研究

JIAOSHI：WUJIAN SHIJIAO DE JIAOYU WENHUA YANJIU

熊和平　等著

策划编辑	吴伟伟
责任编辑	梅　雪
责任校对	马一萍
封面设计	雷建军
出版发行	浙江大学出版社
	（杭州市天目山路 148 号　邮政编码 310007）
	（网址：http://www.zjupress.com）
排　　版	大千时代（杭州）文化传媒有限公司
印　　刷	杭州捷派印务有限公司
开　　本	710mm×1000mm　1/16
印　　张	16.5
字　　数	244 千
版 印 次	2025 年 5 月第 1 版　2025 年 5 月第 1 次印刷
书　　号	ISBN 978-7-308-26189-0
定　　价	88.00 元

目　录

绪　论

　　20世纪60年代以来,受法兰克福学派的工业文化批判研究与伯明翰学派青年亚文化研究的持续影响,全球人文社会科学研究普遍出现了"文化转向"。最为典型的是文学研究,从文学审美的内部研究转向了文学文本与社会关系的外部研究,即从基于文本内部的语符研究转向了泛文学的符码文化研究。文化研究的理论基础从早期结构主义的科学化模式逐渐过渡到后结构主义的符号学模式。从世界范围来看,这种转向直接影响了教育研究,出现了一种"泛教育"化的文化研究。在我国,越来越多的教育研究者开始关注教育电影、教育文学、教育建筑、教育广告、教育物件等带有文化研究性质的新兴领域。对于教育研究的"文化转向"而言,教室作为一个充斥着物态符码体系的文化空间,是一个尚待开发且值得深入探察的研究对象。

一、文化研究的兴起

　　在晚期资本主义社会,文化霸权不再通过直接的压制性、霸权性的力量来实现,而是通过对物体系的生产及其附属的文化属性来表现文化控制与生活意义的再生产。这是威廉斯(Williams)的文化唯物主义、巴特(Barthes)的神话符号学、福柯(Foucault)基于文化规训的新历史主义、布迪厄(Bourdieu)的文化资本学说、鲍德里亚(Baudrillard)的物质消费文化理论、费伦(Phelan)的文学文化及其新叙事学等想要揭示的文化形态。尽管在研究视点上各有侧重,但总体而言,这批学者集体开创了一条不同于现代性的文化研究理路。

　　长期以来,文化学者在思想史、制度史、概念史领域从事文化研究,把历史文化局限在观念领域去描述与揭示人类发展的意识结构。这种以社会意识来诠释历史文化的做法，从本质上说是文化唯心论的路径，是特定主流意识形态的观念论的演绎模式，带有结构主义的成见。现代性的文化研究试图把特定的生活经验方式解释为一种稳定的结构，进而排斥边缘话语的文化价值。显然，威廉斯的文学文化研究的路径，旨在打破文学研究话语结构的稳定性。尽管 1968 年美国人类学家哈里斯（Harris）曾"公开申明可以用唯物主义的方法从事人类社会文化研究，他将这种研究方法称为'文化唯物论'（cultural materialism）"（乔晓勤，1988），但从学理上说，文化唯物论由威廉斯于 1977 年在《马克思主义与文学》中系统地提出。威廉斯提倡"以文学与社会的互动关系积极介入当代文学批评，强调文学研究对文化物质性的重视和对社会历史的关注"（Williams，1980：243）。文学研究的"文化转向"给教育研究的启示是：教育研究的"文化转向"需要强调对教育场域中物质性文化的重视，以及对教育活动中物态主题的关注；教育物件并不只是工具意义上的物，而是具有文化意义的物；关于教育现象的解释可以通过人与物的符号关系来表征。

基于文化唯物论的文学研究的出发点仍是马克思"社会存在决定社会意识"的思想。它站在 20 世纪 60 年代流行的结构主义、认知主义等思潮的对立面，解释文化事件的唯物论基础。文化唯物论认为，文化是一系列可以观察到的物件与事件相互关联的系列行为。简言之，文化唯物论淡化文学作品的价值与意义，把关注的重点放在那些呈现在文本中的价值与意义是"如何被建构出来的"。这样一来，文学研究的结构主义就转向了文学作品的大众传播学。文学的价值论、伦理学等关于价值、意义与道德的传统主题变成了文学符号学层面的关于符码、修辞与传播的主题。正是"透过文化符号的形式，透过修辞，可以觉察出各种各样的意识形态、不平等的文化或社会关系的隐蔽影响。这无疑有利于人们更清醒地开展对于文化领导权的争夺，有利于人们摆脱形形色色中心主义的蒙蔽和操控。这正是文化研究的主旨"（王尔勃，2008）。

犹如文学的形式化、结构化、科学化固然对于文学研究的独立性发展有其历史的进步意义，教育学探讨教育的相对独立性及其基本规律，也具有时代的进步性，这有利于形成教育学的学科形象。坚持教育研究的学科自主性与独立性,前提是教育研究具有较为清晰的理论边界以及划定边界的合理性与合法性基础。教育学科学化的后果是,教育研究所得的"普遍原理"及其概论式的话语体系,比如"本质论""目的论""规律论""原则论""方法论""评价论""管理论"等理论范畴,远远不能解释复杂的、离散式的、多元化的教育实践。这种建基于牛顿的经典物理学、达尔文的普遍进化论、黑格尔的唯心辩证法等现代主义的思想框架,无疑将导致大一统的教育理论模式。正如威廉斯评论文化研究时所说的:"在理论纲领方面,在文化生产与分配过程对文化机构类型及其形成的研究中,以及整个社会化物质过程联系中,马克思主义的文化社会学很容易辨别。"(Williams,1977:138)同理,马克思主义的教育文化研究也很容易识别。从这个意义上说,把教育文化研究归结为教育基本理论的总体框架,显然不太恰当。由于文化研究跨学科的研究性质、跨文类的理论表达方式,"教育文化学"或"文化教育学"等学科性命名意味很强的概念,并不适合描述当前教育文化研究的事实。实际上,一方面,谋求教育文化研究的学科独立性,规划出一个具有自主性的"内部研究"是徒劳的;另一方面,关于教育现象的文化研究作为一个新兴学术领域,在总体上指向的是反普遍主义、反本质主义。

二、文化唯物论视野下的教室

当前我国主流教育学把"教育与文化"的关系纳入"普遍原理"或"概论"层面进行研究,容易落入概念演绎的思辨程序,并未真正把学校文化当成一种教育经验来对待。从"文化转向"上说,教育文化研究关注的是:基于包括具体物件与事件等教育现象的经验分析,而非教育文化原理的结构性研究;基于教育现象与物质文化之间的外部关系研究,而非教育学内部的科学化研究;基于物质文化基础如何为师生提供文化语境的微观经验研究,而非文化理论与政策等宏观层面或中观层面的研究。从研究主题上说,基于教室物件的教育文化研究把书包、课桌、奖状、袖章、黑板、讲台、作业册、练习本等日常物件看成教育文化的符号系统,而非服务于有效教学的课堂物态工具。这种研究方式与主题更关注"是什么力量"主导了教育物件的类型、秩序以及意义,而非"怎么使用物件"才能使课堂教学更有效。

历史不宜狭义理解为经济史。经济史并非只有生产史的单一视角,生产史也不能用生产力的进化史来概括。当代历史唯物主义正面临诸多挑战,"需要从历史唯物主义基本原理中寻求相应的思想储备,深化并扩展经济基础与上层建筑的理论内涵,以此回应当代社会急剧变革中的文化作用问题"(欧阳谦,2017)。同理,教室作为师生的生活空间,其功能之一是对教学知识的认知、建构与生产,但在知识急剧变革时代,正是文化作用拓展了教室功能的多样性。文化唯物论把文化研究的焦点投向了日常生活的经验形式,即社会文化的基础结构。哈里斯等"强调归纳法,同时又采用演绎方法,以一种经验主义的态度来处理材料。因而,认为休谟的经验主义传统比之黑格尔的辩证法更适用于唯物主义"(乔晓勤,1988)。这种基于文化唯物论的文化研究表明:物质因素决定了社会文化现象的性质及其变化,而标榜科学化的结构主义在处理文化物件与文化事件的时候,通常采用的是非历史的态度,忽视了对文化现象基础结构的研究。

哈里斯区分了社会文化的三种结构:基础结构(infrastructure)、结构(structure)与上层结构(superstructure)。基础结构由吃穿住行等日常生活经验方式组成,"是起决定性作用的层次,它的存在与发展决定了其他层次的存在与发展。因而对人类社会的观察和认识必须从生产方式、再生产方式的状况入手。如果要做一个限定,那么生活在一定时间与空间的具体群体的存在状况就是文化唯物论者进行社会文化分析的出发点"(乔晓勤,1988)。结构主要由政治仪式、社会制度与法律规章等维系人类常态活动的制度性要件组成。上层结构则由道德观念、价值趋向与审美偏好等集体无意识组成。哈里斯对于社会文化结构的三种区分同样可以用来分析教室的日常文化实践。

文化及人的存在状态与日常生活意义的生产制度有关。宽泛地讲,"只要涉及意义的生产、流通、消费的日常行为都是文化"(汪民安,2011:255)。显然,教室就是这样一个具有生命气息的文化空间。教室的文化不同于博物馆的文化,教室的物件不仅具有可视性,还具有可用性,本质上是活生生的人的文化表征。博物馆的物件具有历史性,通常被视为历史唯物主义的文化注脚,但它们几乎不具备现实日常生活的可用性。教室容纳了各种形式与类型的教学物件,但它不同于陈展文物体系的博物馆,而是与教学物体系及其在教学过程中发生的各种关系以及生活意义密切相关。文化唯物论并非要为某种文化的正当性辩护,而是关注特定文化是如何被塑造成当下的形态,它"关注文本如何达到当前的估算值的过程,是文化唯物主义的一个重要动向,也是区别于新历史主义的重要原则"(Sinfield,1994:28)。照此理路,基于教室物件的文化研究就变成了对文化语境的物件符码的话语分析,这是一种从根本上区别于以"认识"与"应试"为主的"间接认识论"的学理方式。关于教室的文化研究更注重物件与事件的"话外之音",更注重它们在符号解释学层面——"为什么在这里发生"的意蕴,而不是它们"有何用"或"要达成什么目的"的工具主义的内涵。文化唯物论反对把教室当成一种知识加工的行政化属地,或认为其具有建筑学意义上的空间教化功能。教室为学生的存在方式提供了某种构型、惯例、符号所营造的文化语境。教室是文化符号体系的综合体。课堂教学改革的要义就是要改变那种长期影响人的符号构型及其实践模式,而不是把重点放在提升教师的专业发展水平或变革教材编撰方式上,更不是扩大教室空间的面积、更新电子设备的版本、提升各种形态的教具等静态物件的技术化属性。因此,教室物件不能仅仅被视作教学过程的硬件支撑——这是对教室文化的严重误解。在传统的以认识论为基调的教育学理论框架中,教室并非文化研究的理论对象,它通常作为"环境要素"消解在"教育影响"[①]的整体框架之中。把教室当成文化领域来看待,可以避免把它误解为认识论的范畴与对象。

---

　　① 南京师范大学教育系编的《教育学》认为,教育者、受教育者与教育影响构成了教育系统的三个基本要素。在教育过程中,"教育者所直接掌握、控制和调节的是教育影响,他是通过控制、调节教育影响来控制、调节教育对象的发展。在他的有目的的活动中,他使教育影响和受教育者各自按他们自身的特性相互作用,发生他所需要的某种'物质交换'过程"(参见南京师范大学教育系.教育学[M].北京:人民教育出版社,1984:29-30.)。这是典型的从结构主义要素论的视角来看待课堂或教室的教育意义。另外,田慧生在《教学环境论》中提出,"教学环境论研究教学环境对教学过程的干预和影响,探讨教学环境诸因素对学生身心发展的综合作用及其作用机制,是研究对教学环境的评价、设计、调控和优化等问题的一个跨学科研究领域"(参见田慧生.教学环境论[J].教育研究,1995(6):47-51,58.)。显然,这些代表性观点偏向于对教室物件或技术的设计、控制、干预与调节方面的论述,主要是从目的论与认识论的视角看待并探讨课堂环境观或教室的文化功能。

这种理论视角彰显了教育研究及其实践方式的转换，也预示着当代教育文化研究主题正从"再现""建构"向"表征""符号"的方向转移。

在不同的理论视野下，教育研究往往呈现出不同的范式。同样的教育现象，换个理论角度就可以得出不一样的研究结论。这些范式或理论与不同的历史语境、不同的文化特性有关，还与特定的教育物件和教育事件相关联，并由不同理论形态的教育学语汇表达出来。抓住了教室里关键的物件或事件，抓住了它们的文化属性，就抓住了学校文化的要旨。文化研究者反对把教育现象当作一种可供认识的、细分为局部结构的科学的审察对象，而是主张将教育现象的研究纳入整体性的社会文化语境考察，从而避免专门化理论造成的与教育经验世界的割裂。文化唯物论就是要跳出"普遍化""概论式"的固化模式，淡化教育学者对教育现象的规律化、原则性、程序性的观念，进而揭示教育现象的多种样态，回归教育活动的人文本色。

从学科史上讲，教育科学化研究的兴起，对于教育研究走出意识形态"反映论"、确立独立的学科形象，有其独特理论贡献。但是，在教育现象内部从事所谓的科学研究又难免落入自主"建构论"的封闭状态。因此，文化唯物论对于超越"反映论"与"建构论"，使教育研究走向更为广阔的社会文化背景，解释教育现象而不是认识教育现象，开辟了一条新的研究路径。20世纪90年代以来，随着教育学界对文化、符号、解构等概念的深入研究，基于"文化转向"的教育研究进一步呈现"外部研究"的趋势。这种从外部（意识形态）到内部（结构主义）再到外部（文化研究）的学理方式，显然带有"否定辩证法"的学科史演化方向。其直接后果是，关于教育活动本质的阐释，已然从认识实践转向了文化实践，当然也就不存在什么特殊认识实践之说，或者特殊交往实践、特殊文化实践的区分。文化唯物论的实践立场，可以消解长期以来困扰我国教育研究的关于"特殊"与"一般"的结构性区分。

卡西尔（Cassirer）的"符号人类学"颠覆了自康德以来的"哲学人类学"，他把人定义为"符号的动物"。照此言，教育场域的人也是教育符号的动物，教育现象就是教育符号的集合体。"人所做的不过是建造他自己的符号宇宙。"（卡西尔，1985：279-280）半个多世纪以来，教育研究对教师、学生与教材的轮番侧重,衍生出了各种"中心论"的结构主义的学术话语及其理论争鸣。在解构主义的理论方式下,教室作为文化研究的主题,对于消解结构主义的理论范式,具有开拓性的意义。在这种范式下,认识论的"主体"被消解了。教室不能被假设为知识加工与科学测评的地方,而是人建构意义的一种文化领地,它的合法性与合理性需要被重新审视。教室不仅是追求知识的地方,而且也是表征追求知识的文化符号展示空间。对教室的文化属性及其教育意义的揭示,是基于文化研究立场从事教育研究的基本使命。

教室有许多同义语,换个理论视角就可以呈现不同的内涵与意义。在科学认识论的视野下,教室是课堂,是教师授知与学生求知的地方;在教育管理学的视野下,教室是班级,是教师与学生在课程表引领下的行政序码;从现代建筑学视角看,教室是一种"目的—结构—功能"的连续性空间,是师生活动的容器;从文化研究视角看,教室是教育物件与教育事件综合作用的文化领地。总之,在不同的理论视野下,教室有不同的阐释话语,并构成了不同的教育意义空间。

教室作为校园建筑的一个概念,在普通教育学的框架下,它通常被理解为是工具性的,它为教学的发生提供了空间条件与物质环境。但教室的独特之处并非它的物态性外观,而是人文实践属性。教室并非容纳教学物件的场所,并非容纳人的体制性空间,教室是人的意义的发生学空间,它具有场所精神。从空间结构与物体系的建筑学关系来看,教室是设计性的,但在教室里发生的异质性事件并非设计性的,它是教学解释学的对象,无法纳入认识论的话语体系。从文化唯物论的视角理解教室,描述与定位教室文化的面貌,意味着教室文化不是某种观念集合与纪律统整,它的意义不是在课堂讲授过程中能够传递的。教育文化的产生、接受与传递往往就在人与物的交往过程中,在耳濡目染的文化浸染之中,以及在人使用物件的"把玩"与"上手"的过程中。梳理教室中典型物件并对它们做相关的事件性分析,对于把握教室的文化语境以及人的存在状态至关重要。

三、教室文化研究的物件视角

当今我国教育文化研究主要表现为宏观层面的文化传统研究与中观层面的文化政策研究。实际上，宏观层面与中观层面的文化研究习惯从普遍性、一般性、结构化的角度来把握文化对象的做法，并不能很好地把握学校场域中的文化现象和经验事实。教育文化研究或者"教育与文化"的关系研究的一条实验性路径是，走出理念论与政策论的演绎模式，走出结构主义的科学化模式，研究教室内部的物质性关联。物件的文化分析，致力于考察作为文化产品的物件的教化意义及其运作过程，从而在物件文化中探寻被主流文化遮蔽的日常生活经验。这种研究理路"所要实验的乃是这样一种'以小见大'性质的理论活动"（周勇，2000），是一种以物件为视角的文化经验研究。

物件提供了教学事件的文化背景。物件具有组织性，它们的组织性呈现出特别的教育意义，提供了特定的空间秩序、时间制度以及人际关系的模式。因此，基于教室物件的文化研究主张，将蕴含在物件中的文化元素不再看作物态加工程序的结果，而是对教育语境的一种想象性建构，是经过意识形态"加工过"的符号系统。教室物件是教学事件发生的前提，它们规制了教学事件的性质及发展方向。单个的物件本身并不体现教学价值，但不同物件的搭配与组织则传递了教学价值。比如，课桌通过与座椅的关联，指向了教室的空间关系以及教学组织形式的理论主题；黑板通过与讲台的关联，指向了教学方法与原则体系及其背后所暗含的知识论方式与师生关系模式；书包通过与教学文本的关联，指向了学生的作业方式以及课业负担论的主题；扫把与抹布的关联，指向了教室卫生的检查制度以及班级"创卫"的文化；等等。总之，没有一个物件是独立存在于教室空间的，它们在教学与管理方面具有很强的组织性，构成了物件的文化样态。

教室物件是学校文化实践的基础性条件。凡是进入教室的物件，它们的商品属性较弱，它们与消费主义背景下的商品的显著不同在于文化性与人文品质，具有教学的文化功能。换言之，教室物件不仅为教学提供物质性条件，它们的组织性以及使用过程本身还构成了教学的过程。教室物件的组织性构成了学校文化的基础结构。人、事与物,是学校文化实践的基本条件。人安排物,并与物一道参与教学事件。比如讲授、听讲、发言、讨论、演示、作业等课堂行为的发生,都需要教室物件在特定组织方式下的参与。人与物的结合,以及教学事件的发生方式,构成了学校文化的日常实践样态。而课堂教学改革也必将涉及教室物件的更新或者摆放方式的变革。教室物件的更新并非它们的使用价值丧失,而是因为其不符合新的教学理念,这是文化实践的必然结果。

教室物件的特殊性就在于它们的文化属性,并非教育产业链条中的商品流通价值。不像政治经济学意义上的使用价值通常会在使用过程磨损或消耗,教室物件在使用过程中实现文化增值,即物件在使用过程中传递并生产价值。如果说政治经济学意义上的物品在空间上受制于物流系统与商品的储存和消费法则,那么教育文化物件则通过像教室这样的特定文化场所,通过物体系的组织法则,实现物件的社会生命与文化功能。教育文化研究正是透过教室物件的组织机制所形成的物态符码体系,来分析学校文化的日常实践方式,继而揭示师生日常的文化处境及其力量来源。教室物件的文化研究强调在特定的意识形态背景下附着于物件的文化符号,包括它们的空间属性、符码意义、使用功能等,以解读"教育与文化"的关系。基于文化唯物论的物件分析模式,以课堂文化生产或再生产为分析对象,致力于解读(解构)物态的符号特性,强调教育是如何被物态化的,并从中揭示教育的文化属性以及物件的教育属性,这正是教室文化研究的价值所在。

尽管学校教育中的物件具有一定的结构性,但文化研究并非要勾勒出物件的一般结构,进而规划出一种演绎性的文化研究路径。威廉斯也关注到了社会文化的结构性要素,但并非早期的结构主义(如索绪尔的语言学与列维-斯特劳斯的人类学那样)追求的对文化现象的总体性、稳定性的解释,进而迈向普适性的文化科学,而是认为社会文化存在冲突与对抗,关注文化的动态性结构与过程性状态。威廉斯认为,在一个自然状态的社会系统中,"文化体系主要由三种活动因素构成,即残余的文化因素、主导的文化因素和兴起的文化因素。在这三种活动因素的关系网络之中,文化体系得以维持某种动态性结构和过程性状态"(Williams,1977:121)。由此看来,对教室的文化研究是动态的，是经验性的，甚至关注的是基于个体生命成长的意义与功能。在如今物体系更新速度越来越快、越来越频繁的背景下，文化的场域及其权力结构经常发生变革性的转换。在教室物件频繁的更新过程中，它们的"文物价值"很弱，无法成为具有永恒性的、值得博物馆或教育民俗馆收藏的物件。如今，物件很难成为教育活动史上的经典符号。文化唯物论视野下的教室物件研究，首先悬置物件所谓的经典性或永恒性，认为文化物件（像戒尺、文具盒、墙画、红领巾等）只不过是权力系统支配下意识形态运作的产物。任何主导的文化形态的确立都存在排斥边缘文化或新兴文化的过程。

在信息化时代，教室的多媒体物体系正在逐渐取代传统的讲台、黑板、课桌等物件类型及其搭配方式。物件的类型与秩序正面临重建，这意味着一种新型的课堂教学文化及其实践方式正在形成。教室物体系面临电子化的冲击，物体系的形态与结构都在发生急剧的变化。比如，在人的书写方式方面，键盘书写取代了纸笔书写，造成物体系的搭配结构发生了转型。物件格局的电子化趋势不仅改变了人的社会信息接纳方式，而且还改变了人的知觉模式，甚至改变了空间与时间的结构方式。多媒体技术使传统的"人—物"的关系转化为"人—媒体"的关系，最终转化为"人—信息"的互动模式与存在方式。因此，新媒体背景下对教室的文化研究是课堂教学改革顺利进行的前提。一方面，教育改革如果离开了信息化的物体系的支撑，无疑将导致旧瓶装新酒；另一方面，改革者如果满足于更换物件而没有文化实践上的创新，将迷失于物件技术的表象，甚至跌入概念化的陷阱而丧失创新实践的能力。教育改革的不断深化，必将带来学校文化观念以及物件文化的整体变革。

教室的物体系不仅有工具意义与技术价值，而且还有文化意义与教化价值。重视物件的文化研究价值，需要从文化研究学科史的高度来反思人与物的关系及其转型的方法论基础，以便了解当代教育的物件文化的处境。物会"教育"人，在人与物之间存在知识与道德的发生学机制。对教室的文化研究立足于对教室的生活实践研究，由此可以开辟一条以物体系为切入点的人文性的研究路线。这对于揭示当前我国课堂文化的总体面貌、基本特征以及推动学校文化的建设与创新，都有益处。

在文化产品消费与复制时代，不仅物件的使用寿命急速缩短，而且其文化寿命也被压缩。物件的经典文化意义在不断丧失，这恰恰说明了主流文化与边缘文化之间的鸿沟在不断地模糊。物件的更新，不是因为它们没有使用价值或使用寿命到期，而是文化属性发生了质的变化。课堂文化的变革往往淘汰一些不符合新的文化价值诉求的物件。教室或校园的垃圾桶不是在收集陈旧的东西，而是在吸纳不符合新兴文化秩序、还来不及充分使用就过时的物件。从这个意义上说，"文化唯物主义改造了社会总体性的各种传统理论，将文化分析的疆域延伸到当代社会生活的过程分析"（王进，2009）。换言之，当代教育文化研究的结构主义及其演绎路径正在让位于教育生活的各种过程与经验分析的道路。毋庸置疑，如威廉斯所言，"马克思主义在许多领域，尤其是在文化理论方面，曾经经历了实质性的复苏及其相关理论发展的开放性与灵活性"（Williams，1977：1）。唯有坚持马克思主义文化研究的开放性与灵活性，才能准确把握当代学校文化的经验形态。

四、基本架构

笔者尝试从书包、课桌、奖状、袖章、作业册等五种常见的物件出发研究教室的文化实践方式。研究的基本维度如表 0-1 所示，它们构成了本书的基本架构。

表 0-1　教室的文化研究结构与维度

位置	物件名称	研究对象	文化事件	文化主题
第一章	书包	形制与重感	课程资料整理	课业方式
第二章	课桌	空间与权力	教室空间秩序	教学组织
第三章	奖状	符号与仪式	班级荣誉授予	荣誉评价体系
第四章	袖章	卫生与秩序	卫生检查活动	创卫制度
第五章	作业册	叙事与结构	应用题教与学	数理文学

　　笔者试图通过研究书包的形制变迁与重感机制，来揭示学生的课业方式及其背后的文化基础。书包是教室里最常见的物件之一。或许有人会有疑问，书包有什么好研究的，它不就是一个容纳书籍、学习用具的日常物件吗？书包如何能构成文化研究的理论对象与教室文化经验的研究对象？笔者通过分析书包半个多世纪以来的形制、材质与结构，发现了书包重感来源的秘密以及学生学业负担的社会观念与个体体验层面的关系；通过对书包内部结构的分析，以及对以书包为主题的校园歌曲的旋律与歌词的分析，发现了书包在不同年代的政治象征意义与伦理价值；通过走访中小学教室与校门口，观察书包的摆放方式、亲子之间交接书包的方式，观察书包的内部结构，发现书包如何作为一个文化物件，作用于学生学习习惯的养成；对学生走出教室时的书包进行随机称重，观察学生对于书包的情感与态度，尝试描绘学生走出教室后的路线图。① 因此，如果要了解学生真实的学习负担与精神状态，不妨去打开他们的书包看看。

　　课桌是教室里的重要物件，是学生在校学习的必备工具。王硕（2017）以课桌为视点，探讨了教室里的身体、空间与知识论的关系。本书以课桌形制中的空间和权力关系为切入点来探究教室的空间结构，揭示课桌摆放方式暗含的教育权力机制。教室的空间性特征是建筑学、教育学、管理学等多学科共同参与的结果，其中物件的摆放及其教育学意义正是教室具有空间性的表现。教室空间的权力逻辑主要表现在讲台的空间地位、课桌与讲台的关系、课桌的行政属性等方面。课桌的规范是教学秩序的表征。学生在教室中生活，空间本身就成为教育，空间不仅是教育的条件，而且还是教育的过程。教室不应只是获取知识与进行知识竞赛的场所，而应是有温度的现象学意义上的空间，是教师与学生共有的精神家园。

　　方庆圆（2021）通过奖状文本构成的基本图式和授奖仪式中的基本要素，

---

① 　相关论述参见熊和平，陈广春.书包的重感：基于十二首歌曲的分析[J].教育研究与实验，2015（6）：47-51；熊和平."雷锋"书包及其教育学意蕴[J].教育学术月刊，2017（4）：10-15；Xiong H. The weight of a backpack：A phenomenological analysis of typical Chinese children's songs[J]. ECNU Review of Education，2018（2）：127-144。

分析了班级荣誉评价体系如何通过奖状及其授予仪式发挥作用,并以文化符号学作为理论基础,对学生荣誉评价体系的深层机制进行考察。奖状是教室墙面符号体系的常用物件,是对优秀学生予以肯定的象征性证明。通常来说,学生在例行考试、文体活动、品德评估中对自己寄予了极大的期待,希望能通过周期内的个人努力获得奖状。在一定程度上,奖状不仅是物化的荣誉载体,还蕴含着一种荣誉评价的话语方式。从话语符码的表达到颜色图案的选择,通过特定的文本建构图式,奖状向观者传递了特定的叙事信息,传递了象征性的符码意义。与此同时,通过授奖仪式,奖状中的符码信息得以大范围传递,从而在学校德育体系中发挥持续性的作用。学生荣誉评价体系不仅促成学校价值秩序的形成,还是社会价值结构在学校中发挥作用的手段。可以说,学生的荣誉评价体系将社会价值期待直观地引入了教室文化的日常实践方式,为学生的个体社会化提供了一种温顺的教化方式。

班级卫生检查活动是学校日常实践活动之一,它不仅指向卫生领域,还具有其他方面的文化功能。笔者把教室文化研究的视点投向学生手臂上的一种常见配饰——袖章,由此出发系统研究了班级卫生检查制度及其文化逻辑。班级"创卫"活动是城市"创卫"运动的一种投射,班级卫生检查对保障师生卫生安全具有现实意义。为了维持班级的环境卫生,卫生检查发挥了一种不间断的作用。袖章作为卫生检查活动的外在符号,正是凭借其"流动性",实现了卫生检查活动的持续在场。基于若干中小学班级卫生活动的观察素材与访谈数据,本书从文化符号学的角度分析袖章与班级卫生检查活动的关系,探寻班级卫生检查活动的教育价值。结合照片、视频、访谈等经验材料以及卫生工具的组织方式,剖析了班级卫生检查活动的内部机理,并分析了袖章所代表的班级卫生检查制度对学生的日常生活产生的规范化作用,对袖章所象征的班级卫生检查做了微观政治学的反思。研究的基本论调为:袖章作为卫生检查活动的符号表征,本质上体现了一种规范性的权力运作机制。袖章发挥的监视权力持续地、长久地、自动地作用于学生的心理,使学生意识到有一种监视权力针对着他们。袖章以简单的形式产生了有效的规范,塑造着学生的身体行为与卫生惯习,并使之符合学校卫生标准。也正是在卫生检查的过程中,流动的权力助推对学校秩序的建构,培养学生遵守社会共识的卫生观念。

　　笔者通过对数学应用题的叙事学探究,把教室文化研究的重心放在练习本、作业册、试卷等方面,并重点从数学学科的应用题教学中挖掘数理文化逻辑。长期以来,人们注意到了题库、作业、试卷与学业负担的关系问题,但忽视了这些普通的文本性物件所暗含的学生"发展"的异化及其文化作用。应用题的微型叙事具有文学性,构成一种类似童话故事的儿童文学系列作品。儿童文学不仅存在于语文学科,而且还存在于数学教学的日常课堂。数学应用题的编撰方式与叙事文化也会对儿童的成长产生深远影响。从这个意义上说,它涉及教室文化,但问题不在于应用题的作者是如何发挥数理文学的教育作用,而在于以儿童文学的方式,为我们理解作业、刷题、考试提供了独特的视角。在此,教育不是一个"应该这样或必须那样"的问题,而是一个"还可以这样或那样"的问题(贺晓星,李黎,2006)。在教室里,只要有叙事的地方就存在叙事者的文学价值诉求及其相应的接受机制。数理文学可以说从文学角度出发,用数理叙事的方法来实施对儿童的教化。这其实是"从社会学角度解释教育文学在教育学分支学科中的缺场,对于形式的无视是分析的一个切入点"(贺晓星,2018)。本书聚焦半个多世纪以来数学应用题中的试题事件,指出特定的数理观念的形成,都有其独特的数理文化的根基。应用题呈现出的诸多数理情节是学生们尚待接受的社会文化价值,如果只关注应用题的解题技巧,则容易漠视它的文学形式,进而以数学知识遮蔽数理文学的维度。应用题作为数学考试的基本题型,也是学生的数理生活的重要表征。应用题叙事是社会数理生活方式的镜像。应用题的人物关系及其文学话语特征表征了学生的数理生活语境与价值结构。应用题教学则是培养学生数理应用能力和数学核心素养的重要途径。作为一种微叙事的形式,应用题叙事由叙事人物、叙事情节、叙事空间等基本元素组成。叙事人物作为推动叙事进程的原动力,是现实人物的虚拟形象,包含了一定的职业特征和身份特征。叙事人物除了其身份符号,还承载了一定的身份教化功能。通过对应用题中人物身份变迁的分析,可以窥见社会发展对人才培养规格的期待以及对应用题编撰机制的影响。应用题叙事来自社会生产生活过程中的具体问题,其空间话语特征体现了数学教育对学生空间认同的塑造。应用题叙事空间的转向通过数理语言和空间符号进入数学课堂,成为数学德育的隐性手段。数学应用题需要从多方面建立与实际生活的联系,在叙事层面为学生建构起社会生活的实景,从而增进学生对社会空间的想象力与对数理生活的全面理解。应用题的编写机制、叙事门类与方式,折射了特定时期的数学教育目标与数学核心素养的话语体系,以及"培养什么样的人""怎样培养人"等教育学的基本母题。

物件是教室文化研究的切入点,并非研究对象本身。物件并不能构成文化事件,它们只有在教室这个特殊空间内被使用,才产生文化意蕴。物件背后暗含着学理性的研究对象。具体地说,书包这一物件的研究对象指向课业方式的重感体验;课桌作为研究对象则指向教室空间的秩序问题以及教学组织文化的主题;奖状作为研究对象关注的是奖状文本的符号结构及其价值导向机制,以及颁奖仪式中的教育文化主题;袖章作为学生轮值性卫生检查的配饰符号,它的基本指向是班级卫生检查制度及其文化规训机制;对数学作业册的研究,主要通过数学应用题的文学性维度,探究应用题的叙事方式与结构的变迁。本书正是透过这些不同物件及其文化符号方面的意蕴,来整体性描述与阐释教室日常文化实践的基本样态。

总之,重视对教室物件的教育文化研究的意义与价值,需要从当代文化研究理论史的高度来反思人与物的关系及其转型的方法论基础,以便了解教室物件的文化处境。因此,借鉴文化唯物论的立场,从物质文化视角关注教育与文化关系的现场经验,从教室的物体系及其物态语境来诠释学校的文化定位与功能,将步入关于教室文化研究的新领域。

第一章　书包的形制与重感

　　从形制上说,半个多世纪以来,学生书包的变革大致经历了意识形态符号、学生身份符号与教育消费符号三个阶段。书包的外观、材质与结构,暗含着特定时代的教育规训方式及其运作机理。当前,我国中小学生书包复杂且细致的分层及其结构,反映了学科知识的秩序、地位及其微观权力运作模式。在学生的日常生活中,书包的重感具有物理学、社会学、伦理学与现象学等多学科与多层面的来源,这些重感的来源既相互交叉又相对独立。书包的重感机制是:学生承受着来自学校、家庭和社会等不同方面的重感,并且这些由多重矢量综合构成的重感,都被挪移到了狭小的书包里面,共同构成了书包现象学的重感体验。为此,政府、学校、家长与书包生产商等社会各界从不同的价值立场与技术旨趣出发,提出了为学生"减负"的不同方案。但随着书包的电子化趋势,"为学生减负"存在一种戏剧性的效果与教育悖论:书包越来越轻,学生的课业负担却越来越重。书包隐含着我国当前学校教育的秘密,甚至是宏观教育体制的密码。

一、书包:学生身份的器物象征

　　书包不仅是学生装载学习用品和生活用品的日常器物,而且还是伴随学生成长的必备物件。书包与学生的关系密不可分,就像镰刀之于农民、铁锤之于工人、听诊器之于医生、乐器之于音乐家,书包就是学生身份的器物象征。在学生的生活中,背书包往返学校是一项基本的日常生活行为。然而,在应试教育背景下,各种辅导资料、练习本和试题库源源不断地涌入学生的书包,对于学生而言,书包已成为一种"职业负荷"。目前关于儿童书包重量的国内外调查研究发现,绝大多数儿童的书包重量超过自身体重(body weight,BW)的10%,有的超过美国运动生理学家推荐的15%BW负荷标准(莫仕围,李静先,2011)。

与此同时,比如脊椎病、驼背和颈肩酸痛等背部、颈部疾病开始出现在学生的身上,并且这些身体疾病逐渐趋于低龄化。相关调查表明,中小学生的这些身体疾病与其所背书包的重量有着密切的关系。有研究者指出,中小学生正处于身体发育时期,长期超负荷负重会对学生身体健康产生很大危害,导致平足、驼背、慢性骨骼肌疼痛等多种疾病(李玉凤,潘建平,2003)。沉重的书包被视为学生患身体疾病及疾病低龄化趋势的罪魁祸首,沉重的书包之所以会被视为导致学生身体疾病的主要原因,是因为书包的重量主要由学生的双肩和背部来支撑。除此之外,中小学生精神疾病与心理畸形现象也开始呈现上升趋势,具体地说,中小学生患抑郁症、孤独症等精神疾病的数量整体呈上升趋势。调查报告显示,中学生每天在步入校门时,心情"愉快"和"平静"的比例接近三分之二,有超过三分之一的中学生感到"郁闷""紧张""疲惫""厌烦""焦虑""恐惧"(素质教育调研组,2006)。也有人指出,我国有 3000 万名青少年处于心理亚健康状态(周庆谊,2007)。中小学生的心理健康问题集中表现在情绪稳定性、人际关系和行为问题等方面。多数学生存在心理偏常,有关部门进行的心理调查表明,学生的厌学障碍和人际关系问题相当突出,用学生自己的话说,终日过着"单调而紧张""烦躁抑郁"的生活(焦玉萍,杜巍,2005)。

沉重的书包因对中小学生的身心健康产生严重影响而受到广泛关注,社会各界纷纷采取了不同的措施。首先,从国家层面而言,不仅在有关政府文件中对学生的身体与心理健康教育进行了指导和规定,还专门制定了相关的指导纲要和目标计划,分别从学生身体和心理两个方面颁布了相应的政策法规。在身体健康方面,《中共中央、国务院关于深化教育改革全面推进素质教育的决定》明确指出:"健康体魄是青少年为祖国和人民服务的基本前提,是中华民族旺盛生命力的体现。"此外,各地政府还颁布了"书包限重令"等政策。在心理健康方面,《中共中央、国务院关于深化教育改革全面推进素质教育的决定》

还指出，要"加强学生的心理健康教育，培养学生坚韧不拔的意志、艰苦奋斗的精神，增强青少年适应社会生活的能力"。其次，从学校层面而言，通过"书包柜""无作业日"等技术手段减轻学生书包重量，并设立心理咨询室、安排心理教育课程等，以此减轻学生的心理压力。负责心理咨询的老师承担了对学生进行心理教育的任务，心理咨询室的专业心理咨询师承担对学生的心理疏导工作。学校之所以设置心理咨询室、聘请心理老师和心理咨询师，是因为学生在社会化过程中容易出现心理问题，需要通过心理咨询和心理教育给予疏导，否则容易出现心理疾病。最后，从家庭层面而言，家长通过购买具有"减负"功能的书包或在上学、放学途中帮孩子提背书包等简单、朴素的做法来为孩子减轻身体的负荷。

由此可见，无论是教育部门颁布的"书包限重令"和其他相关的政策法规，还是学校聘请心理老师、心理咨询师以及增设心理咨询室，都印证了当下学生正面临着沉重的课业负担。然而，从学生课业负担的本质上说，用减轻书包的物理重量来达到让学生减负的目的只不过是一种治标不治本的举措。因为，这样不仅无助于挖掘深藏于社会大背景下教育力量的博弈机制及其发挥作用的原理，而且容易把让学生负担过重的罪责简单地指向具体的教师。此外，这些政策的颁布、学校心理咨询机构的增设以及心理老师的聘请等看似为学生减负的措施背后却隐藏着辅助求知效益的管理行为。

学校教育制度是社会制度甚至政治体制的一个缩影。学校教育具有再生产主流文化与价值体系的功能。教育的权威是靠学校教育制度来维系的，而且它维持着教育特权的持久性。所以，通过学校教育系统确定下来的社会分层结构，将是整个社会组成结构的基础。学校教育系统一个非常重要的功能就是培育、塑造和养成主流社会意识形态的心态结构。心态结构与社会结构始终保持着双向的共时互动，而心态结构对于人们的行动方向及行动方式具有决定性的意义。更有意思的是，对人们心态结构的塑造，往往是通过日常的生活用品（或是饮品、食物以及惯常性的生活事件）来实现的。在学校教育领域，书包就具有塑造新生一代心态结构的功能，这是学校文化再生产的隐性动力机制。因此，面对"素质教育""学生课业负担"等口水式的论题，教育理论工作者不宜盲目地为提高学生的综合素质、减轻学生的课业负担问题建言献策——事实证明这样做收效甚微,而应对此类问题做出深层的学理判断,并挖掘其深层次的根源及其形成机制。

二、书包的形制及其教育规训

书包的形制是对书包的大小、图案、材质等外观以及内部结构等形状与制式的总称。从近 50 年来看,书包作为学生存放学习用品的工具,早已被纳入国家主流意识形态的表征系统,不仅呈现了一些主流意识形态所宣示的历史解释和现实意义,而且还通过形制的设计来再生产这种认同机制。显然,书包的形制不仅是教育权力与学科知识相结合的结果,也是教育权力与市场机制联姻的结果。

(一)书包形制的变迁

从 20 世纪 70 年代末至今,我国中小学生的书包形制大体经历了三个主要的阶段,即改革开放初期书包作为意识形态符号、20 世纪 90 年代作为学生身份符号、21 世纪以来作为一种教育消费符号。

20 世纪 70 年代末至 80 年代是物资相对匮乏的年代,身穿一身劳动布衣,斜挎一只军绿色挎包,是这个时期中国人最常见的装扮。几乎各个年龄层次的人们都在使用挎包,这些以自制方式为主的挎包大多是单肩斜背的,一般是由家里做衣服剩下的布料制作而成,无论是从颜色、面料还是款式来说,都比较单一,自制挎包是这一时期的主要特色。军绿色不仅是当时最流行的色彩,而且也呈现出了鲜明的政治态度,集体意识的高度统一似乎成了这个时代颜色表达的最终归旨①。

---

①　改革开放之前,中国人的色彩世界是单调的,主要由绿色与灰色组成,这两种颜色是人们日常生活的主色调。绿色,源自军服,人们穿的、用的,很多都是绿色的。在"解放叙事"与"革命叙事"的话语体系里,绿色代表着进步与时尚。无论男女,年轻人都喜欢用绿色包裹自己的身体,使身体欲望规束在政治美学的教义中。灰色,是劳动的象征。劳动布的颜色是灰色,它耐脏。在当时,灰色是劳动美学的主色调,它与绿色共同构成了日常生活的二元色系。在颜色意识形态的舆论话语体系里,很少有人敢试穿红色、花色等艳丽的"资本主义"色彩。

此外,军绿色挎包的包盖上绣着鲜红的"为人民服务"字样或者毛主席头像、雷锋头像,这些标志性文字和图案符号体现浓厚的国家主流宣传意识。在各类学校的学生书包上,颜色、文字与符号的组合,构成了教育权威的合法性与高尚性。具体而言,一方面,教育权威表现为一种革命话语,即用类似革命年代的"奉献精神"来规训学生并使其融入社会的主流秩序;另一方面,它表现为包盖上醒目的符号系统,出于其公示作用,被用来对学生施以一种隐性的教育规训和潜移默化的学校文化再生产。

随着改革开放政策的实施与不断深入,20世纪90年代是一个孕育着丰富变化的商品时代,同时也是一个书包样式千变万化的时代。各种新鲜事物纷至沓来,大众化的"集体消费"审美被更多个性化的形象取代,军绿色挎包开始逐渐远离人们的生活,展现个性意识逐渐成为学生生活的主旋律。这一时期的书包不仅在色彩和材质上突破了以往军绿色挎包的单调色彩和单一材质,呈现出鲜艳的色彩及丰富的图案,而且书包的形状和内部格局也发生了彻底的变化。轻便的军挎包样式逐渐被边缘化,取而代之的是方正的外形设计,其剪裁简练、方正规矩的特质尽显在书包外形上,并开始主导书包市场。书包内部也出现了细致的分层设计,告别了以往把各种东西都混放在一起的时代。显然,方正的外形和细致的分层成为那个时期书包设计的主要原则。从一定意义上说,这是书包设计者试图迎合学校所安排的制度性设计,将主流意识形态的规训力量隐藏在书包的形状和内部结构中。最为典型的是双肩包,它的出现是商业开发与教育规训相互作用的产物。

进入21世纪以来,随着信息化、数据化、网络化的深入推进,科学技术飞速发展,知识的"爆炸时代"与"消费时代"已然来临。拥有一个漂亮且合心意的书包作为上学梦想的岁月早已远去,迎来的是书包外观丰富多彩的时代。仅仅书包的种类就让人眼花缭乱,有斜挎式、双肩式、拉杆式等,曾经被边缘化的挎包在沉寂了一段时间之后又重新进入人们的视线。这些挎包被重新设计和改良,它们一方面具有"进步"的政治意义,另一方面也能表达人们"复归"与"怀旧"的美好愿望。此外,为了顺应"知识爆炸"的趋势,书包不仅在体积上逐渐增大,而且人们也将新的技术手段应用到书包制作工艺中,关注学生身体发育的书包逐渐进入市场,甚至还出现了类似行李箱的拉杆式书包。拉杆包起初只是旅行者的工具,如今其也被纳入书包设计的体系,成为书包外观的新元素,多功能逐渐成为这个时代书包的明显特征。

书包被大批量生产出来,变成了一种随手可得的市场产品。"现在中国的学龄孩子生活条件越来越好,书包也开始关注品牌。如今,市场上也出现了不少大品牌书包,如芭比书包、米奇书包等。"(李铁,2009:138)书包与教育、伦理的关系开始发生断裂。学生更换书包的频率也在增加,学生很难对书包产生感情,它只是一种随时可替换的商品。在品牌化的同时,书包在结构上越来越细化,成为教育微观权力关系的一种缩影。这也是教育与权力关系在书包上的一种投射,书包的遗失,不只意味着失主对学生身份的离弃,同时也意味着身份迷离带来的心理恐慌。

在 JD 小学访谈时,S2 的自我描述也能印证上述结论。2015 年 6 月 24日,是 JD 小学 6 年级学生上学的最后一天。一周以前毕业考试就已结束,这一天学生来学校是因为各个班级都安排了大扫除活动与简单的告别仪式。在访谈过程中,S2 跟笔者描述了她上小学最后一天背书包的心情:

> 其实,今天可以不用背书包上学的,不过,我还是背了书包来。这好像是一种习惯,不背书包来学校会很不自然。(访谈笔录 CGC2015-06-24)

在 S2 的自我描述中,这种"不背书包来学校会很不自然"的心理也被明白无误地表述出来。背书包,表面看似是学生的一种习惯性行为,其背后却是学生的日常生活被学校制度化的表现。

在多功能书包充斥着整个书包市场的背景下,商品化的书包成为改变学生学习和生活方式的无形推手。从某种意义而言,当前的书包通过某种隐喻与学生的命运相联系,以彰显其文化符号的象征意义。书包寄托着家庭的希望和未来,也承载着整个社会对教育的期待,其背后暗含着知识与命运、民族与国家之间关系的深层意蕴。书包所承载与浓缩的,"不仅是一种记忆,也是一种文化符号,它的演变记录着整个社会的政治、经济、文化的历史变迁"(李铁,2009:2)。书包里装有一段鲜活的教育生活史,它的演变不仅反映出时代的更迭,而且也折射出整个学校教育秩序的隐秘变迁。

(二)书包形制背后的教育规训

在形制上,如今中小学生的书包需要保持相对固定的规格和尺寸,而这些固定的规格和尺寸就是根据学生所用的教材和课辅材料的尺寸和数量来制定的。书包的生产与制作涉及复杂的权力关系运作。一方面,从书包制作的知识论配置上说,物理学、测量学、材料学等学科都参与了书包格局的设计,书包成为精确计算的对象;另一方面,书包制作的主体也逐渐多样化,普通教师、学生家长、教研室人员、动漫专家、书包市场开发者、教材出版商等,都参与了书包形制与大小的设计。在工业日益发达的现代社会,书包在机器喧嚣声中被大规模地生产与复制,与原先由母亲一针一线缝制成的书包相比,缺失了往日的伦理气息与情感温度。现代书包仅仅被看作放置书本与文具的容器,书包的这种科学理性主义功能,也是对学生的身体被视为学习工具的一种观照。

1.书包材质的改良及其背后的规训机制

自制书包的消失象征着功能单一的面料时代已经结束,市场需要各种不同的面料来满足学生的需求。传统自制式工艺消匿以后,书包被纳入现代制造业的新型谱系。书包制造商与教育管理者共同参与书包质地、图案以及色彩多元化工艺流程的重构,书包的材质、色彩与图案等元素被制造工业程序整合。根据现行教育体制下学生的需求,生产商在制造书包面料的工艺流程中应用了一些高科技工艺和特殊材料,这些材料是现代工业的产物,有着各种各样的功能,如防水、耐磨、减重等。这不仅被看作书包面料的一场革命,而且这些功能也使书包外观焕然一新。原初未加工的面料在经过一系列技术加工后变成了具有特殊功能的书包材质,成为现代书包的一大卖点,带着浓烈的商业味道。此外,鲜艳的色彩及丰富的图案作为材质改良和重新设计的附属品,它们同样带有浓厚的商业色彩。书包的命运被商品化和程序化了,书包在机器制造与特定程序下大规模生产,成为生产商的逐利产品。这些功能书包在超市与书包专卖店等场所散发着浓郁的商业气息,吸引着学生和家长的眼球,激起他们的购置欲望。人们慢慢发现具有独特功能的书包面料开始主导书包市场,因为这些面料纳入了市场经济的元素,在迎合市场需求的同时实现了对学生意识形态的宣传,学生无意识地根据生产商制造的产品选择书包,显然学生的自我意识始终受到商品符号及其价值导向的影响。

面料的工具性带来的商品化导致了书包出现从"伦理"到"商业"的性质转换,书包的主人不再是学生。书包商品化的过程其实暗含着知识的商品化。通过书包材质的改良和重新设计,不难察觉到教育与市场的权力关系已经渗透到学生生活的各个方面,与学生的日常行为息息相关,甚至在最细微的地方都能捕捉到权力致力于塑造、培养和规范学生行为的现象。

2. 书包结构设计中教育规训的隐秘力量

在书包"升级换袋"的过程中,书包由原来的"一体式"设计发展到现在的"封闭式"设计,"封闭式"的结构设计是为了更有效的控制和管理。正如福柯指出的,"规训需要在稳定的场域实现,一个封闭的空间更有利于规训的功效"(栗峥,2011)。现代的书包结构设计理念与当代"高效利用"的教育管理学理念相吻合。"封闭式"的书包设计与班级授课中以授受为主的教学方式有着异曲同工之处,将学生的身体与梦想一道圈禁在由知识规训编织的牢笼里,驱逐了学生的生活经验和情感体验,并通过授受的教学方式让学生在短时间内学习大量知识,以提高所谓的学习效率。

在书包固定的分隔方式中渗透着一种基于学科知识逻辑的设计理念,它是教育规训逻辑的体现。当前书包的内部结构一般分为三到四层,核心层主要用于置放语文、数学与英语等刚性的国家课程教学用书以及占据"主科"地位的考试科目教材。这样放置的目的是便于学生快捷、方便地取出教材,回答老师的提问或顺利地完成作业。"副科"课程的教材与形制较大的作业本则放置在边缘层,而文具与玩具类的东西一般放在书包的外层空间。书包的结构及其功能设计体现了书包的空间类型学与权力谱系学,它们共同构成了微观权力机制。书包的分层结构设计,俨然也是对现行教育分层管理与教学制度的成功复制,看似使学生的日常学习与生活事务变得井井有条,其实背后隐藏着教育规训的权力机制。然而,对大部分学生而言,他们并不认为这是一种权力规训机制,反而认可了它。下面是笔者在访谈过程中无意间察觉到 FZH 同

学的某些细节行为:

> 访谈者:你好,你的书包可以打开让我看看吗?
>
> FZH:可以,没问题。(她一说完就马上把书包打开)
>
> 访谈者:你的书本摆放得很整齐,你是按什么标准放置的?
>
> FZH:第一层放大本的书本,第二层放小本的课本和作业本,第三层是放文具盒或其他学习用品的。(访谈笔录 CGC2015-06-23)

在与 FZH 同学的访谈过程中,笔者从她的书包里随意地抽出一本练习本看了看,然后又放回书包中的任意一处。此时,笔者注意到 FZH 同学又将笔者随意放置的练习本重新取出,然后放回她原来心中已经设定好的位置。

> 访谈者:你这本练习本为什么要放这儿呀?
>
> FZH:我是按照书本的高低来放置的,因为练习本比较小,所以我把练习本放到了大本的书前面。(访谈笔录 CGC2015-06-23)

在对 FZH 同学的行为观察中,笔者将练习本随意地放回书包中任意一处的举动打乱了她原来的空间秩序。FZH 同学这种原先的秩序不仅体现了学校教学秩序编排的方式,而且这种秩序的建构主要来自学校的管理,即通过有序排列的体操队形和教室座位安排等学校微观制度的影响,实现对学生日常生活行为习惯的塑造。书包中书本从小到大的排列顺序俨然已经成为 FZH 同学日常生活的一种习惯,而且这种习惯也是完全按照学校的教学秩序来安排的。

此外,书包结构的分层设计及其对知识管理的有效性,也是对学校教育分类管理的巧妙隐喻。在分类管理学的影响下,这种分层设计的触角越来越广,不仅在社会中出现普遍的分层现象,而且在学校里也实施了分类制度。通过班级分类对学生实行分层教育,分层教育隐含着学校基于分类学的视野,把学生日常生活中的"自然现象"纳入其所构建的看似合法化的秩序,进而按照社会化的等级对学生进行分类、评价与审视,并分别将他们驱入金字塔式的班级秩序,即将学生安排在各种分类符号下学习,如重点班、普通班、创新班、实验班、国际班等。班级分类制度对学生的排序如同西欧历史上的"鼠疫模式"和

"麻风病模式",对于提倡分类教育的教育者而言,他们认识的基本活动就是建立"标尺","把一种症状安置在一种疾病中,把一种疾病安置在一种类型的集合体中,把这种集合体安置在疾病世界的总体图案中"(福柯,2001:32)。这种社会化的班级分类秩序与书包的分层设计有异曲同工之处,学生对此已经习以为常,因为他们从小就被灌输这种秩序观念。从这个意义上说,通过分类、分层设计,学校从培养人的场所变为了生产和制造"人"的场所。书包的分层设计隐藏着学校教学秩序编排的方式,也隐藏着对学生意识形态的规制和管理。

空间总是隐藏着人们的意识形态,是人类潜意识的呈现。空间也是充斥着权力的,从人类有了阶层以来,空间的布局和建构就是一种权力关系的体现。显然,书包结构化的空间布局与现行教育管理制度也是互为表里的,书包的结构布局同样存在冲突和权力。教育秩序的制定者巧妙地利用了人们的"常识"观念,将教育规训的力量隐含在书包形制的每一处,书包的结构和空间布置无一不凸显了教育权力的主张及需求。

(三)课程表引导书包内部分层

课程表是学校日常教学活动的"指挥棒",对建立学校正常的秩序、保证各项工作有条不紊地进行起着重要的作用。根据学校的作息制度与课程表,教师与学生相约走进课堂,围绕着知识展开教学活动。关于班级课程表,夸美纽斯在《大教学论》中是这样描述的:"各个班级的一切功课都应该仔细分成阶段,务使先学的能为后学的开辟道路,指出途径。时间应该仔细划分,务使每年、每月、每日、每时,都有一定的工作。应该严格遵守时间与学科的划分,务使无所省略或颠倒。"(夸美纽斯,1984:102)这实际上指出了课程表是由教学科目与课时分配两部分内容组成。课程表作为课程结构主要的外部表现形式,各类学校教务管理部门根据课程计划或教学大纲要求,结合学生身心发展特点,以周为单位规定科目教学的内容结构与时间顺序。课程表的科目之所以在上午以主科为主,在下午以副科或活动课为主,是因为这样的安排有利于提高学生的求知效率。课程表是学生在校生活秩序的摹本,它通常被老师粘贴在教室前方的墙壁上,或被学生粘贴于课桌或文具盒里,以便提醒学生或使学生记住周一到周五每天所要学习的科目及其顺序。

从表面上看,课程表作为学生学习时间的分配表,它不仅规定了学生求知的内容与方式,而且还对学生的求知时间与空间进行了极其细致的划分,即它规定学生每天学习的课时数、上课的科目、上课的起讫时间和上课的地点(比如学科课程在教室、体育课在操场、信息课在电脑室等)等。从深层次看,课程表作为一张制度化表格暗含着某种隐蔽的权力。在课程表的影响下,学生需要学会"守时"。而"守时"的背后却隐藏着学生对作息时间表的"服从",比如学生何时上课、何时休息等。学生身体是一种被科学秩序安排的身体,如同机器,运转的时间被牢牢规定在课程表上。不仅规定时间,而且被要求用规定的身体状态去获取知识。倘若学生与之抗衡,则会遭到老师的批评或纪律扣分等惩罚。学校正是通过这种隐秘的权力机制来安排学生的求知秩序,并且课程表的条理编排还能够提高学生的求知效率。

书包开发商与书包形制的美学设计者显然察觉到了课程表对于学生在学校求知的重要性。他们在书包体背侧夹层或书包核心层等醒目的地方设置了一块透明的塑料插槽,为课程表安排了一个重要位置,如此一来,每天的课程内容与时序都可以一目了然地展现在学生眼前。更有甚者,除在书包醒目的地方安排课程表的位置外,还利用课程表式的编排对传统书包的内部结构进行了改良。一种新的分层方式开始介入学生书包的内部结构,课程表成为规划学生书包结构布局的逻辑起点,这种分层设计在一定程度上是学生日常课程学习和作息的缩影。在一定程度上,这种新的分层方式是基于现行的教育理念和学生需求产生的。

基于课程表的书包结构分层是书包开发者和设计者的一大发现。经过改良后的书包,尽管在整体结构上与传统书包类似,但不同的是,课程表式分层书包比传统书包的核心层更加细化。具体地说,它在传统书包核心层的基础上又细分了3—4层的隔层,便于隔放不同学科的教学用书以及相应的材料,包括课本、练习册和试卷等。对于很多学生来说,书本在书包里的排列顺序至关重要,因为排列有序的书本可以提高学生的学习效率。学生对书包内书本的摆放标准各不相同。其中,学科的地位(考试重要性)和书本的形制是影响学生书包内容摆放的两种最常见的因素。部分学生会根据学科的重要性来安排书包内书本材料的摆放位置,即将主科的课程材料放置于书包的核心部分,这样便于存放与拿取。之所以将主科的课程材料放置于核心部分,是因为其使用较为频繁。具体表现在每周主科课程的课时数和相应的作业量都较多。另外,还有部分学生是根据书本的形制来决定放置顺序的。从书包的里层开始,书本由高到低依次排列,即通常将练习册、辅导资料和试卷等16开制式的材料放置在离背脊最近的书包里层,这样便于贴身背负,而像学科教材和作业本等32开制式的材料则置于其前方,这样才不至于顺序凌乱,从而让书包内的书本保持整齐的样态。下面是笔者与八位学生一段集体访谈对话的节选。

访谈者:你们的书包内部都有哪些结构? 你们平时会采取什么样的排放方式合理安排自己书包里的东西?

S1:我的书包有三层,主要是按照书本的高低来放置的,我一般会把大本的书放在书包贴近背部的那一层。这样放不仅背部会受到较小的力,而且也感觉书包背着比较舒服,再接着把小本的学科教材和作业本放在第二层,剩下的学习文具和生活物件就放在第三层。

S7(英语课代表):我的书包也有比较多的分层,我一般是按照科目的重要性来放置,不同科目放在不同的分层中,而且会把主科的教材、作业本以及辅导资料等放在书包最显眼的地方,这样的话找起来比较方便。

(访谈笔录 CGC2015-06-24)

除上述两类常见的因素外,在课程表式书包分层结构的影响下,一种新的排列方式也开始普遍出现。笔者在访谈中得知:晚上完成作业之后、睡觉之前是学生按照课程表整理书包的重要时段。一天过去,书包里的书本在反复抽取与放入之后难免会顺序凌乱,学生在完成所有的课业任务之后,需要按照课程表的时序,重新摆放书本,使之井然有序,以保证第二天正常的学习节奏和较高的学习效率。

我妈妈一般会在我的房间里陪我做作业,实际上是监督我。我感觉有点压力，妈妈总是利用各种渠道帮我搜集资料。作业做完以后，一般会在9：30的样子，然后我就开始整理书包。整理书包是按照第二天课程表的科目排序的。这样，第二天上课的时候不至于手忙脚乱。不过，每天放学回家的时候，书包还是挺乱的。（访谈笔录CGC2015-06-24）

无论是按科目地位或书本的形制，还是按课程表时序，它们都传达了类似的教育理念和目的。一方面，它们都渗透着按学科知识地位放置的理念；另一方面，也可以看出现代的书包设计理念以及书本的秩序都与当下"提高效率"的管理学理念相吻合：既可以让教学秩序有条不紊，又可以让学生在短时间内快速、准确地找到所需的课本与资料以提高学习效率。

课程表是教育权力的分化及其表格化的体现，暗含着它对学生生活时间的安排具有绝对的话语权，即要求学生在规定的时间做规定的事情。学生所有的时间安排都被定格在课程表上，时间对于学生来说，它属于个人却并不完全由个人支配。正因课程表对学生在学校生活的极端重要性，它开始从原先教室的墙壁上、学生的文具盒内，戏剧性地进入书包。课程表成了划分书包秩序的指南，决定着书包内容的结构及其空间秩序。在现代社会中，由于规训技术的转变，学生已经察觉不到这些微观权力的存在或这些不被学生认为是一种权力运作的方式，但是微观权力仍悄然地作用于学生的日常生活，以至于学生在选择自己的生活方式及从事某些具体事务方面没有多大的自主选择余地，即学生只能按照课程表的科目内容及其时序来规定书包里的内容及其放置的顺序。显然，课程表与学生书包里的内容和结构之间的联系（学生对书包的整理以及书本的摆放），不是学生学习主体性的表现，而是教育微观权力干预的结果。进而言之，书包在商业物权上属于学生，但在教育权力的归属上，则是政府、学校、教师、书包设计者等多元主体共同参与教育价值界定与协商的结果。从这个意义上说，学生并非书包的唯一主人。

由课程表引导的书包分层是学校教育微观权力谱系的表征，学科的地位、材料的类型与性质（课本、作业本、试卷与辅导资料等）、书本的形制等，共同编制了学校场域中的知识与权力关系的类型与结构。这种课程表式的书包分层设计不仅为学生提供了一种秩序井然的放置模式，而且作为教学秩序的象征逐渐从意识、行为、文化等多方面规训学生。

（四）书包的附件

随着书包形制的变迁，书包的装载容量也越来越大。但是，一方面，仍有部分学生觉得在书包里很难再挪出部分空间摆放其他学习物件，所以他们必须将装不下的物件提拿在手上；另一方面，或许是为了减轻肩部与背部的受力，又或许是为了保持身体前后的平衡，他们会将书包里部分物件的重量转移到手中。这些被学生提拿在手上的物件，相当于书包的附件。其中，书包附件的内置物一般以生活用品与非核心课程所需的物件为主，是书包的延伸或补充，书包附件的类型（袋、夹、包、箱、器等）、内容及其存在状态具体表现为如下方面。

1. 手提袋或工具包

手提袋，顾名思义，是一种以手提方式携带物件的袋子。手提袋由袋子和提手两个部分组成。一方面，学生会根据手提袋所装载物件的容量和形状确定手提袋的大小幅面和形状，一般以正方形、长方形等形状为主；另一方面，学生也会根据物件的重量和性质决定使用不同材质的手提袋，一般有布质、塑料、纸质等材质的手提袋，其中大部分学生会选择坚实耐用的布质手提袋。布质手提袋较之塑料或纸质手提袋，其结构、材质都比较牢固且能容纳更多的学习或生活物品，比如文件夹、纸巾、雨伞、饭盒，甚至是零食等。当学生的书包不够大时，对文件夹来说，手提袋无疑是最佳的运输工具。相比于女生，男生更青睐于一种外形类似电脑包的工具包，它一般分为两层，用一层较薄的布料划分工具包中学习用品与生活用品的空间，两块区域一般分别放置学习用品和一些体育用品，比如网球（拍）、羽毛球（拍）、乒乓球（拍）、毽子和跳绳等小件物品，除此之外，还能放一些生活用品。

2. 文件夹或风琴包

相比于手提袋与工具包柔性的外表，文件夹与风琴包的形制趋于坚硬、有形。从整体上看，手提式文件夹或风琴包采用了与公文包类似的外形设计。

随着材质、结构和功能的改良,一款充满职业性质的公文包开始逐渐演变为学生手中的书包附件——手提式文件夹。如同公文包,它的造型简洁大方,内层较多,以便分类放置重要资料或文件。与传统公文包的材质和结构不同,手提式文件夹主要是由硬质塑料夹体、软质塑料夹层、锁扣和手柄四部分组成,并且在结构设计上采用多夹层,主要是用于放置作业本、试卷或美术作品等材料,尤其适用于纸张,只需使用一个伸缩文件夹便可以整理各种尺寸的纸张。文件夹不仅可以有效防止作业本封面和试卷边缘的卷角和损坏,而且还便于学生保存试卷和画纸。此外,各个分隔片顶端分别设有凸出于分隔片的标签槽并且相互错开,这样的设计有利于对每个夹层的分类进行标识(比如注明科目或材料类型等),以便学生准确有序地存放、取用和查看文件。

风琴包又称风琴式文件夹,是手提式文件夹的升级版。风琴式文件夹在结构上主要采用类似音乐工作者使用的手风琴的夹层设计。与底部宽度限定的传统文件夹不同,风琴式文件夹在文件夹的底部设有可折合和伸展的延伸部分,使文件夹的底部也具有与手风琴包类似的伸缩功能。风琴式文件夹折合和伸展的功能突破了传统文件夹底部厚度的限制,不仅可以使分类更细化,而且还可以使文件夹容纳更多不同尺寸的纸张,尽管风琴式文件夹的体积略微增大,它的存放量却成倍增加(一个风琴式文件夹大概抵两三个传统文件夹的存放量)。打开文件夹盖,文件夹的内置物就像放置在一个小书架上,使学生容易识别书本的位置,取放书本方便,提高学生的学习效率。

到了6年级全面复习的时候,很多学生都手提风琴式文件夹上学,书包里放不下的东西,可以放在风琴式文件夹里。比如各科试卷、美术作品、书法纸、草稿纸等,这些纸张需要分门别类地搁放,或者把每节课的纸质作业放在专门的作业夹里,这样他们就不用翻来翻去地到处找东西,而且风琴式文件夹不会把纸张弄皱或弄破,所以深受学生的欢迎。

3. 文体容器或工具箱

与上述的书包附件不同,文体容器或工具箱作为一种装文艺和体育用品的容器,它规定了存放物件的类型。乐器包与运动器具包用于放置相应的乐器与体育用品,比如小提琴、吉他、网球(拍)、羽毛球(拍)等;美术工具箱用以存放各种绘画工具,比如颜料、画笔、画纸和调色盘等。这表明不同类型的文体容器和工具箱是书包附件内装物品的直接或间接反映。乐器包与运动器具包(尤指大型的文体器具包)作为学生的书包附件类型之一,与手提类的书包附件不同,这类文体器具体积和重量都较大,所以主要是以斜挎或单肩背的形式放置于学生的身体上;美术工具箱是一类由硬质塑料板整合而成的长方体器具,美术工具箱的结构设计也对美术用具的摆放位置有明确的要求,即学生必须将各种颜料、彩笔等绘画工具按一定位置摆放整齐。如同文件夹和风琴式文件夹,美术工具箱的结构设计在一定程度上也可以提高学生的学习效率。而学生携带这类书包附件,主要出于两方面的原因:一是根据学校课程表的课程安排,不同的文体活动课程要求学生携带相应的文体器具,学生需要为课程教学活动提前准备好所需的物件;二是有些家长在校外给学生额外增加了特长培训课程,学生放学后可以不用回家拿取文体器具,而是直接奔向特长培训机构。无疑,这不仅增加了学生书包附件的内容,而且也增加了学生身体的负重。

上学时候每天早上 7:30—8:00 之间,学生陆续地走进校门。除了双肩包,学生的手里一般都提着各式各样与学习或生活有关的东西,比较常见的有乐器、美术工具包与文件夹等。在进校门行队礼的时候,有的学生需要先把东西放在地上,然后再向值周的老师与同学行队礼。而有的学生因为两手都拿着东西,为了方便就直接向值周老师鞠个躬,便进校门了。(观察笔录 CGC2015-04-11)

书包附件作为书包内置物的补充,它与书包内置物的重量共同构成了书包的物理学重量。对于书包来说,它主要是用来放置大小不同形制的课本、作业本、练习册之类的材料,它们的结构与内容由书包的分层来区分。对于书包的附件来说,主要用于放置生活用品、与音体美等副科有关的物件。前者将背负的重任托付给了双肩,后者则将提拿的任务交给了双手。肩,主要负责承担主科的重量;手,则负责承担副科的重量,肩与手的和谐分工,表明学生的身体已悄然被学校的课程系统所征用。此外,不同的书包附件背后也隐含着教育、生活和社会的不同关系，比如雨伞、水壶和餐具等生活物件，其背后就隐含着生活器具为教育（学习）服务的隐秘关系。

通过长期的"校门口人文生态"的非参与性观察，笔者发现：对学生而言，书包附件充当着一种运输工具。

第一，书包附件的存在形态多种多样。一是与提背主体（即学生或家长）之间的关系。根据书包附件的不同类型，提背主体一般会将其背在肩上、提在手上或直接勾在手臂上。二是与接送工具（即自行车、电动自行车或汽车等）之间的关系。书包附件一般放置在自行车或电动自行车前方的篮子里、电动自行车的搁脚区，或勾挂在自行车或电动自行车的手柄上等。

> 在孩子上学或放学的路途中，以步行作为接送方式的大部分家长将书包背在肩上，把书包附件勾在手臂上或提在手上。而大部分以自行车或者电动自行车为接送方式的家长则将书包和书包附件放置在自行车或电动自行车前方的篮子里、电动自行车的搁脚区或挂在手柄上。此外，以私家小汽车作为接送方式的家长，一般将学生的书包放置在座位上或学生自己的腿上。（观察笔录 CGC2015-04-22）

第二，学生带什么样的书包附件，与两种力量或因素有关。一是与课程表的安排有关。课程表主要是国家课程意志在学校知识体系中的表现，国家课程占据了课程表时间总量的绝大部分，语数外与音体美搭建了课程表的基本二元框架。这种根据应试教育体制进行的课程分类，不仅对书包及其附件的内容产生直接的影响，而且也间接地实现了对学生脑与手的双重控制。二是与学生或其家长的兴趣有关。音体美是学校的副科课程，尽管它们与应试成绩的关系甚微（部分与文体方面的加分政策有关），但是出于学生或其家长的个性化培养需求，父母会安排学生学习相应的校外课程。从这两点上说，书包及其附件的内容、重量、结构（分类分层），隐含着当代学校教育的尴尬之处：繁多的课程材料与庞杂凌乱的生活器具，塑造了学生肩背手提的负重身影——这在很长一段时间仍将是学生身体的典型形象。学校教育、社会教育和家庭教育三方相互依存但又略带相互不信任的复杂关系，在学生的书包及其附件上一览无余。书包内容及其物理重量的结构如图 1-1 所示。

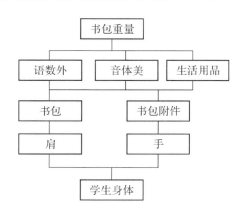

图 1-1　书包内容及其物理重量的结构示意

三、书包重感的来源

从书包的内容来看，相比于学习用品，书本等材料占据了书包的大部分体积。在科学认识论视野下，书本与知识之间的关系被认为近乎是一体化的，因为知识附载于书本，或者说书本是知识传递的工具。不过，这里的知识指的是一种科学知识，在学科化、文本化之后进入学校课程。在文本化课程中，学生往往被要求对文本符号做出反应，而不是对事物本身做出反应，哪怕是教材的细微角落，都可能隐藏着决定学生前途的机密知识。久而久之，学生对书本渐渐产生了一种崇拜心理，正因如此，这种对书本的崇拜心理变相地演变为学生书包重感与心理压力的来源。

从身体部位来看，在学生的日常生活中，由书本与文具组成的"小百货"式的庞杂内容是书包物理重量的来源。对于学生而言，他们需要用双肩与背来共同支撑书包的重量。根据日常生活经验，相较于身体的其他部位，尽管肩部活动并非最频繁的，但它是最能承受力量的身体部位之一。从本体功能上说，肩膀主要承担着背负书包或大型体艺用品的日常事务。从隐喻功能上说，因为肩膀的功能具有特殊性，所以肩膀被视为人的身体中具有隐喻意义的部位。人们在言及个体命运、家庭义务、社会责任时，通常用与肩膀有关的词汇来表达,比如肩负(使命)、肩扛(重任)、肩担(道义)、双肩挑(职责)等。这不仅是教育活动受制于政治伦理学的一种表现,而且也是应试教育背景下传统教学观念的体现。同时,肩膀的本体功能与隐喻功能也为解构学生书包重感与心理压力提供了合理的依据。

学生对于书包的最初感知和体验来自书包的物理学重量,这也是书包重感体验获得的基础。从这个意义出发,现象学意义上的书包重感可以理解为在书包物理学重量的基础上,书包与学生身体产生"化学"反应后的一种体验。此外,除了书包的物理学重量,书包重感更主要的来源是学生的心理重感。因此,对于学生来说,书包的重感有三种形态:第一种是可测量、可标识的重感,即书包的物理学重量;第二种是社会竞争环境下人际关系的重感,即书包的社会学重感;第三种是伦理关怀下亲子关系的重感,即书包的伦理学重感,它们都为书包的现象学重感提供了综合的身体知觉。

(一)物理学意义上的书包重感

重量作为一个物理概念,最初来自人们日常生活的直觉感受,主要是通过身体的不同部位去感知它。肩背重物,肩膀会有种被下压的感觉;手提物体,手部也会感觉被向下拉;当肩(手)部感觉向下的力量越大时,说明肩(手)上的物体越重。人们习惯把这种"向下的力量"作用叫作重量(即物体的感知量)。到了近代,一个自然科学兴起的时代,科学不再从人的感觉出发,科学的实验和精确的数学计算方法为人类认识大自然提供了有力的帮助,同样,也为人们认识日常生活中这种"向下的力量"提供了科学根据。在前人研究的基础上,牛顿把上述物理规律构建成了一个完整的知识体系,进而发现了万有引力定律。关于日常生活中这种"向下的力量"是如何产生的,他提出了地球对一切物体都有一个指向地球中心的吸引力,也正是如此,人们才会感觉到肩(手)部的重物对自身有一个"向下的力量"。除解释这种"向下的力量"正是来自地心引力的作用外,牛顿还指出,这个吸引力就是物体重量的来源。关于重量之所以存在,牛顿从客观的角度对其加以解释,即物体被动地受到落向地心的吸引力是物体重量的来源。相反,从主观的角度来说,物体主动地把自己传送到所要去的位置也受重量本性的驱使。

在物理学的知识体系中,重量是这个世界的意义起点,正因为有重量的存在,世界万物才有了秩序,混沌的世界才有了一种和谐秩序。但是,如果在失重的环境下,即失去了重力场,一切物体的重量都将清零,事物的运动会变得含混无序。可见,在重量介入世界之前,世界以一种无运动规则的形式存在,它并不具备任何意义,而所谓的有秩序的、有方位的、有意义的世界是在与重量建立联系之后,经过系统化了的世界。

重量是存在于实物上的物理量。如上所述,重量的来源是地球对物体的吸引力,地心引力使事物具有一种向下的力——重力。从此意义而言,重量也是重力。无论是重量还是重力,它们都与地心引力密切相关。然而,实际上重量并不完全等同于重力,由于地球的自转,除来自地心的吸引力外,事物还受到其他事物的引力作用。在实际生活中,这种引力的大小微乎其微,所以人们通常将其忽略不计。

从微观层面来说,物体的重量受到其所处空间位置的重力场影响:一是在地球的不同纬度上,比如相较于地球两极,物体在赤道上所要克服的由线速度引起的向心力更大。正因如此,同一物体的重量在两极就比其在赤道上要大。二是在同一经纬度的不同高度上,比如山顶与山脚,由于同一物体在山顶与山脚受到的地心引力强弱不同,物体的重量也略有不同。简言之,物体的重量受地心引力大小的影响(即是地心引力的一种关系变量),地心引力是相对的,所以重量也是相对的。

总之,无论是从客观层面还是主观层面出发,物体的重量并非恒定的,因为它不仅和物体的固有性质有关,而且还和物体所处的环境有关,即重量是一个相对量。不同于重量,质量是物体本身固有的一种基本属性,具有永久的特性,即它不随物体的状态、形状和空间位置的改变而改变,即在这个具体、多变的物理世界中,所有的事物都存在一个共性,而这一共性也是事物的根本性质(即事物的本质)——质量。因此,重量不是物体本质的体现。

重量的相对性表明,物体重量的产生受空间、时间以及物体之间关系的影响。人作为受重主体,对物体的重量感知受身体性(即当下性的存在状态以及物与人之间相互关系与存在方式)的影响。这实际上为物体的重感提供了一种"物理人类学"的可能,也为重感现象学提供了方法论启示。物理学意义上的重量与现象学意义上的重感和身心关系也同样存在某种内在联系,物理学意义上的重量对应着身,是有形的、物质的;而现象学意义上的重感对应着心,是无形的、精神的。物理学重量关乎身体的力学感受,是身体对外力的一种生理性感受,身体受力的矢量与重量都是可以测度的;而现象学重感不是一个可度量的概念,它关乎主体精神世界的体验。现象学的重感与物理学的刻度并不构成本质主义意义上的一一对应关系,而跟主体的存在体验密切相关,正如可以测量出一个人的体积、重量,却不能测量出他的生活状态、人生价值观。

物理学上的书包重量,指的是一种通过地球引力产生的重量。在地球引力的作用下,书包作用于人的身体,具体到人的肩膀、脊椎、腿部等对其重量的支撑。牛顿经典物理学中的重量概念是测度重量,而且是物理学绝对刻度下的标度重量,它与事物内部已经没有联系,正如"钟表只指示量,并不告诉时间的含义,就像一个日期并不指示各地区的季节和每个人的实际年龄一样"(赵国求,桂起权,吴新忠,等,2004:359)。经典物理学意义上的书包重量也将书包重量纯粹数据化,这种通过地球引力产生的重量虽然具备测量性并与物理学的刻度构成本质主义意义上的一一对应关系,但与学生个体的情感体验无关。具体地说,书包重量主要由书包内装载的书籍和其他学习用品等共同构成。因为物理学重量关乎身体的本体感受,所以当书包背在肩上时,学生身体对书包的重量有着最初、最直观、最真切的感知。对于学生而言,书包的重量是最具体、真实的存在。为了进一步了解学生书包的真实情况以及书包重量的来源,笔者在非结构性访谈中以书包的重感为主,由浅入深、循序渐进地对受访者进行了询问。下面是笔者与八位学生一段对话的节选。

访谈者:你们觉得自己的书包重吗?如果重的话,你们觉得为什么会重?这些重量会给你们带来心理上的压力吗?

S1—S7(异口同声):超重!

S1：因为这个学期主要是复习，所以我要把 4 年级到 6 年级的课本都放在书包里。除了要带这么多的课本，我的试卷也有很多，我的书包都装不下了，有时候只能将试卷全部放文件夹拎在手里以减轻书包的重量。不过这些重量只会造成我身体上的压力，并不会造成我心理上的压力。

S2：对啊！如果刚好哪天有音乐课、美术课或劳技课，除了要带这么多的课本和试卷，还要带美术工具包、乐器或者体育用品。我感觉自己整个身体都快被压垮了，实在太重了！我觉得只是在上学和放学的时候身上比较重，到学校或到家后把身上的书包卸下来又会感觉一身轻松。

S4：如果碰到下雨天就更麻烦了，我的手都不够用，身上已经背了个书包，手里又拿着文件夹，再加上一把雨伞，不仅伞不好拿，而且有时衣服还会被雨水打湿。但我觉得不管书包重还是轻，心理压力还是差不多的。

S6：我的书包真的很重，都快 15 斤了，而我自己的体重才 76 斤。书包又大又重，座位上也放不下，只能放在地上，而且我每天还要背着这么个大书包坐公交车回家，差不多要 1 个多小时才能到。到家了我感觉整个肩都好疼，有时候还疼得发麻没有知觉。书包太重，我最多就发下牢骚，但是跟学习压力什么的没什么关系。（访谈笔录 CGC2015-06-24）

对于八位受访者而言，物理意义上书包的重量只是纯粹的书包内置物重量与书包附件重量的总和，与学习压力本身并没有必然的联系。最为典型的是作为"学霸"的 S3，他总是说自己学习没有什么压力，尽管书包比较重。而成绩落后的 S8 情况则不得而知，因为她在访谈过程中很少说话。因此，书包的重量只是学生身体上的感受，与学生的心理压力无关，即对于小学高年级的学生而言，学生的某些观念和意识已经开始形成，所以书包的"重感"主要是来自精神层面的。与此不同，在 NB 小学调研期间，在放学时段，由于家长还未到，部分学生便在校门口等待，笔者就随机选择了不同年级学生的书包进行称重，对书包重量的统计如表 1-1 所示。

表 1-1　各年级学生书包重量随机测重

年级	性别	书包及附件重量（千克）	体重（千克）	书包及附件重量/体重(%)
1 年级	男	4.9	21.0	23.33
	男	4.0	23.0	17.39
	女	4.5	21.5	20.93
	女	5.6	20.5	27.32
2 年级	男	3.4	30.0	11.33
	男	5.5	30.5	18.03
	女	4.3	23.3	18.45
	女	5.0	27.0	18.52
3 年级	男	4.7	31.5	14.92
	男	4.4	31.0	14.19
	女	4.2	24.0	17.50
	女	5.0	33.4	14.97
4 年级	男	4.1	47.0	8.72
	男	4.2	43.5	9.66
	女	4.9	30.0	16.33
	女	5.5	36.0	15.28
5 年级	男	5.0	60.0	8.33
	男	4.9	51.0	9.61
	女	3.7	35.0	10.57
	女	6.0	33.6	17.86
6 年级	男	5.0	65.0	7.69
	男	4.4	55.0	8.00
	女	4.9	33.0	14.85
	女	5.0	38.0	13.16

　　根据学生书包重量的随机测重结果，可以发现学生书包超重现象低龄化。为了进一步了解学生书包重感与心理压力的来源，下面是笔者对学生 S5 一段

追问式对话的节选。

　　访谈者:当你背着这么重的书包时,你感觉有什么样的压力?

　　S5:我感觉自己的身体被向下压,整个身体都很重。尤其在肩部和背部的地方,我总会感觉有些疼痛。

　　访谈者:除了书包的重量让你身体感觉有点压力,还有来自其他方面的压力吗?

　　S5:没有啊。(访谈笔录 CGC2015-06-24)

　　通过和 S5 的交流可以得知,对于学生而言,由于其年龄比较小,升学压力意识、竞争观念和集体荣誉感还不强,所以书包的"重感"主要是来自物理学意义上书包的重量。

　　然而,在现实生活中,书包重量过重,作为学生课业负担重表现的一个维度,却被教育行政部门视为学生课业负担过重的主要标准。为了给学生课业减负,关于重量的可测量性也被国家教育行政部门应用到了学生书包重量的规定中,即书包的重量不能超过学生体重的 10%,这是以学生的体重为标尺来确定书包重量的合理范围,是一种具备可测量性的科学标准。这种以科学数据作为判断学生课业负担是否过重的教育行政指标是近代牛顿经典物理学最重要的特征。从学生课业负担的本质上说,通过减轻书包的物理重量来达到让学生减负的目的不过是一种治标不治本的行政举措。

　　S1 是 N 市一所区实验小学 6 年级的女生,在访谈中笔者得知,从周一到周五,学校对学生每天的课程安排是不同的,周一和周三的课程安排以副科课程为主,而周二、周四和周五的课程安排以主科课程为主。当笔者问起在周一和周三时书包重感与周二、周四和周五时书包重感有什么区别时,她说:

　　　　周一和周三,我的书包就特别沉。因为这两天的课程主要是以副科为主,比如美术、音乐和体育课等,所以每次上学或放学都要带着与课程相应的工具包和体艺用品,比如风琴包、竖笛、毽子和羽毛球拍之类的。尽管这两天书包的重量要比周二、周四和周五的时候沉得多,但是我还是最喜欢这两天的课程安排。因为我感觉这两天比周二、周四和周五要轻

松得多。(访谈笔录 CGC2015-06-24)

在 S1 的重感描述中,提到几个关键词:多、重、沉、喜欢和轻松。由于周一和周三的课程是以副科为主,这两天带的书包附件比周二、周四和周五的知识类教材要重<u>些</u>,所以 S1 的身体所要承受的重量也变大了。尽管书包很沉,但是 S1 感觉比较轻松,这正是物理学意义上的重感与现象学意义上重感的冲突。S1 之所以感觉比较轻松,一方面是因为这两天的课程不属于知识类的课程,即这些课程不会对学生的升学产生影响;另一方面是因为这些课程本身就是比较轻松的课程,它们可以帮助学生忘却或排解学习上的压力。这也可以用施密茨的情感现象学来解释:因为周一和周三的课程不属于知识类课程,所以学生的"身体会出现一种从狭促向宽广方向的运动"(施密茨,1997:24),而 S1 之所以感觉比较轻松,就是一种身体从狭促向宽广方向运动的结果。

(二)社会学意义上书包的重感

相较于物理学意义上的重感,社会学意义上的重感主要是来自学生心理层面的体验。"书包所承载的,不仅是书本和文具的重量,还有整个社会对教育的期待。"(李铁,2009:139)从社会学意义上说,书包不仅仅是一个物件,它还具有鲜明的社会属性。在应试教育体制中,学生书包的社会学重感主要来自学校与社会的各种竞争制度和机制对学生施加的压力。

1.基于社会关系层面的重感

学校不仅是学生日常学习生活的主要场所,而且也是学生树立社会参与意识、萌发集体荣誉感的地方。由学校制度产生的书包重感及其带给学生的心理压力是社会学重感来源的主要方面。对于学生而言,考试已经成为其学校生活的重要组成部分。他们不仅在学校的学习生活中受到考试制度的影响,而且学生的日常生活世界也保留着考试制度的运行痕迹,因为考试成绩不仅是学校进行学生排名的依据,而且也是目前学生评优、升学的主要标准。俨然,在考试机制下,学生的求知秩序在一定意义上其实也是学生命运的秩序。对于学校而言,整体运行机制是以功利主义教育目标为导向的。因为当前社会常常以升学率的高低来衡量一所学校教育的质量与水平,所以学校升学率越高名誉就越好,进而能获评"模范""优秀""示范"等荣誉称号。下面是笔者与八位学生一段访谈对话的节选。

访谈者:你们觉得学校老师在哪些方面给你们造成了一定的心理压力?

S1:考试吧,每次考试我神经就特别紧张。考试也就算了,关键每次都还排名,这让我感觉压力更大。

S2:尤其是临近毕业考这个学期,我感觉老师布置的作业多了,要看的书也多了,书包也比平时重了许多,我觉得这点让我压力有点大。

S3:跟以前差不多,我感觉没什么压力。

S6:学校的一些选拔制度给我挺大压力的,比如保送制度、评优推优制度、三好学生遴选制度等。这些荣誉一般评给考试成绩好的学生,如果我有这些荣誉,那对我以后的升学肯定是有帮助的,特别是保送制度,如果我能争取到保送,我就可以不用考试啦!

S7:每次听到班主任说"一定要争取保送,能不参加'小升初'考试就不参加",我的压力就油然而生。此外,班主任为了督促我学习,还会说一些类似"你要好好学习,不要辜负老师对你的期望"的话,这也会让我感觉很有压迫感。(访谈笔录CGC2015-06-24)

从上述几位学生的回答可以看出,在学校,学生的心理重感主要源自两个方面:一是决定学生命运的考试制度,二是来自老师施加的心理压力。尽管两者看似是造成学生心理重感的两种不同来源,但它们有着本质上的一致性,即两种重感的来源都依附于以排名制为考核标准的考试制度。对学校而言,无论是考试升学和保送制度,还是评优推优和三好学生遴选制度,都是根据学生考试成绩在年级中的排名进行,即学校这些所谓的决定学生命运的制度是建立在"学业成绩好"这一前提下。比如学校的保送制度可以被视作为成绩优秀学生专门设定的"免考机制"。这些制度在学业上看似具有鼓励作用,背后其实是对学生心理重感的施压。再如评优评先制度,它也是以学生的学科成绩为主进行排名,选拔出其中排名靠前的学生,进而在这部分学生中评选出优秀的学生,而只有这些学生才拥有评比"三好学生"的机会。对老师而言,老师给学生施压的原因,一是老师承受着学校的压力,因为学校一般会给老师设定任务指标。这种指标就会迫使老师将一个班级按照学校的要求和标准使之规范化,以避免遭到来自学校的批评和责难。二是学校制度本身使然(即升学率),比如以排名为考核标准的考试制度,在老师看来,学校例行的考试不仅是对学生知识水平的测验,而且也是对老师的教学管理质量的考察。综上,老师成为对学生施压的主要对象,是因为其是学校制度与学生之间不可或缺的纽带。此外,老师给学生施压的方式也比较多元:有的老师会给学生布置较多的作业或要求学生看更多的书等,通过硬性措施增加学生的书包重量;有的老师会以赞扬的方式,比如"×××学生是学校的骄傲""你们肩负着班级的使命"等,以隐喻的方式将学生称为"学校的骄傲""未来之星"等,以宏大概念来增加学生的心理重感。访谈对象 S3 作为一名优秀学生,对他而言,学习没有任何压力,这也从另一个侧面反映出不同层次的学生压力也是不同的。

此外,通过访谈得知,随着信息技术的快速发展,老师与家长间建立了校讯通。校讯通作为学校与家庭合作的一种方式,由早期的家访制度演变而来。下面是 ZYY 学生的一段自我描述:

> 现在我们学校的老师和家长都建立了校讯通。除周末外,班主任每天都会给我们家长的手机发送各种短信,有说上课表现情况的,有说作业的,也有说考试的,而且还会说具体的排名情况等。尽管家长不在学校,但是家长也可以知道我们每天在学校的学习情况。(访谈笔录 CGC2015-06-24)

可见,老师可以通过手机发短信(或微信)的方式给家长通报信息。这一方面是为了让家长能够及时地了解自己孩子的学习情况,以便采取应对措施;另一方面体现了学校老师的暗示作用,老师通过告知家长学生成绩,给家长以舆论和心理压力。在 NB 小学担任义务"护苗员"期间,笔者在与某位家长的交流中也隐约感受到校讯通给家长造成的压力。对学生而言,校讯通其实就像一双隐形的眼睛,一直监视着他们的学习和行为表现。成绩稍微有所下降或者上课开小差都会受到老师的关注,这本身就是一种无形的压力,而且老师还会通过校讯通的方式告知父母,无疑,这会进一步增加学生心理压力。

除了来自学校制度和校讯通的压力,学生的书包重感和心理压力还受到同学之间人际关系的影响和作用,因为"人际关系就是人们在生产或生活活动过程中所建立的一种社会关系"(王晓忠,2010)。所以这种关系也构成了学生社会学意义上书包重感的一部分。下面是 S5 的一段自我描述:

> 因为我的成绩不是很好,所以我感觉自己压力比较大。一方面,是因为成绩不好而被成绩好的同学瞧不起;另一方面,成绩跟不上,他们就会不愿意跟我玩或者不喜欢跟我做朋友,这样的话我就会没有伙伴。(访谈笔录 CGC2015-06-24)

在学校中,其他学生对 S5 的歧视和冷漠态度,在一定程度上会给其造成某些心理压力。部分学生之所以会对成绩落后的学生持歧视和冷漠的态度,或许是受传统观念(即近朱者赤、物以类聚等)或家庭观念的影响。通过 S5 的自我描述,笔者得知,对于学生而言,学生与学生之间的人际关系也是其书包重感与心理压力来源的一个维度。

另外,基于集体荣誉的重感主要是建立在学生荣誉感与自尊心的基础之上,具体地说,一是来自以班集体为核心的荣誉评价体系,二是来自以个人自尊为核心的荣誉评价体系。其中,以班集体为核心的荣誉评价体系是通过学生担心个人拖累集体的心理机制建立起来的。下面是 S6 的一段自我经验描述:

> 尽管我们班的总体成绩在全年级段还算不错,但是我的学习成绩在班级里处于中下游水平。为此,班主任有时会找我谈话,要求我课外去补补课,或者有的时候给我的父母打电话,建议他们给我报些补习班等。因此,很多时候我都感觉压力很大,尤其是在临近考试的时候,我就非常紧张,担心自己考试考得不理想。不只是害怕会遭到老师或父母的责骂,更重要的是担心自己的成绩会拖整个班级的后腿。(访谈笔录 CGC2015-06-24)

在 S6 的描述中，提到几个关键词：紧张、担心、害怕、责骂、拖后腿。在 S6 的描述中，笔者得知 S6 书包的重感与心理压力的来源主要是两方面：从客观的角度说，是来自老师的谈话暗示，在分数至上的工具理性支配下，师生之间的谈话行为实际上演变为教师对学生的一种自上而下的说教和劝导，即谈话行为背后是一种微观的说教制度。在一定程度上，它也可能成为学生精神压力的诱因，使原本具有安慰作用的谈心活动变成了精神规训，成为教师确保学生刻苦学习、提高学习成绩的工具。从主观的角度说，是来自 S6 担心自己不理想的成绩会影响整个班级的综合排名，即因为学习成绩不良而拖累整个班级的量化评比结果。对于 S6 而言，主观的因素是其书包重感与心理压力的主要来源。由此可见，对于具备集体荣誉感的 S6 而言，班级的概念对于他来说已从现实存在的约束转换为精神层面的认可。

在以个人自尊为核心的荣誉评价体系中，通过访谈笔者得知：班级中的角色对于书包的重感和学习压力有一定程度的影响。S7 是英语课代表，正是因为在班级里她的英语成绩平时总是名列前茅，所以英语老师就委任她担任课代表。下面是 S7 的一段自我经验描述：

> 在英语这门课上，我感觉自己压力很大，尽管我英语成绩好，排名基本上也都挺靠前，但是每次英语考试我都非常紧张，生怕考砸了。我之所以这么担心英语成绩，是因为我是班级里的英语课代表。如果我的英语考砸了，一方面得不到英语老师的认可，另一方面班级里的同学可能也会觉得我这个课代表不行。而且，我自己作为英语课代表也会觉得很丢脸、自尊心很受伤。（访谈笔录 CGC2015-06-24）

在 S7 的描述中，提到几个关键词：紧张、担心、丢脸、受伤、自尊心。在 S7 看来，课代表就意味着某一学生是这一学科的标杆、榜样。S7 作为一名英语课代表对自己英语方面的表现有较高要求，这会给自己带来额外的压力，比如认为英语老师、班里的同学对她的英语成绩有较高的期望。对 S7 而言，她承受着自我和周围环境的共同压力。她不仅害怕自身的能力遭到老师的怀疑，而且也担心以自尊为核心的荣誉感消失殆尽。如果学生的自尊心遭受打击，必将在身体的感知上有所表现，比如担心、紧张、恐慌等。因此，对于英语课代表 S7 而言，她的心理压力主要是来自以自尊心为基础的心理压力。

2.基于社会观念和学业竞争的重感

现代社会给学生带来的书包重感与心理压力主要表现在两个方面：一是当今社会的价值观念，主要表现为"应试主义"的社会偏向和社会流行的"考证热"等现象；二是激烈的社会竞争，主要表现为社会辅导机构的大量增加和学校之间的生源竞争。

社会观念给学生带来的书包重感与心理压力主要表现在两个方面：一是由社会观念本身引起的。当前处于知识经济时代，谁掌握知识，谁便在竞争中掌握了主动权。比如当前社会出现了一种"学历至上"的价值取向，它主要是受"学而优则仕""知识改变命运"等传统观念的影响。"学历至上"的观念隐含着知识与社会地位之间的紧密关系，即根据学生的学历水平将其分配到不同阶层的社会分层格局中。在一定程度上，这种社会观念会在无形中给学生造成心理上的压力。二是社会上日渐流行的"考证热"现象。从主观上说，学生的这种心态源自"别人做的，我也要做"的从众心理。从客观上说，在当下竞争如此激烈的社会中，一方面，那些获得过学科竞赛荣誉或其他"加分"政策相关证书的学生较其他学生在升学考试中更占优势；另一方面，证书作为对学生知识或能力的一种证明，可以使学生在就业中获得更大的优势，同时，激烈的就业竞争也迫使学生需要通过储备更多的知识为将来的就业增加筹码。社会的"考证热"现象也意味着学生的升学与就业竞争就是知识的竞争。从某种意义上讲，人的发展主要取决于人的知识发展，知识对人来说，不仅是发展的力量，也是发展的机会。人的发展水平将以其拥有知识的质和量来衡量。

无论是社会"应试主义"的观念还是社会流行的"考证热"现象，证书作为现代社会一种被普遍认同的评价机制，不仅是衡量学生优劣的一个重要指标，而且也是个体进入现代社会分层秩序的一个重要筹码。在一定意义上，这也成为新的标榜个体价值的符号。其中，证书作为一种形式上的资格证明，它的评定主要是以学生的智商、认知成就等功绩主义机制为依据，是文化资本体制化和学术资格制度化的典型体现。具体地说,个体证书的获得是"将个体掌握的知识与技能以某种形式(通常以考试形式)正式予以承认并通过授予合格者文凭和资格认定证书等社会公认方式将其制度化"(路娟,2008)。如同学校的分层制度,证书的评定实际上也是一项以考试作为手段对学生进行分类的行为,将学生划分为具有不同学识和能力的群体。从布迪厄的社会学角度来看,考试是实现文化再生产这一过程的主要手段,而证书的授予是文化再生产的最后一个环节。同时,这种制度性规定的评价机制也正是布迪厄笔下制度化形态的文化资本的再现,正是文化资本的体制化使学生之间的相互竞争成为可能,可以说在对文化资本"占有"的竞争中对资格证书的占有是最具有吸引力的。因此,这些以一种客观化制度形式存在的评价机制也给学生造成了无形的心理压力。

除社会观念和"考证热"现象外,社会竞争也给小学生带来了书包重感与心理压力。一是社会上兴起的各种各样的知识、才艺、体育等补习机构。家长有这样的集体意识:不能让自己的孩子输在竞争的起跑线上,别人的孩子都在上补习班,如果自家的孩子不去的话,不就落后了吗?对学生来说,周围的同学都在上补习班,受他们的影响,自己主动提出要上补习班。正是由于家长和学生的攀比、从众等社会心理作用,学生每天上学的时候,不仅需要带学校课程表内的书本,而且需要带课程表之外,也就是社会补习机构课程所需的材料,因为很多学生从学校放学后并不直接回家,而是去辅导机构继续学习。二是由于升学压力的各种社会竞争,比如保送名校、自主招生考试等,这使很多学生不得不提前学习下一个学年的课程内容,以便其在各种考试中获得高分,保持班级排名靠前。由于竞争与淘汰的压力,竞争心理在无形中将早期教育变成了提前教育。这种教育观念已经背离了教育规律和儿童的身心发展规律,相反,会更大程度地造成学生的身心压力和负担。下面是笔者对JD小学老师一次集体访谈的相关笔录。

访谈者:您觉得现在小学生的书包重吗?

T1:低年级学生的书包并不算重。一方面,因为现在学校老师给学生布置的作业量还是比较少的,所以大部分的课后作业基本可以在学校里完成；另一方面，我们学校低年级学生的教室都已经设置了书包柜，一些不经常用的或者已经做完的作业都可以放在书包柜里，书包里只要带一些没有做完的作业本或者一些要预习的课本就好了。如果书包重的话，一般是学生装水的水壶等生活用品，或者是家长给学生买的一些其他课外资料。

访谈者：现在学生的书包重量减轻了，那您觉得学生的学习压力有没有减轻？

T2：没有，有的学生的学习压力反而越来越大了。

访谈者：这种压力主要来自哪里？

T3：我个人觉得学生和家长的压力最主要还是来自"小升初"的升学压力，因为能考一个重点初中是很多学生和家长的共同愿望，而且在很多学生和家长的观念中，他们认为只有进了重点初中，进入重点高中的概率才大，以此类推，才能考入重点大学，进而获得一份满意的工作。

T4：我觉得现在学生的学习压力大还有一个重要的原因是教材难度有点大，有的原本是 3 年级学习的内容，现在 2 年级就开始学习了，有的原来是初中的学习内容，现在 6 年级的学生都开始学了，把早期教育变成了提前教育。（访谈笔录 CGC2015-05-14）

在这次与老师的集体访谈中，笔者得知了学生书包重感的部分社会学根源，即学校教育之外的社会竞争给学生书包带来的重感与心理压力，比如，学生参加各类补习班已经成为一种趋势、学生教材难度增大以及现今学校教育资源分配不均衡等。另外就是学校的升学制度不仅规划着学生上学的秩序，而且还影响学生书包的重感与书本的排列方式等微观的日常生活行为。这次访谈为笔者深入挖掘学生书包重感的来源与学习压力运行机制背后的因素提供了有力的事实依据。

ZXL 老师是小学 6 年级的语文老师，已从教十多年。她对于社会竞争给小学毕业生带来的心理压力有自己的看法。下面是 ZXL 老师的一段描述：

我们小学的毕业生有三种去向：一是保送进重点中学，二是学生自行参加重点中学的自主招生,三是进"学区中学"。我们 6 年级共有六个班,每个班差不多有十名学生可以保送,而这些学生是根据三个学期(即 5 年级上、下两学期和 6 年级上学期)的综合成绩评比选出的。我们学校保送的初中是 N 市"四大名校"。在我们学校升学较为理想的学生有一部分是保送的,但也有一些学生不愿意接受学校的保送,或者在父母的建议下去报考其他有自主招生政策的重点学校,但是这些学校都有一些报名资格上的限制,比如要求在 5 年级和 6 年级期间,至少有一次获得"三好学生"荣誉,或者平时成绩的排名必须在班级的中上。还有小部分的学生通过选拔被学校推荐到 NX 或者 NW 等重点中学,这一小部分学生是经过层层筛选留下的,这个筛选的过程大致有两个阶段:第一阶段是通过考试排名选出每个班级前二十名的学生;第二阶段是每个班级前二十名的学生再进行一次成绩排名,选出 6 年级组中前二十名的学生,然后学校将这前二十名学生推荐到 NX 或者 NW 等重点中学。此外,部分优秀的学生也会被其他重点学校提前录取,还有些自主招生的重点民办中学的招生办也会亲自来学校提前挑选非常优秀的学生,比如 S3 同学就是被自主招生的重点民办学校提前录取的。(访谈笔录 CGC2015-05-14)

在 ZXL 老师关于"小升初"社会竞争情形的描述中,可以看出重点学校之间的生源竞争非常激烈。不同学校开展生源竞争的方式也是不同的,比如保送机制、选拔、推荐、自主招生等。首先,保送机制是学校与高一级学校之间签订的升学协议,可以被视作为成绩优秀的学生专门设定的"免考机制"。其次,自主招生也是学校竞争生源的常用手段,这些学校主要通过考试选拔出高分的考生,或者录取生源校推荐的优秀学生。最后,也有些学校的招生人员会通过一些渠道获取学校尖子生的信息,并与学校或者学生本人及其父母进行沟通来争取优秀生源。尽管学校与学校之间争取优秀生源的方式不同,但是他们都具有市场化操作的共同特点。很多小学生之所以放学以后不得不背着书包进入补习辅导机构,主要是为进入重点中学做准备的,因此学生的书包里还要装着学校课程以外的书本与学习工具。由此可见,学校间激烈的生源竞争现象其实在无形中对学生施加了压力,并最终落实到像书包这样的日常生活用具上。尽管从政府、学校层面有很多文件严令禁止书包超重,以及禁止学校补课或者延长学生在校的时间,但是这些在学校被禁止的内容,都被转移到社会辅导机构中去了。哪里有教育价值的导向,哪里就有被导向的市场化社会教育。教育辅导与补习最后变成了一种市场行为,进而形成了以升学为目的的庞大教育产业链,甚至是一种考试经济学,而学生的家长正是考试经济学的操作与应用能手。在考试经济学的驱动下,教育整体日渐趋于产业化,偏向经济学的范畴,教育的产品是知识,而教育就是知识的生产力,学校教育考试化的直接后果便是知识的产品化和资本化。

(三)伦理学意义上书包的重感

对于学生而言,来自家庭的竞争观念和期待也是构成学生书包重感的两个主要维度。

首先,"从娃娃抓起,不要让孩子输在起跑线上"——不仅是我国许多家长对于子女教育的强烈共识,而且也隐含着家长间某种竞争的心理,即家长将孩子的学习过程隐喻为一场百米冲刺的体育比赛,孩子只有花更多的时间学习更多的知识才能在激烈的竞争中超越别人。比如为孩子报各种辅导班或者购买课外辅导资料,对家长来说,这些都会提高孩子的成绩,进而更好地发挥其竞争优势。具体表现在以下两个方面:对于学习能力较弱的孩子而言,课外辅导机构旨在帮助其消化课堂所学知识,进而提高孩子的学习成绩;对于学习能力较强的孩子而言,课外辅导机构是学校教育的补充和延伸,继而更好地发挥其竞争优势。与课外辅导机构的功能类似,课外辅导资料作为学生教材的一种辅助用书,不仅可以帮助学生加深对教材知识点的理解和掌握,而且也可以形成学生的竞争优势。但是对孩子来说,家长的这些行为不仅会增加其学习量,而且还会加重其学习的心理压力。下面是笔者与八位学生在 JD 小学的一段访谈内容。

> 访谈者:在家庭中,你们觉得父母哪些方面的行为会给你们造成心理上的压力?
>
> S4:不仅周一到周五下午放学要求我去辅导班,而且周末也给我报了

各类培训班,比如英语培训、书法班和跆拳道培训班等。

S5:除了给我报辅导班,还会给我买各科的课外辅导用书。

S7(英语课代表):有的时候我的爸妈会把别的同学拿来和我做比较,比如说些像×××同学怎么优秀,怎么有前途,让我要向人家好好学习,不好好学习不会有什么前途,丢爸妈脸之类的。(访谈笔录CGC2015-06-24)

其次,"望子成龙、望女成凤"是一种普遍存在的社会观念,也是大部分家长对自己孩子的一种期待。而正是这种迫切的期待,给孩子造成了巨大的心理压力与负担。尤其是准毕业生,他们承受的来自家庭的重感或许会更大。除家长为孩子报各种辅导班或者买些课外辅导资料会给孩子造成直接的心理压力外,家长的某些日常伦理行为也会成为孩子间接的心理负担,即伦理学的书包重感还有的是来自家庭伦理学情感。对学生而言,家庭伦理学情感主要是由家长与孩子之间的亲子关系所构成的亲情伦理关系,而这种亲情伦理关系更多地体现在家长照顾孩子生活的细节上,比如家长为孩子精心挑选学习文具或书包、上学放学时帮孩子背书包以及为孩子整理书包等。通过在 NB 小学校门口长期观察学生的书包及微观人文生态,笔者发现,在上学放学的路途中,家长帮孩子提背书包的情景随处可见。在接送的过程中,家长、书包与孩子构成伦理行为的主要内容。其中,书包是亲子之间进行伦理交流与情感表达的纽带。从这个层面上说,书包不仅是一种装书本与文具的容器,而且是情感的寄托物与表达对象。书包对于亲子关系而言,它不是理性的,而是感性的。书包与物理学的关系甚微,而与伦理学密切相关。伦理情感是一种奇特的人文现象,它的行为表达具有先验性,显然又不同于生物本能。"人类的情感领域所具有的行为合法性,不是从理性和意志中演绎出来的,情感有其自身先验的内容。这种内容不是在逻辑中,而只能是在伦理学中展示其自身。"(弗林斯,2003:45)诚如舍勒所言,"在人能够思维或意愿之前,就已是爱的存在";"爱是基本的精神行为,是一种不可还原的自发的运动"(弗林斯,2003:46)。正如笔者在对 NB 小学校门口的非参与性观察中得知:

上学的路上,家长帮孩子提、背、拿书包送孩子上学的情景在校门口随处可见,但是他们只能送到学校校门口附近划分的黄色网状结构区域内(不能停车的区域),所以大部分家长都是在黄色网状结构区域内将自己肩上背的或是手上提的书包转交给孩子。在家长与孩子书包交接的过程中,大部分的家长都是先把书包转移到手上并根据自己孩子的高度把书包提到适当的高度,再将书包的两条肩带摆开一定的角度,让孩子能够轻松、方便地背上书包。书包背好以后,如果有书包附件,家长再将书包附件递给孩子,目送孩子进校门后方才离开。(观察笔录 CGC2015-04-20)

　　每天接送孩子上学或放学可以说是家长的日常家务功课,也是他们的日常教育伦理行为。家长之所以每天不辞辛劳地接送自己的孩子上学、放学,或许是家长的一种本能行为,也可能是因为他们担心孩子在路上出事故或者迷路,这不得而知。虽然家长接送孩子上学、放学是常见的小事,但是对于孩子来说,书包因为家长参与接送,而具备了伦理的温度,继而突变为一种学生学习上的精神压力,即来自父母或整个家庭的期待。书包间接地与家庭的命运联系在一起。下面是笔者在 JD 小学与八位学生的一段对话节选。

　　访谈者:在临近毕业考期间,尤其是在学习方面,你们家长会表现出哪些特别行为?

　　S1:因为我是父母接送的,父母每次都为我背书包,我感觉他们对我施加了一种无形的期待。所以每次放学一回到家我妈就会催着我赶紧做作业。他们除了催我做作业,还会上网浏览一些与我学习有关的知识,通过查找网上的信息获取一些学习的重点知识,进而催促我要好好复习相关内容。为了不辜负父母的期待,我也必须好好做作业。

　　S2:我妈妈一般不会直接就催我做作业,她会用比较温和的方式来让我自觉地做作业。当她看到我没有及时做作业时,她就会走到我身旁并且告诉我她小时候认真学习的故事。比如她会说她跟我一样大的时候,学习非常用功而且很自觉,因此她那时候的学习成绩是非常优秀的等等,我妈妈基本上是以这种方式来敦促我学习。

S3：我自己本身学习就还比较自觉。放学回家以后，我都会合理地安排自己学习的时间。首先，先把该做的作业做完；然后，再复习学过的知识重点和难点；最后，时间充裕的话我还会看一些课外书补充一下自己的知识，开阔自己的眼界。

S6：父母没时间接送我上学和放学。我都是独自上学和放学回家的。因为我从学校到家差不多要坐1个多小时的公交车，所以每次放学到家都快5：00了。我基本上一到家，我的父母也刚好下班回家。到家没过几分钟，我妈妈就开始喊我做作业了。10分钟后，如果我还没有开始做作业，我妈妈就又会催一次。而且即使我已经开始做作业了，她也会提醒我要认真，不要走神，我都快被烦死了。

S7：我每次做作业的时候，我的父母就会坐在对面看看报纸或者做些别的事。我总感觉我的父母一直在监视我，犹如在学校上老师的课，不能开小差，注意力还要集中。有的时候他们也会把别的同学拿来和我做比较，比如像×××同学怎么优秀，怎么有前途，让我要向人家好好学习。

（访谈笔录 CGC2015-06-24）

上述几位学生在访谈中提到了几个关键词：催促、温和、监视、对比。从以上关键词可以看出，父母施加给孩子家庭方面伦理学重感的方式很多，父母之所以会给孩子施加压力，是因为父母想让孩子在考试中取得好成绩。可见，尽管父母不在学校，也不一定都为孩子背书包，但是他们和自己的孩子一样也参与了学校设置的考试机制。

此外，笔者在访谈中还得知，为了给自己的孩子创造良好的学习环境，部分家长还会专门设置一个书房供孩子学习。S3 是一名小学 6 年级的男生，因为他在班里学习成绩名列前茅，所以老师和同学都称他为"学霸"。下面是 S3 的一段自我经验描述：

我是家里的独生子。虽然家里的生活条件一般，但是我的爸妈为我创造了一个非常适宜学习的环境。原来我学习的地方和我睡觉的地方是同一个房间，但是临近毕业考这一年，我的爸妈在家里又专门腾出一个房间给我学习。爸妈不仅为我换了一个新的书房,而且还特意给我买了新的书桌和书架。此外,我爸妈为了不打扰我学习,每次在家里走动的时候,尤其是当他们要经过我的书房时,都会蹑手蹑脚尽量不出声。他们越是这样,我就感觉压力越大。万一没考好,我感觉不仅会让爸妈很伤心,而且我也一定会非常自责的,就好像有种负罪感。(访谈笔录 CGC2015-06-24)

在 S3 的描述中,提到了三个关键词:蹑手蹑脚、伤心、自责。在 S3 看来,父母的做法(包括专门腾出一个房间、购置新的书桌和书架)和行为(即父母走路蹑手蹑脚)给他造成了无形的压力。正如他所言:"万一成绩没考好,我感觉不仅会让爸妈很伤心,而且我也一定会非常自责的,就好像有种负罪感。"显然,对 S3 而言,父母越重视他的学习成绩,他身上的压力就越大。而 S3 之所以压力这么大,是因为他看到了父母的辛勤付出。对于父母的辛勤付出,他觉得自己能做到最好的回报莫过于考个好成绩。只有这样,他才会觉得没有愧对家人对自己的疼惜和爱护。

四、书包重感的本质

书包的重感是由多重矢量共同组成的,它既不是单一地来自书包物理学的重量,也不是纯粹地来自书包社会学重感或伦理学重感,而是综合了物理学、社会学与伦理学等意义上的作为身体知觉整体的书包重感,并且它们缺一不可。从这个意义上说,学生的课业负担主要也是来自身心两个方面。书包内书籍和学习用品的重量共同构成书包物理学的重感,它是学生身体重感的主要来源。与书包的物理重量相关,学生心理重感的来源和秘密都隐藏在构成书包物理学重量的所有物件中,书包内不同类型的书本及学习用品共同构成的书包重量,其背后是学生来自不同方面重感的综合,即包括来自学校制度、社会观念与竞争等的社会重感以及来自家庭的观念和期待等的伦理重感,它是学生心理重感的主要来源。因此,书包不能简单地被理解为盛装书籍与文具的工具,它也是一个具有隐喻功能的物件。也正是因为书包是一个具有隐喻功能的物件,它使看似与学生心理重感无关的书包物理学重感与学生的心理重感之间产生了内在的联系。同样,现象学的书包重感在一定意义上也为书包的物理学重感、社会学重感和伦理学重感搭建起了沟通的桥梁，实现了三种不同维度重感的统一。

（一）书包重感的现象学描述及重感发生机制

从现象学意义上看，重感是主体对身体现象整体性知觉感知的结果，这正是梅洛-庞蒂关于身体知觉的观点。一方面，他认为身体才是知觉的主体，因为"身体是人所特有的与世界相关联、进入世界的入口"（庞学铨，2001），即身体就是一个知觉和意义相联结的知觉场；另一方面，他也认可了知觉在认知世界中的基础地位，因为"知觉不是对一种印象的多样性之体验，而是对一种源自被给予材料的内在意义的体验"（庞学铨，2001）。知觉活动是先于判断的感觉，体验外界刺激材料本身所含有的意义，或者说是一种潜意识状态下原初意义的生成活动。从这个意义上说，现象学意义上的书包重感本身并不是构成书包重感来源的一部分，它是学生基于知觉的当下性主观体验，即强调主体当下性的、情境性的身体体验。由此可见，现象学意义上重感发生建立在学生对物理学书包重量感知的基础上，并结合学生的心理重感。

因为学生所体验到的书包重感源自身体的整体知觉，所以书包重感是学生背负书包时一种当下性的、情境性的身体体验，这也确证了学生的自我意识与存在价值。可见，现象学意义上的书包重感也是学生在具体的生活境遇中当下性存在感的一种表征。

现象学意义上的书包重感是流动的、相对的。从主观方面而言，因为重感强调的是人的"当下性"体验，所以不同的肩负主体在不同的状态（或情绪）下对书包的重感有着不同的身体体验，进而表现出不一样的精神状态，而这种精神状态代表的是学生作为体验主体对学校教育的不同价值立场与态度；从客观方面而言，重感还会受周围的氛围和气象条件等的影响，即它与不同时代境遇、不同体验主体的存在状态有关，现象学意义上的书包重感与体验主体的生理特点、个性心理因素以及背负书包的当下性存在状态有关。因此，书包的重感还可以理解成是一种萌生在身体感知觉之间的对重感的主观"测量"。它与身体密切相关并且最终归结于学生对书包的感知。可见，书包重感在本质上不是唯一的,而是"流动不居"的。

从施密茨的身体现象学角度看来,知觉是在人的躯体上产生的,不仅能被整体性地知觉到,而且是能越过躯体皮肤界限的感觉与情绪震颤状态。人的身体知觉和情感所表现出来的原初情绪震颤状态也能体现或传达主体当下性的重感体验,比如,当学生背上或放下书包时,学生身体出现从宽阔到狭窄、从狭窄到宽阔等身体动力学运动。这些由身体运动带来的情绪变化会使学生身体处于一种紧张或轻松的氛围中,进而给学生带来不同的重感体验。重感与情绪紧密相关,在施密茨看来,情绪是一种类似于天气的空间力量,它能够超越身体,弥漫在周围的气氛中。"它是在没有五官帮助下于身体上自己感知到的某种感受的总体状态,它被恐惧、紧张、舒适、欲望等感受的情绪震颤(如战栗)这种身体性感情整体性地占据,以不可分割的和非平面的方式扩展膨胀或进展收缩。"(庞学铨,2001)另外,人的情绪震颤能够导致书包物理重量的变异,诸如"重于泰山""身轻如燕"等不可视的现象可能出现,"重于泰山"是压抑这种情绪的体验以及弥漫,导致人感觉身上好像压了一座山。这里的山不是物理意义上的山,而是现象学意义上一种不可见的、学生情绪的震颤而导致的书包重量变化结果。此外,学生也常用"包袱"一词来表达沉重的心情,使学生对书包的重量感觉较为沉重。它已超越了书包的物理学解释范畴和装载功能,而归属于现象学描述的范畴,并与人的意识、体验和情感有关。这是典型的由身体现象学中的身体运动原理对生理运动学原理的修改,也是压抑情绪被学生直接体验的结果。书包与情绪的关系密切,书包的重感也是背负主体的当下性情绪的感受与表达。

书包的重感除了与人的情绪有关,还与情感气象学的关系密切。人对身体附属物的重感,也会受到人文气象条件的影响。在特定的人文气象条件下,学生关于书包与身体关系的当下性体验是书包获得重感的基础性条件。在身体现象学中,人的情感流动可以说是其中的唯一变量,它没有精确的测量指标,却与学生及其存在状态紧密相连。现象学重感是以学生的身体、气象状况和情绪等为主要因素,生成一个可以让学生个体感知的,压抑、沉重、愉悦或轻松的重感体验。

(二)现象学重感的本质

在学生的学习和生活中,书包与学生有着密不可分的关系。梅洛-庞蒂在对人与外物关系的解释中指出:"人固然是知觉世界的前提,但在知觉世界里,人不仅能感知到自己的身心情况,而且能感知到外物的情况,就好像外物也被纳入了我的身体,我的身体向外界延伸。"(杨大春,2007:151)即书包作为一种装载书籍文本与学习用品的器物被纳入了学生的身体,它是学生身体的组成部分,它与生俱来就存在于学生的身体内,具有身体性。但是,书包的身体性是现象学层面的身体性,是主体肩背书包形成的存在意义的整体知觉的结果。此外,书包作为学生身份的代名词或身份确认符号与学生的本质是统一的。按梅洛-庞蒂的观点,在学生提背书包的当下性境遇里,书包就是学生。换言之,学生就是书包,书包与学生互为符号,并且相互确证彼此的意义。从这个意义出发,书包、身体与学生具有同构性,它们之间的关系是存在论意义上的一元共存关系。学生与书包的关系是如此,人与自然界一切万物的关系也是如此。同时,书包的主体性也促进了对书包重量与学生书包重感之间关系的理解。书包内不同类型的书本以及学习用品等共同构成的书包重量,与学生来自不同方面的综合重感之间也具有同一性关系。具体地说,书包重感的矢量包括:混杂在书包里面多元的物件的物理学重感;教师期待造成的压力与升学制度的重感;社会竞争的压力与社会学的重感;父母的关怀、期待与伦理学的重感等。这些来自学校、社会和家庭的重感,都被挪移到了学生有限的书包空间里面,并共同构成了书包的现象学重力结构。在身体现象学中,书包的物理重量和社会学、伦理学重感的统一是通过身体的整体性感知实现的。

由此可见,一方面,书包的主体性与身体性只有在特定心境条件下,书包与学生构成不可分割的整体时才得以产生。书包通过与身体发生联系,并建立起一种存在感的确认机制,书包与身份认同、自我实现等存在论的元素有关;另一方面,这些多元矢量的重感因素构成背负书包主体的现象学重感。它是不可见的,内在于学生的体验中,是周围的环境以及事物被学生体验后,在意识中的真实显现。从身体现象学出发,学生书包重感体验的本质已然超越了感知生理学和物理学等所谓科学主义的解释框架,而是背负书包的主体当下性的重感体验,即压抑与愉悦、沉重与轻松在意识中的呈现机制。压抑与愉悦、沉重与轻松,都是学生把书包背上肩头时体验的结果。压抑与愉悦、沉重与轻松不仅表现了学生对书包体验后的现象学重量,而且也是学生在学业负担下的情绪表达。这种身体运动因学生体验而产生,身体现象学意义上的身体动力学是其运动机制。"这种不可逆的身体运动的力量与方向,构成了生命原动力的基本表现形式。"(庞学铨,2001)显然,这里所指的学生身体运动方向,不是那种单纯依赖线条的几何学方向,而是一种不可逆的现象学的从狭促到宽松(或者从宽松到狭促)的方向。以下是校门口书包及其人文生态的部分非参与性观察实录:

> 早上 7:30—8:00 是家长送孩子上学的高峰期,在家长接送孩子上学的过程中,笔者观察到一个有趣的事件。一位家长开着电瓶车载着她的女儿来到了校门口,小女孩兴奋地下车跑进学校,家长突然意识到自己孩子的书包还没有拿走,便连忙喊"×××,你的书包还没拿呢"。这时,小女孩才意识到自己忘记了背书包,转身不情愿地朝她妈妈的方向走去,脸上也出现了不悦的表情。在家长与小女孩进行书包交接的时候,家长的嘴里还在唠叨着"你读什么书呀,连书包都不知道要拿"。这时小女孩的行为和神情引起了笔者的注意,她似乎没听进家长说的话,脸上露出疲惫的神态,在与妈妈进行书包交接的过程中,两只胳膊慢悠悠地穿过书包的背带,好像这两只胳膊已经不是她的似的,然后不情愿地"拖"着整个身体朝校门口走去。(观察笔录 CGC2015-04-24)

通过对小女孩这两次身体运行轨迹的观察,笔者清晰地感觉到在小女孩的第一次身体运行中,由于没背书包,小女孩非常高兴地"冲"进校门。此时,从下车的地方到校门口的距离对于小女孩而言是非常短的,愉悦的心情让小女孩"飞"快地冲到校门口。而在第二次身体运行中,笔者也明显地感觉到,小女孩背负书包导致身体重量增加,这使其身体运动出现了从宽松向狭促的方向,进而使小女孩的心情由之前的愉悦转向沉重,而这种情绪也使其难以迈着欢快的步子跑进校园。显然,此时下车的地方到校门口的距离在小女孩的心中增加了好几倍。

根据笔者对学生与教师的集体访谈,学生在不同的书包重感层面都有自己的体验描述,这些源自现象学世界的描述呈现了学生书包的重感结构以及课业负担的基本来源。集体访谈中,学生在不同学科视角下的书包重感体验描述如表 1-2 所示。

表 1-2　书包重感(压力源)的多学科描述对照

受访者	性别	特点	物理学	社会学	伦理学	现象学
S1	女	发言活跃	超重	补习、培训	催人、督促	沉重、繁多
S2	女	发言活跃	超重	排名、比较	家庭史	沉重
					期待	金字塔
S3	男	成绩好	超重	荣誉、表扬	无	轻松
		话不多				没什么
S4	男	发言活跃	超重	排名、比较	催促、温和	沉重、压力大
S5	男	不善言辞	超重	排名、比较	伴随、监督	沉重
S6	男	发言最活跃	超重	考试、竞争	自责、担心	烦死了
						沉重
S7	女	英语课代表	超重	伤自尊	与别人比较	怕丢脸
				怕被指责		沉重
S8	女	一声不吭	未知	无	无	无

五、“减重”方案及其立场

书包过重作为学生课业负担过重的一个缩影,尽管它不是造成学生学习压力的主要原因,也不是造成学生负担过重的根本原因,但书包过重是学生学习负担最直接、最表层的体现。然而,书包过重被视为学生课业负担过重的标准,这一观点恰好在地方政府颁布的“书包限重令”政策中能够得到很好的证实。在“书包限重令”的政策中,其核心语义是“减重”。“减重”宣述了一种指向学生身体解放的诉求,主要是针对学生肩膀这一身体部位的“减重”。肩膀是维持整个身体活络、协调的关键部位之一,唯有卸下学生肩上的负担,学生活跃的身体姿态才能恢复。为此,社会各界纷纷加入了为学生书包"减重"的行列。

(一)学生与家长的书包交接模式及其伦理学立场

作为学生日常生活的伴随物,书包首先是学生及其家长密切关照的对象。对于学生及其家长来说,书包作为连接亲子日常伦理活动与情感关系的纽带,不仅是一个具有存储功能的实物化器物,更是一个充满伦理气息与情感温度的精神象征物。从某种意义上说,当前的书包通过某种隐喻与学生的命运相联系。正是由于书包与学生的命运存在某种隐秘的关联性,书包里暗含着快乐、希望、前途与未来等人生的重大论题,正如有学者所言,"书包里装的不只是严肃的教科书,更多的是儿时的乐趣与梦想"(李铁,2009:37)。

但是,若学生的书包长期处于过重的状态,这不仅会给学生的身体造成不良影响,而且还会给学生带来某些负面的情绪,就连学生学习的日常精力也会被消磨,更不要说学习的兴趣和将来的梦想。因此,书包的重量问题,是学生及其家长的共同问题,或者说是一个家庭的伦理问题与学生的前途问题。通过对 NB 小学的访谈得知:学生的书包之所以沉重,一是学校课程安排很多,辅助资料也很多,文体物件又不能少,书包自然就成为庞杂的容器;二是大部分学生每天上学、放学都会把所有课本放在书包里,主要是因为课本放在学校害怕弄丢,而放在家里又担心老师临时换课。为了给孩子的书包"减重",家长的"减重"方案简洁且淳朴。一方面,家长选购一款适合自己孩子的书包,除实用性外,材质轻便和有利于孩子身体健康发育成为家长为孩子选购书包的首要标准。选购一款为孩子"量身定做"的书包,不仅在一定程度上能够达到"减重"的目的,而且还可以让孩子健康成长。另一方面,为了不让书包过重影响孩子的生长发育,大部分家长每天去学校接送,如果自己没空就会叫其他长辈去接送,帮孩子背负书包。大部分家长之所以这么做,主要也是出于对孩子的体谅和关爱,因为孩子上了一天的课,已经非常辛苦了。

显然,从主观层面而言,家长的做法是为了孩子的健康和生长发育。因为家长知道书包过重可能会严重阻碍孩子的生长发育,若孩子长时间背负过重的书包,不仅会让孩子形成不优美的体态,而且还会影响孩子的身高。从客观层面而言,这是学生书包日益增重的客观事实使然。当家长看到孩子背着那么重的书包时,内心深处的怜爱之情油然而生,并主动将其背负在自己身上,久而久之,这转变为家长的一种无意识行为。总之,家长的"减重"立场是出于其伦理的关怀。

根据笔者长期对中小学校门口以书包为重点的人文生态的观察,学生与家长的书包交接行为存在典型的方式,甚至是模式化了:

> 家长通过不同的交通方式把孩子们送到校门口之后,家长把书包(双肩包)从车子上取下来,先把左边的背带套在孩子的左肩上,然后把右边的背带套在孩子的右肩上。相应地,孩子也很熟练地配合其家长程式化的动作。到了下午放学的时候,家长早早守在校门口,接孩子的家长以老年人居多,也有年轻的父母。他们翘首以盼,一旦见到孩子出校门,第一件事情就是把孩子的书包从他们的肩上取下,放在车子上,或者亲自背在自己的肩上。相应地,大多数孩子在出了校门走向家长的途中就开始卸下自己的书包准备移交给家长。(观察笔录 CGC2015-04-13)

可见,在进行书包交接的过程中,家长与孩子之间似乎有了默契的主体间性。而家长与学生之间的这种默契是通过他们彼此之间一系列无意识的习惯性动作来实现的。对于家长来说,当他们见到自己孩子出校门时就会第一时间过去迎接孩子,在迎接孩子时的第一个动作就是主动地接过孩子肩上或手中的书包,这些看似再简单不过的无意识行为却传达了伦理表达活动的秘密:"就像艺术家能使他的风格展现在他所加工的材料纤维中一样,我运动我的身体,虽然我不知道起作用的是哪些肌肉、哪些神经通道,也不知道应该在哪里寻找这种活动工具。"(舒斯特曼,2011:90)但事实上,家长在见到孩子的时候,自然而然地就这么做了,身体运动中被习惯化的具体动作,比如接、提、拿、挽、背等一系列连续性的动作,他们在身体的整体知觉下,没有明显的时间性、先后性,甚至失去了力的矢量。此时此刻,对于家长来说,身体性就是伦理性。

正如梅洛－庞蒂在《知觉现象学》中所言:"任何一种习惯既是运动的,也是知觉的。"(梅洛-庞蒂,2001:201)书包对于学生及其家长来说,是身体间性发挥功效的中介物,是伦理主体表达情感的交互通道。"任何知觉习惯仍是一种运动习惯,在此,一种意义的理解是通过身体完成的。"(梅洛-庞蒂,2001:202)从这个意义上说,书包对于学生及其家长来说,不是一个物品,而是相互之间伦理意义的衔接点,甚至是亲子关系的证明。这种证明方式不是来自生物学、生理学,而是来自现象学与价值论。

家长为孩子的书包"减重"是一套出于伦理自觉的书包"减重"方案。这种方法非常纯朴,是家长对孩子的一种基于爱的伦理表达。在日常生活中,家长为孩子选购或背负书包的行为虽然很平常,但充满了浓厚的伦理情感与关怀。因此,对于孩子来说,家长购买或接去的不仅是一个书包,更是一份对自己的关爱。

(二)学校的书包柜及其"减重"的技术立场

学校为学生的书包"减重"主要是受到了政府关于中小学生书包"限重令"的影响。此外,"课业负担过重"的不良标签,还会直接影响整个学校的办学名誉与各类"先进""模范""优秀"之类的评比活动。为考察各地区中小学校具体的落实效果,地方政府通常会下派部分抽检人员到所辖地区的中小学校进行随机或突击检查,其中学生的书包重量就是考核的指标之一。因此,学校也十分重视如何把学生的书包重量减下来,主要是从课桌的改良(如带锁的抽屉)、增设饮水机、书包柜的设置等技术层面来考虑,正如笔者在访谈中得知:

> JD小学的老师T2略带自豪地对我们说:"我们学校的低龄段(3年级以下)学生的书包都不重,我们在教室后面为每一个学生都设置了书包柜。学生可以把书包里的东西放在书包柜里。下午放学的时候,有些已经做完作业的科目书籍和较重的工具书比如字典,就没有必要带回家,这样书包就不重了。"(访谈笔录CGC2015-03-09)

可见,学校为了给学生的书包"减重",除增设饮水机的措施外,还开始设置书包柜。在 JD 小学,书包柜的设置主要是针对低龄段的学生,书包柜通常被安置在教室的后方,书包柜里一个空格对应一位学生,主要是用于存放一些较重的工具性用书和无作业科目的书籍,减少学生往返学校与家庭时书包的重量,从而减轻学生的身体负重。

另外,学校还从课程安排和作业制度等学习层面出发给学生的书包"减重"。与技术层面的书包"减重"方案相比,课程安排和作业制度等方面的"减重"方案更具实效性。从一定意义上说,学习层面的"减重"方案不仅能够减轻学生书包的重量,而且对学生课业的"减负"也有一定的积极作用。

在课程安排方面,笔者通过访谈得知,FZH 是 JD 小学 5 年级的学生,她说:

> 开学时,班主任就给每位同学发了一份新学期的课程表,一拿到课程表,我就认真地数了数课程表上主科课程的数量。我发现学校每周的语文、数学和英语这三门主科的上课次数都比上个学期少了。这是我感觉现在的书包没有以前重的一个原因。另外,美术课的时候,我们不仅要带画纸,而且还要带美术工具箱;上音乐课的时候,要带一些乐器;上体育课的时候,又要带一些体育用品,比如羽毛球拍、足球或篮球等。为了避免书包重量过重,学校也将课程表上的美术课、音乐课和体育课不安排在同一天。(访谈笔录 CGC2015-04-24)

可见,学校主要通过课程的编排和设置来达到给学生书包"减重"的目的,一是相对减少语数外三门主科的数量;二是为了避免学生的身体超负荷,学校将一些需要带较重或较大体艺用品的课程错开安排。

关于作业制度方面,在 JD 小学调研期间,笔者观察到,在该学校校门的左侧有一排公告栏,公告栏上粘贴着作业量安排表、作息时间表、活动安排表以及课时表。JD 小学学生作业量安排表中明确规定了各个年级的作业量与作业时间:第一,1 年级到 2 年级不得布置书面家庭作业;第二,3 年级到 6 年级的平均书面家庭作业应控制在每天 1 个小时之内;第三,学校倡导布置实践性、操作性的作业。

实际上,学生的书包"超重"已经成为一种常态,这也就不难理解家长为何在校门口接自家孩子的时候,第一个动作就是接过孩子肩上的书包与手中的书包附件。然而,有意思的是,家长与学校之间偶尔也存在冲突,这是家庭的价值立场、心态与学校德育要求之间的冲突。这种冲突主要体现在:尽管学校不支持家长为孩子背书包,但是家长帮孩子背书包的现象依然普遍存在。对于家长而言,理由很简单:孩子上了一天的课挺辛苦的,帮孩子背书包是他们理所当然的;对于学校而言,他们非常重视学生独立学习生活能力的培养,一直向全校学生倡议"自己的书包自己背"。而学校之所以这么做,主要是因为让学生自己背书包有助于培养学生"自己的事情自己做"的良好习惯,并且学校还从德育的角度考虑,规定学生尤其是高年级的小学生,不能在出校门之后,让家长特别是祖辈家长来背负书包,一旦被其他同学发现并报告,学生就将受到诸如扣小红花之类的严肃惩罚。我们在访谈 JD 小学的一位 5 年级学生时,他说:

> 我们学校有规定,放学后学生不能让家长帮助背书包。如果让家长背了,并且被值周的同学发现,或者在离学校较远的地方让其他同学发现,告诉了班主任老师,就会扣小红花,而且还会被口头批评。(访谈笔录 CGC2015-03-20)

(三)政府的书包"限重令"及其生理学立场

对于教育行政部门来说,任何政策的制定都需要科学的依据。当然,书包"限重令"也不例外。书包"限重令"规定:书包的重量不能超过学生体重的 10%,并以此来确定学生行走时书包重量的适当范围。政府的书包"限重令"表面上是物理学的标准,但其科学依据是生理学和生物力学,即不同载荷负重及不同方式负重对人体带来的影响(包括负重后平衡能力的变化、身体姿态的变化、步态的调整、肌肉活动变化、肺容量变化等方面)(王敏,陆阿明,张秋霞,等,2015)。具体地说,从生理学上看,主要是根据学生背书包后心肺功能活动反应(包括血压、心率和呼吸量等)、肌肉活动情况、能量消耗情况和肌肉疲劳程度等一系列生理参数来评估学生行走时书包的合适重量,即以学生的肌肉活动与心肺功能的变化作为考量依据。从生物力学上看,主要是以行走过程中背书包个体的身体姿态的改变(即人体躯体与头部前倾角)、步态分析、足底压力分布和下肢关节力学的变化等作为确定书包负荷的依据,即将学生骨骼曲线的受力情况作为行政部门制定该政策的生物力学基础。此外,有人也通过相关研究提出:根据儿童少年最大耗氧量、最大心率及负重行走时的耗氧量、心率等变化,确定儿童少年双肩背负重量适宜上限范围为儿童自身体重的8%—10%(马军,朱虹,黄永波,等,2001)。这些研究者虽然在学生书包的合适重量方面存在分歧,但都一致认可书包过重将不利于儿童身体健康的观点。鉴于儿童背书包对其身体健康的影响,书包已被作为一种"职业负荷"。显而易见,书包"限重令"是基于生理学、生物力学对人的解剖机理来制定的,而生理学和生物力学更多是从生物学和数学量化的角度来分析人的身心运动规律。在这样的前提下,人的身心情况不再模糊,相反,人的身心发展可以借助各种仪器进行测量,只要测量的数据落在合适的区间,那么就意味着书包重量是合适的。数据系统的科学分析变成了生理学和生物力学的必然选择,其直接后果是测量的数据变成了判断学校教育对学生身心发展是否有益的依据。在这种背景下,学生的身体变成了教育活动中各种科学技术理论的构建对象,即在"科学"面前,学生的身心情况将被生理学和生物力学完全地"裸露"出来而不再有任何秘密。

地方政府的书包"限重令"之所以以生理学与生物力学为依据,从表层上说,是因为负重对象的特殊性。儿童作为正处于生长发育阶段的个体,他们的骨骼、肌肉、韧带等与力量相关的部位尚未发育健全,受力程度有限。不同负重状态下儿童的肌骨系统会出现不同程度的变化,进而间接地对其生长发育及健康产生影响。从生理学角度出发,当书包过重时,一方面,作用于学生肩膀的压力就会超过肩部血管所能承受的范围,使血液流动困难,导致肩部肌肉受伤,引起颈部和肩部肌肉酸痛麻木、肌肉疲劳性损伤和肌肉功能紊乱;另一方面,还可能使学生出现心脏跳动急促、心率以及神经系统局部紊乱的现象。从生物力学角度看,在负重时,为了与书包对自身造成的向后力矩相抗衡,学生通过改变身体的重心位置来维持身体平衡。当学生的身体负重超过 10%时,可能会引发学生身体的不适。学生长期背负超过科学标准的重量,不仅大大增加骨骼的负荷引起脊柱侧弯、肩部以及关节等部位发育的变形,而且长期维持这种前倾姿势也会造成驼背等不良体态。显而易见,书包的重量与儿童身体健康有着密切的关系,书包过重不仅会破坏儿童形体的正常曲线,进而间接影响体态的优美,而且也会对成年后的肌骨系统健康造成影响。

从深层上说,书包"限重令"的目的是避免身体疾病影响学生的求知效率,因为身体疾病是破坏学生求知秩序的主要力量。然而,在现实生活中,由书包"超重"引起学生身体不适的现象依然存在。学生书包重量的实际情况与政府对书包重量的上限要求大相径庭,国家政策出台的书包"限重令"要求书包的重量不得超过体重的 10%,这与学生书包实际情况的反差也体现了国家政策与学校实际教育的冲突。此外,家庭与政府之间也存在类似的冲突,部分家长出于从众与竞争心理,使其孩子书包重量大大超过国家限定的重量标准。因此,无论是学校与家长、学校与政府,还是家长与政府之间产生的冲突,都是围绕着学生的书包重量来展开(见图 1-2)。

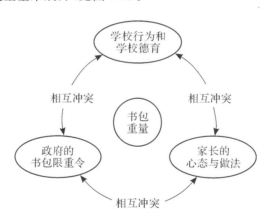

图 1-2 政府、学校和家长关于书包重量的观点冲突示意

除书包"限重令"外,政府还从控制学生的作业数量和作业时间等角度间接地为学生的书包"减重"。如有些地方还规定了中小学家庭作业量与作业时间,《浙江省教育厅办公室关于改进与加强中小学作业管理的指导意见》规定,

小学 1 年级和 2 年级不留书面家庭作业。小学其他年级每天完成书面作业的总时间最多不超过 1 小时,初中学生每天作业时间控制在 2 小时之内。

(四)生产商的"减重"方案及其市场营销学立场

书包生产商的产品开发主要依据市场营销学,它与学生的书包"减重"关系不大,而主要与市场的消费心理有关。当前市场上出现的各类多功能保健书包,比如背背佳书包、弧形两用包、减负书包、护脊书包和滑轮式的拉杆书包等,它们之所以受到家长与学生的喜爱与追捧,是因为书包的生产商采取的市场营销策略契合了大众的消费心理。即书包生产商设计的产品是符合人体功效学的书包,在产品设计中秉持"以学生为本"的设计理念并注重技术和人的关系协调发展。与此同时,书包的生产商也实现了盈利的经营目标。

与家长、学校和政府等对书包"减重"的立场不同,书包生产商的技术考量主要是源于物理学中的力学分解,即设计者会通过加宽、加厚双肩背带(通过增大肩部的受力面积来减轻肩部的受重)或者在书包体背侧夹层填充微 S 形背板、软背垫或网孔气囊软板等高科技材料,并使之结合背带的力学作用,一起在学生背部与书包之间形成一个均衡的作用力,使书包内各物品的重量均匀地分散到学生的颈部、肩部、背部和腰部,从而间接达到"减重"的目的。另外,滑轮式拉杆书包的出现,也是书包生产商对传统力学模式的一次僭越。尽管滑轮式拉杆书包在外观上与普通书包极其相似,但是它与普通书包最大的区别在于设计者在书包的顶部与底部分别安置了滑轮和双杆。正因为如此,滑轮式拉杆书包的受力部位不再局限于肩部和背部,还可以是手部。滑轮式拉杆书包既可以像普通书包一样用双肩"背",又可以像旅行箱一样用手"拉"着走。从力学角度分析,拉杆式书包与传统的双肩式书包不同,传统的双肩式书包是利用双肩的背带把书包的重力均匀地分散在两侧的肩膀,同时书包底部顶在学生的腰部,由此形成一个三角形的作用力分解,从而减轻书包对于学生肩膀的压力;而拉杆式书包则借助滑轮支撑书包的大部分重量,使学生只要手部轻轻用力便可轻松地"拉"着书包行走。可见,滑轮式拉杆书包也能够达到为书包"减重"的目的,且效果更佳。

家长、政府与生产商之间关于书包"减重"的立场存在某种交叉,与家长、政府有关学生书包"减重"的生理学立场一致,书包生产商所采取的物理"减重"法也是为了让处于生长发育阶段的中小学生能够获得健康的成长。具体地说,书包生产商所采取的物理"减重"法是通过书包重力的分解来减轻书包重量对中小学生骨骼的压力,从而保护学生的骨骼生长。

有意思的是,生产商的立场与学校的立场之间偶尔也存在冲突。笔者在担任 NB 小学"护苗员"期间,结识了 NB 小学的学生家长 P1。在对其的访谈中得知,学校并不是非常支持学生使用拉杆式书包,并对何种情况下才能使用拉杆书包提出明确规定。当笔者问起在什么情况下才可以使用拉杆书包时,她说:

> 学校或班主任要求,小学低年级(3 年级及以下)的学生尽量不要使用拉杆式书包,如果学生执意要使用,学校也规定了学生所在的教室必须在教学楼的二层或二层以下。学校之所以不支持学生使用拉杆式书包,主要是出于校园内安全事故、上学或放学高峰时道路交通情况的考虑。(访谈笔录 CGC2015-04-22)

在 P1 的描述中,笔者得知学生可以使用拉杆式书包的一些基本条件,学校不提倡使用拉杆式书包的主要原因如下:一是如果学生的教室在教学楼的三层及以上,又没有电梯的话,学生不得不艰辛地"提"书包爬楼梯,或许瘦弱学生还可能提不动,还会影响其他学生上下楼。如果遇到上学或放学的高峰时期,楼道里人群拥挤,很容易出现跌倒,甚至踩踏的恶性事故。二是在人群拥挤的校门口,使用拉杆式书包的学生会对其他学生的行走造成不便,尤其是当学生嬉戏打闹时容易被拉杆式书包绊倒而受伤。三是书包所滑行的地面必须是平整的,在不平或者甚至坑坑洼洼的路面上行进时,学生还必须"提"着书包前行,这样会适得其反,书包因为单手提着变得更加沉重。此外,拉杆书包在学生上下公交车时也比较麻烦。虽然拉杆书包可以避免书包过大而对学生身体产生的负重,但是上述不利的因素使拉杆式书包不能成为大部分学生的首选。

此外，书包生产商所设计的课程表式书包结构，除了可以提高学生学习的效率与维护教学秩序，也具有一定的"减重"功能。课程表式的书包分层结构使学生只需按照当天的课程表准备课本和学习用品，从而避免增加书包内与当天课程无关的书籍的重量。

上述各种书包"减重"方案都是为了应付某些教育政策而开展的"形式"运动。这只是解决了学生"减负"的表面问题。虽然"减重"与"减负"两者只是一字之差，却有着"治标"与"治本"的本质区别。减重是减轻重量，而减负是减轻负担，前者侧重身体，后者则侧重心理及精神。书包"减重"只是学生"减负"的一个方面。

（五）书包的电子化

随着信息技术的飞速发展，一种全新形态的书包出现在人们的视野中——电子书包。与传统书包相比，包含高科技的电子书包在结构与内容上都发生了质的变化。从外形来看，电子书包的体积与普通课本相近，有着与笔记本电脑相似的显示屏，只要点击一下功能键就会立即跃上显示屏供你阅读；从内容来看，由纸质文本向存储器芯片转变，具体地说，传统的文字、图像等内容都是印刷在纸张上的，而在电子书包中，课本的全部信息是存储在电子书包的存储器芯片上，电子书包彻底改变了阅读和知识存储的方式。除提供信息的显示和存储之外，电子书包还备有专用笔和与学习用品相关的功能键，比如计算器、圆规以及尺子等图标。这一方面改变了学生的写作方式，另一方面电子书包屏幕上相关的功能键也替代了学生累赘的学习用品。可见，电子书包替代了传统书包里的内容，它将学生书包里的书本、工具书、作业本和文具盒等学习用品全部数字化后整合在阅读器、手机甚至是平板电脑等各类轻便的移动终端设备中。较之前述的"减重"方案，电子书包不仅达到真正意义上的"减重"目的，而且也切实减轻了学生的身体负担，即学生只要把电子书包拿在手中或放在口袋里，就可以轻轻松松去上学了。

电子书包作为一种新形态的教育电子产品，首先采用电子和光学技术手段将教材的文字与图像转换成文字和图像的模拟信号，然后经过数模转换电路将文字和图像的模拟信号经过采样、量化和编码等几个阶段转换成一系列的数字信号,也就是把它数据化,最后储存到手指头大小的存储器芯片上。正是因为知识的数据化储存方式摆脱了书本数量与书包重量成正比的规律,使电子书包产生了一种戏剧性、反讽性的后果,即在书包的重量与体积大大浓缩的情况下,知识的数据化储存方式却使电子书包装载了超乎寻常的知识总量。这是一个无形的电子书包对传统书包重量的解构。通过知识数据化的方式实现对书包"重感"的变革以及为学生课业"减负",是一种极大的讽喻。知识储存方式的变革表明:学生的负担不是来自书包,而是来自坚硬的应试教育体制和单一的教育评价机制,这才是造成学生课业负担过重的根本原因。

电子书包是装载电子书本、作业和学生学习活动所需的虚拟学习用品的"容器"。尽管它极大地减轻了学生身体的负担,但是由此带来的教育伦理学悖论也是显而易见的。在知识数据化的方式下,书包重量的轻盈化与学生学习的内容在急剧地、呈几何倍数地增长之间产生了尖锐的冲突。在一定程度上,这也折射出尽管基于身体部位的手、背和肩的受力减轻了,但是学生的心理负担正面临更大的风险。此外,书包的电子化不仅意味着知识的电子化,而且也预示着一种新的知识分类秩序的出现。在知识数据化时代,屏幕、按键与存储卡三位一体的电子书包不仅彻底地弱化了书包的装盛功能、课堂的求知功能以及学校知识加工与管理的功能,而且导致了知识传统存储形态的消失,即书包的消失,甚至是课堂与学校的消失。

无论是实物化的书包,还是电子化的书包,它终归是个求知的工具,我们不能把书包的"重感"过度提升为政治的、商业的或伦理的主题。回归书包"为学生所用",而非政府、学校、商人等所利用的种种价值,回归知识的教育伦理学特性,这才是书包变革,乃至学校教育改革的核心母题。

六、作为微观教育学的书包

书包形制的变迁史同样是学生生活的变迁史。书包的材质、符号、色彩与结构等元素的变化反映了不同时代学生的生活状态,这与学生对学校教育的认知以及价值观的变化是分不开的。半个世纪以前,书包象征着人对拥有知识的渴望,色彩单调而破旧的书包所代表的神圣知识是学生内心对知识的憧憬。改革开放以来,书包的市场开发与销售机制日益完善,在制造车间里,书包在生产流水线上被大规模生产出来,继而被现代物流体系运往全国各地销售。

书包上面的符号,发生了急剧的变化与更迭:从带有鲜明意识形态色彩的政治符号转向了带有浓郁消费主义气息的商业符号。符号变化与更迭的背后是权力关系的重组,其意图仍是通过合法性的途径实施符号暴力并强加给学生一些意识形态的价值。布迪厄在论及符号关系与权力关系时提出,"每一种实施符号暴力的能力,即强加一些意义,并通过掩饰那些成为其力量基础的权力关系,以合法的名义强加这些意义的能力,在这些权力关系当中加进了自己的,即纯粹符号的力量"(布尔迪约,帕斯隆,2002:12)。如果不承认这一点,就否定了社会学作为一门科学的可能性,甚至否定了社会学存在的必要性。社会学不是政治学与经济学的补充与注脚,而是对它们宏大叙事式的"普遍原理"或"基本理论"的某种警示。

在教育学服务于经济学的大背景下,书包的经济符号功能远远超越了其教育的本体论功能。从书包的开发商、经销商到书包的批发商,再到大型超市的陈列柜中,书包被贴上了各种商业符号与价格标签,供购买者挑选。其实,学生的遭遇也像被挑选的书包,教室就如同对学生进行流水线式知识加工的车间,学生在各种教育权力的锻造下成为编码待售的产品,当这些学生日后从学校毕业步入社会时,他们要经受人力资源市场的挑选、甄别与确认。

调研期间,在征得学生本人允许的情况下,笔者观察了数位学生的书包内部格局。尽管书包的外观五花八门,但是书包内部的分层都是类似的。书包的材质、图案、色彩及其背后大致雷同的结构设计在一定程度上揭示了学校管理制度的运行机制以及相应的教学理念。即学校宣称要尊重学生个性发展的表象背后,其实是为了实现统一化的教育管理,进而迎合人力资源市场对人才的需求。这种教育规训机制的不良后果在于其无情地禁锢了学生灵动鲜活的思维和天性。最后,书包制作过程及其模式似乎在传达着一种价值暗示:当下学生的命运不再由自己做主,学生的发展被固定在科学发展的模式之中,并被规范化的权力体系所控制。这不仅反映了学生生活逻辑的格式化和程序化，而且体现了以市场为主导的意识形态对学生命运的控制和塑造。

书包形制近半个世纪的变迁，在从挎包、自制书包到流水线生产的商业书包的变迁过程中，折射的不仅是书包命运的变化，而且也是不同的教育规训机制下学生生活史的变迁。犹如书包的命运，学生不得不在不同意识形态的争夺中承受、顺从以及改变。书包的变迁，其实就是学生生活史的缩影，是学生命运的镜像。

具体地说，随着书包形制的变化，书包的面料与材质从以薄布、棉纱为主到以皮革、化纤、涤纶等为主；书包的分层从以两层为主到以 3—5 层为主；书包的内容从以课本为主到以练习册、考卷和辅导书为主；书包的背负方式从以斜背包为主到以双肩包为主；等等，所有这些围绕书包的物理学特征所发生的变化，其结果都是书包重感的增加。

书包形制的复杂化倾向与书包重感的沉重化倾向之间的悖论，在当下学生的生存困境中也得到了印证。如果说，书包的面料与材质更多反映的是书包与知识的商业化进程，那么复杂的书包内置结构，则是学生与家长心态结构的一种缩影，也是社会心态结构投射于学校教育领域的体现。形制、重感与学生三者之间的紧密联系在书包上得到体现。以下是校门口书包及其人文生态的部分非参与性观察实录：

8:00—8:30 主要是 1 年级和 2 年级的家长送孩子上学的时段。在这期间，学生在家长的护送下陆陆续续进校门。在低年级学生上课的前几分钟，我看到一位个子比较小的男生和他的家长气喘吁吁地朝校门口赶来。在跑的过程中，小男孩背着个大大的书包，而家长也用一只手帮孩子提着以减轻书包在孩子身上的重量。到校门口后，家长才放开自己的手让小孩一个人背。小男孩的书包几乎占据了他的整个背部，书包的长度差不多是他身高的一半。从背后看，唯有头、手和腿是露在外面的，并且小男孩跑起来似乎很费劲，这让我感觉整个书包好像在后面拉扯着他。小男孩的神态仿佛也是他的书包的真实写照：书包上面的奥特曼失去了原有的神气，被书本撑开的拉链口似乎张着嘴巴不停地喘气，书包表面也都是褶皱，书包的背带快要被沉重的身体拉扯断。显然，他的书包已失去了儿童的活力，变得老态龙钟了。（观察笔录CGC2015-04-22）

由此可见，书包的物理重量与书包重感之间的隐秘关联都在书包的形制上展露无遗，正如医学界常说的"望面诊病"，这对书包形制与重感之间的关系也同样适用。从书包的形制上说，图案犹如书包脸庞，拉链口是它的嘴巴，肩带则是它的双臂。扭曲的脸庞、扯开的嘴巴以及强拉着的双臂等都是书包过重的显著特征，在不同的受重下，书包会有不同的面部与身体形态。此外，书包不同的形态背后也是其主人——学生——内心体验的真实写照，当书包背上肩头时，书包与书包的主人是统一的，对书包的主人而言，书包就是他/她，他/她就是书包。因此，书包的形态不仅是物理重量的直接表达，更是学生精神状态与存在状态的体现。

书包的重感来源除了物理学维度的基础性力学重感，还有社会学的、伦理学的，甚至经济学的、政治学的矢量，书包成为政府、商家、教师与家长等各方争夺、关注、解释的对象。它已经不是书包本身了，而是一个具有隐喻特征的工具。书包的重感，只有学生把它背上肩头的时候，才会顿生对书包本质的真切体验。

书包就是一本微观教育学教科书。对于学生来说，他们每天必须去翻阅它，熟读蕴藏其中的教育原理及其基本语义，领会它与人生命运隐约且幽远的关联。

第二章　课桌形制中的空间与权力

　　本章主要以课桌形制为切入点来探究教室的空间结构,揭示教室中的微观权力运作机制。教室的空间性特征是多学科共同参与的结果,其中物件的摆放及其教育学意义正是教室具有空间性的表现。教室空间的权力逻辑主要表现在讲台的本体论地位、课桌与讲台的关系、课桌的行政属性三个方面。课桌的规范是教学秩序的表征。课桌决定了身体的活动方式,决定了手、脚等身体部位的活动方式和范围。课桌的功能由辅助身体学习异化为强制身体去学习。一直以来,课桌与身体此消彼长的关系像是课程改革的镜像。身体的解放是课程改革的方向和宗旨,注重学生现象学意义上的身体体验是课程改革的趋势。小组合作教学中课桌的空间重组、商议性知识的教学实践为课程改革提供了新视角。空间本身就是一种教育,学生在空间中感知、体验与生活。教室空间不应是冰冷的场所,而应是有温度的现象学意义上的空间,是教师与学生共有的精神家园。课桌是教室里的重要物件,是学生在学校学习的必备工具。不同形制的课桌对身体的束缚程度不同,不同的教学组织形式也要求课桌摆放有所不同。课桌的矩形形制和秧田式整齐划一的排列都在向学生传递着一种教学秩序,以规范学生的言行举止。21世纪以来的基础教育课程改革倡导合作探究等学习方式,将释放学生的手和脚作为切入点来解放学生的身体,实际上暗含着对课桌形制变革的强烈要求。通过对班级授课制课堂教学中的课桌形制及其规训功能的分析,可以隐约洞察课堂教学中的微观权力运作、学生命运以及课程改革的现实处境。

一、教室的空间性

教室空间不仅是物理空间,更多的是社会学意义上的空间,是各种关系错综复杂交织的结果。教室具有空间性,它是多种教学关系相互纠缠的结果。教室空间主要是教学的空间,教师与学生是参与教学事件的人。教育微观权力通过课桌、讲台、黑板等细小的不易察觉的物件及其空间关系参与了教室空间的建构。

(一)空间本无

从物理学上看,"能量的最大特点,就是具有向空无而去的性质,以及人类的无从感知——而无从感知的关键,恰恰就在于它是没有粒子性的无质量的存在,因而人们才认为空间是无的空的,或是什么也没有的"(谭长流,2009:241)。其实,空和"非空"是相对存在的。空不代表没有,可能还会大于有。空间本身没有任何的表征和可标记性,权力通过对空间的命名、区隔、规划等手段来支配空间。空间的形成离不开权力的参与,一旦权力参与其中,纯粹意义上的空间就不复存在了。空间本无,意味着对权力规定的所有空间秩序的解构,使空间回归自然界原有的状态。

空间本无方位属性,正是器物的介入使空间有了方向和秩序。纯粹意义上的空间不具有任何价值、方位、特征等属性。"空间的这些个'种'——上、下、左、右——不是就和我们的关系而言的。就和我们的关系而言,它们不是永远同一的,而且随着我们转动所产生的相对位置而定的,因此同一位置可以是右也可以是左,可以是上也可以是下,可以是前也可以是后。但是,自然界里确定的每一种空间都是固定的,不受我们所处位置的影响。"(谭长流,2009:27)。空间本身有自己的方向,这种方向是实在的永恒的,不受空间内部的物体的影响。所以左变成了右或者前变成了后,都是受空间本来方位的影响。权力主体把早上太阳出来的方位定义为东方,傍晚太阳落下的方位定为西方来界定方向。人们可以确定每个空间的方位,但是这都与空间本身无关。

空间本无。因为有了生活器物,空间才存在意义,才有了人类学、文化学的特征。"空间——一眼望去——无限的广袤——无限的空无——其实,它是以抽象的空无而存有的真实的具有抽象外衣的实在—这种空间的抽象的最后,总是以具体的实在为基础、为对象、为自身。"(谭长流,2009:251)自然界的空间在现实世界里总是由于器物的放置而具有某种方向性。虚无的空间以实在的物质为基础,使空间具有一定的价值与意义。一般而言,在教室空间内,只有特定班级的学生和教师才可以进入。教室的进入权宣示着对教室空间的占有和使用。黑板的悬挂,确定了教室的前方,由此确定前后左右。主流意识通过黑板进行知识的传输和思想的改造。座位越靠近黑板的学生就越接近教室的前排,反之,离黑板距离远的学生则坐在教室后面。这是教室前后方位建构的"黑板原则"。黑板与讲台,是知识的策源地,是教室空间的中心。

在教室空间里,课桌的摆放通常是遵照矩形的几何学原理,教师站在讲台上,学生坐在座位上,他们相对而视,这是知识加工与传授所必备的人际空间关系。教师可以背身在黑板上书写,但学生不能背身去跟后面的同学说话,这既是课堂纪律,又是教学的空间法则。学生只能向前看。教师背对学生时,他们的左和右才实现了方位上的统一,但大多数情况下,教师必须面向学生讲授,因此教师与学生的左和右其实是相反的。这一切前后左右的方位感的确认,都是由于课桌、黑板与讲台等器物的存在,它们构成了一种基于微观权力的空间关系,同时也是教师与学生基本关系的形态。从本质上说,空间就是权力。教室的空间性则是权力运作的过程。

(二)多学科参与下教室空间的建构

哲学、数学、物理学、心理学、建筑学、天文学、地理学等等,不同学科对空间的定义各异。"我们对空间的认识进程是从物理空间开始的。虽然爱因斯坦的理论揭示了空间的不确定性,但在一般的经验范围,我们仍然把空间看成是客观的、绝对的空间,即具有均质、恒定、不可压缩等特点的空间。这个空间是社会空间建立的基础。"(童强,2011:8)本章所论及的空间主要指现实的、经验的空间,是某个场地、空地或者建筑,比如校园的空间、操场的空间、教室的空间等。物理和社会这两方面的空间构成教室的主要空间。"在自然科学系统中运用物理学、几何学语言所描述的空间"(童强,2011:94)是物理空间。教室的物理空间主要是指教室的物态基础,比如由教室里面的硬件设施构成的环境。社会空间主要是指人与人的关系空间,以及人与各种物件之间的社会关系。随着现代化技术手段的推进,教室物理空间的标准化是教室空间的发展趋势。国家需要以一种科学合理的模式来尽快培养人才,在教育方针、教育目的与人才培养基本理念的基础上,对所谓的合理的人才培养模式进行复制和推广。由此,班级授课制成为教室授课方式的主流。国家对这种标准化教室的统一化处理,其目的是达到人才培养模式的统一。

教室空间是由物理学、教育学、建筑学、政治学等学科知识共同建构的空间。物理学和几何学使教室空间变成一个具体的可测量的空间,包括课桌、墙、窗、门等的尺寸都有相应的标准。学生的身体、坐姿必须服从于这些尺寸的物件。物理学主要是用于制造出一种限制学生身体的课桌,使身体的主观感受屈从于高效率学习。不同身高的学生配置相同的课桌,符合工业化大批量生产的准则。教室的建筑材料、墙面的涂料、光线的采集等,都致力于建构一个宽敞明亮的教室。白色的墙壁、多窗的设置使教室里光线充足,有利于保护学生的视力,为学习提供理想的条件。"明暗的不同特性不仅影响空间和视觉的流动性,也影响相关的心理空间。"(沈克宁,2010:88)宽敞明亮的教室与工厂布局相似。工厂里大面积的窗户、宽阔的走廊和巨大的工作台,这一切都服务于工人高效率的流水线工作,为了制造出合格的大量商品。

教室具有行政性,是国家行政意志最细末的触角,它首先不是诗意的,而是学理化的。教室意味着秩序与求知的方向。它是一个微型政治空间的单元,有一套人才加工模式。在教室空间里,权力的渗透无处不在,正是通过权力与空间的协作,教室才得以诞生。"空间是统治和管理手段最重要的一环,是一种有效的治理技术,空间被应用到政治中,而且产生巨大的实际性的政治效果。权力实践在此依靠的是空间,空间完全被一种检查的权力所布满。"(汪民安,2005:106)。教室是一个布满微观权力的场所,在这个空间内,国家主流意识的实践通过课本的呈现、教师的讲授传递给学生,让学生在成为一个有知识、有文化的人的同时,也成为被规训者和权力实践的同盟者。权力的渗透弥漫在教室的空间,教室空间具有政治性。然而多数人认为:"规划的空间是客观的和'纯净的';它是一种科学对象,并且因此是中性的。在这种意思下,空间被认为是无辜的,或换句话说,是非政治的。"(列斐伏尔,2003:60)。这是对空间功能的一种误读。空间常常被误读为物理性的,或者仅仅是文化性的。但空间如果与经济目的、政治指向相结合的话,它就变得不再"客观"与"纯净"了。世界上从来就没有价值中立的空间。只要是空间,必然具有人类学特征,具有人类实践的痕迹。因此,就像人从来不是一个整体、抽象的物种,空间具有对象性,是权力与价值争夺的对象。同时,空间也具有身份制造与区隔功能。"社会空间,被消费主义所占据,被分段,被降为同质性,被分成碎片,成为权力的活动中心。"(列斐伏尔,2003:60)人们被空间分配,走向不同的方向与归属(目的地),难以逾越。空间对人的分割是层级性的。这种功能,在教室里同样存在,即制造学生身份的社会层级属性。空间是一种身份的象征,是权力运行的结果。基于矩形几何学原理的秧田式的课桌整齐有序的排列,给人以一种威严和规矩感。而实际上,"按照普遍原则规划出来的城市,其单调、雷同、结构上的一致性等,都不会让人产生归属感"(汪民安,2015:128)。空间尤其是社会空间,必定是政治的。教室空间的运作完全遵循某种权力结构的安排,反过来它又展示、表征这种权力的结构。主流的教育评估主体对学校的评定准则包括教室的各种硬件设施、师资力量、升学率等。教师通常是受过师范教育的人,是教室里政治权力的主导者,有主导教室里一切事务的权力。教室里物件的摆放、形状、颜色、规格必须符合政治学的诉求:为培养合格的国家接班人而服务。学校教育更是在教室里进行的必不可少的知识教育。教育学与政治学有着同样的目的:培养合格的人才。主流教育学研究体系中的教师发展、人才培养、学生的主体性研究等,力图使教育过程更加科学合理、高效实用。众多的学科知识建构起教室空间,在多学科的合力下,政治性的目的被弱化了,人性化的服务得以彰显,这正是政治运作的一种手段。

(三)物件摆放的教育学意义

教室是教师授知、学生求知的空间。教学楼在建成之后,教室的雏形得以形成。但在教学的器物没有进入教室之前，教室还不是严格意义上的教学空间，它只是教学楼被区隔的物理空间，具有建筑学的空间属性，还远没有透露出教育学的意蕴。即使教学用具被搬运进所谓的教室空间，如果杂乱无章地被搁置在那里，所谓的教室充其量也只是一个具有储存功能的仓库，并不具备教育人类学的特征。但随着被搬进教室的器物逐渐被摆放、被秩序化，并伴随着教师与学生的介入，教育学意义上的教室空间才逐渐形成，教学活动得以有序地展开，并课程化、表格化，最后是教育学化。

教室空间里的物件主要有讲台、黑板（或白板）、课桌椅、多媒体设备、电器（照明灯、音响、电风扇或空调）、储物柜和卫生清洁用具。教室空间的物件大致可以分为三类：第一类是对付事物的，如清洁工具对付垃圾、教室后面的储物柜对付学生书包和其他物品；第二类是对付学生的，比如课桌、黑板、讲台、空调等；第三类是通过对付事物来对付人，课桌则是这一类，通过课桌整体摆放的形制和单个课桌的形制向学生传递一种规则、纪律及其蕴含的教育理论。教室物件的摆放具有教育学意义，是教室空间形成的基础。在教室空间里，讲台、黑板、课桌占据教室的主体地位，而角落则是摆放卫生工具的地方。显然，教室的物品都是为教学服务的，但是也有主次之分。比如，卫生工具的摆放要遵循尽可能不占用教室的空间、充分利用角落空间的原则。它的位置显示了边缘性，但告诉学生必须懂卫生、保证教室的干净。黑板通常位于教室的正前方，方便被学生正视。大面积的课桌显示出它在教室里的核心地位。

现代建筑的室内空间具有相似性的器物布置原则，这反映了空间的权力结构及其作用方式的趋同性。黑板之于教室空间的关系如电视机之于家庭空间。在家庭空间里，"电视机犹如家庭中的一个枢纽，它的移动，意味着整个家具的移动，整个家庭结构的变动"（汪民安，2015：82）。电视机就是现代家庭伦理学意义上的神龛，它具有家庭空间的定位功能（就像教室里的黑板与讲台），以及意识形态的教化意义。人们看电视，是一种主动地接受教化的功课活动。接受电视节目思想的熏陶，看似有选择性，其实是在主流意识形态内部的选择。而教室里黑板上的知识，由于应试化教育的存在，对于学生而言，选择性极其微弱。一个教室的焦点是黑板创造的，黑板的位置就是教室的中心位置。

黑板和讲台的关系总是密不可分的,它们一起占据教室的中心地位。黑板和讲台是教室中的本体性的物件,确定了教室空间的方位和秩序以及课桌和其他物件的摆放关系。"秩序的存在是空间的必然,空间的一切都是有秩序的。因为,只有空间是有秩序的,空间才有意义。"(谭长流,2009:250)讲台和黑板是教室的中心和前方,这本身就确定了一种秩序。学校规定之所以被确认为对的,甚至是不可怀疑的,学生应该无条件地遵守,是因为学校教育实践具有所谓的科学方法论以及相应的教育学、心理学、管理学等具体学科的支撑。尽管中心和前方这两个方位在科学的定义上永远不可能统一于一个位点,但权力主体可以强制把它统一在教室的某个空间内。讲台向学生宣示着教室的主人和师道尊严的权威,即权力的不可逾越。在对教室空间进行划分时,首先要确定黑板的方位,其次根据黑板的朝向确定课桌与讲台的位置。黑板的移动意味着整个教室空间的重组。教师通过黑板对知识进行了分类,在向学生传授知识时,过滤了其他不符合主流价值的知识。在教师、教材与模拟题的合力下,学生还必须借助黑板获得高分,当然,这也同时意味着学生失去了更多接近现实的机会和兴趣。"人们不再是生活在世界之内,而是生活在世界无法触及的对面。人和现实直接接触的经验发生了崩溃。"(汪民安,2015:96)这是基于教室空间的教育实践活动的悖论。

(四)空间性的表现

教室的空间性主要有两个维度,一是教室里物件之间的相互关系,二是教室里人与人之间的联系。实际上前者界定并表现了后者。

就教室的物件而言,课桌和黑板具有搭配性关系,成了特定教学组织形式的标准配置。课桌是教室诞生的一个本体性物件,是首要的因素。每张课桌占据着特定的空间,课桌把教室空间区隔成若干空间单元。课桌进入教室,教室空间便产生了意义。课桌在教室空间占据着主要位置,它的矩形形制遵从教室空间利用最大化的原则。课桌通常是实名制的,它告诉学生在自己位置上学习。秧田式的课桌排列则暗示学生必须守规矩、守纪律,从众是最安全的。在任意空间里散乱的课桌并不产生教育意义,有组织的课桌排列才具有教育意义。存在课桌，教室就具有了教育学意义上的空间特点。

教室首先是一个空间，其次具有空间性。"每逢一个世界，都发现属于它的空间的空间性。"（海德格尔，1987：504）一切行为的发生必定在某个空间内。没有场所，就无法发生行为。任何物质都有空间性的一面，物质的运动都与特定的场所相关。物质必定与空间相关联，它们只有在特定的空间才具有意义。人们总是创造着空间，生产着空间，建构着周围的空间。在教室里，教师与学生是教室空间性的主体。

"空间里弥漫着社会关系，它不仅被社会关系支持，也生产社会关系和被社会关系所生产。"（列斐伏尔，2003：48）教室本身就是一种空间关系，即具有空间性。教室具有空间性，是因为存在物件之间以及人与物的关系，这种关系具有社会性，是社会关系在教室空间的一种表征。空间的教育学属性也体现它的空间性。空间会教育人，并生产教育关系，同时教育关系也反作用于空间的生成。讲台与黑板、黑板与课桌、课桌与课桌、课桌与椅子、课桌与学生以及学生之间、师生之间的相互关系，都是空间性的体现。秧田式的课桌摆放主要目的是学生的空间排列。课桌在教室里的摆放位置是各种社会关系交织的结果，包括学生与他人之间关系、家长与老师的关系、学生与班集体荣誉之间的关系等。反之，这些复杂的各种关系也同样参与和影响了教室空间的建构和生产。如前文所言，空间本无，教室并非在建筑学活动之后自然生成的，课桌的有秩序的摆放使其成为空间，空间里的教师和学生则使教室空间的教育行为得以运作。正是"从无到有再到人"的过程，体现了教室空间性的建构。

社会空间的特性投影并体现在教室空间里，其中权力体系的建构网络和社会关系相辅相成。"空间是政治的、意识形态的。它真正是一种充斥着各种意识形态的产物。"（列斐伏尔，2003：62）看似匀称的空间，貌似是客观的存在，但是如果我们去研究它，就会发现其实它是一种社会产物。秧田式的课桌摆放在教室中，体现师生是传统意义上的授受关系，教师的地位高于学生，学生知识的来源主要是教师的讲解，并通过黑板或投影仪这样的器物呈现出来。在教室里，最明显的就是师生关系。权力实践主要是教师对学生的规训，其次是作为班干部的管理者对普通学生的管理。成绩是衡量权力大小的标准，教师的权力最大,其次是班干部,再者是学习成绩优异者,最后是学习成绩差的。总之,成绩越好,话语权越大,只有服从权力管理、积极拥护权力的学生才能获得管理别人的权力。

教室的空间性还具有管理的功能,即权力主体利用空间的权力属性来规划求知的方式与秩序。从教室空间性的社会学视角来看,学生之间的空间关系也受成绩的影响,一般学习好的坐在一起,共同进步;学习不好的则与学习好的所坐的区域分开。好与差的学生是权力主体所划分的,主要是为了分层管理,这样的分层便于针对差生加大规训的力度。学生正处在发展的时期,学习知识速度有差异是正常的。过早标签化地对学生进行区分,使学生产生骄傲或自卑的心理,都会阻碍学生的身心发展。在秧田式课桌形制的背景下,组长是行政小组的权力中心,组长同时具有好的成绩和管理能力两项优势。学生兴趣团体的发展以及内部的领导核心决定权在教师。课堂上,教学组织形式的变化、教室空间内物件的移动等引发的社会关系的变化,这些变化与权力主体的意向性密不可分。学生认为,自己的学习可以自己做主,可谁曾想过教室空间的幕后策划者却是教室里的物件以及物件背后的意识形态力量。权力生产社会关系,社会关系也生产权力,它们相辅相成,共同确保学生对知识的学习和对纪律的遵从。权力决定空间,空间的存在必定有权力的渗透。教室里,"有一种空间政治学存在,因为空间是政治的"(列斐伏尔,2003:67)。

二、教室空间的权力逻辑

"空间是任何权力运作中的基础。"(福柯,雷比诺,2001:14)教室看似宽敞明亮,是学生学习的"圣地",然而教室空间蕴含着一系列的权力运作系统。学生被"抛到"一个封闭空间内,这个空间是人们用各种知识、符号建构起来的空间。学生离开这些符号化的空间,将无法学习。教室空间核心物件——课桌,是权力建构的关键因素。人们费心地建构空间,却用空间把自己束缚起来,使自己变为空间的客体。这个空间把人变为不愿创新、不懂反抗、只会服从的人。在教室空间里,"理性秩序、组织纪律、奖惩制度由于自身的自律性和当权者的选择,而大行其道"(赵福生,2011:149)。

（一）讲台的本体论及权力关系的逻辑起点

在班级授课制教学中，讲台一般象征着课堂知识的来源和教师的权威形象，教学主要依靠教师对教材的知识传授来进行。在矩形课桌形制的教室中，一进门就能看到讲台和秧田式的课桌严肃对峙，讲台以其高姿态肃穆地伫立在教室的前方，巡检着桌椅的排布。讲台作为知识的发源地，处于中心的地位，这是应试教育的课堂伦理学的强制教义：前面的就是中心的；教师的就是中心的。空间本无，即空间是没有矢量的，也不具有任何的人类学特征，但如果在具体建筑物的空间中搁置了物件，空间的价值性与人类学特征就显现出来了。教室正是由于在三维空间里出现了课桌与身体，才成为教育学意义上的教室。在教室里，虽然几何学意义上的中心不在讲台，但是由于讲台——一种特殊形制的课桌——的方位的确定，随后便确定了赫尔巴特式的"普通教育学"意义上的教室的中心。从物理空间的常理来说，讲台本来不是教室的几何学中心，但它之所以成为中心，是因为它是知识的来源，进而成为学生课堂视觉的交汇点。学生目不转睛地看着黑板与讲台，听老师对知识的讲解，这是课堂权力关系的基本实践方式。讲台中心的地位在整个教室的课桌摆放及其形制关系上一目了然。作为讲台的主人——教师，同样也是分割教室空间的主导者。教师的权力借助讲台的权威弥散在教室的每个角落，学生只是被监管的对象。对教师来说，学生的座位排列是一门精细的、必须掌握的学问。评判学生的标准是考试成绩，教师依据成绩对学生进行分类和管理，这些标准早已被人们所熟知、内化，成为课堂精神分析学中的集体无意识。

（二）课桌与讲台的关系

课桌与讲台彼此对立又相互合作。在空间布局上，讲台与课桌森严对峙，课桌是讲台的依附，讲台位置的确定决定着课桌的整体摆放。课桌与讲台都是权力实践的道具，共同规划着教室的空间。课桌越靠近讲台，表明越接近权力的中心，被规训的程度就越深。课桌以讲台为参照物，它的不规则摆放代表对权力的漠视必定会受到惩罚。这种"规训与惩罚"的准则作为教学的条理被确立下来,并成为课堂卫生学的重要原理。班级打扫卫生的轮值制使每位学生每天放学后都必须温习课桌与讲台关系的基本原理。上了一天课的学生难免会把课桌椅弄乱,有的课桌还会东倒西歪,因此,摆正课桌与椅子,使之恢复课桌与讲台的矩阵关系,是值日生每天放学后必须做的事情。班级之间卫生评比的其中一项指标,就是课桌摆放的整齐程度。

下午 4:00,YJ 小学 501 班下课了。除了值日生与因为没有及时完成课堂作业的少数几名同学留在教室,其他同学都收拾好书包,清理掉课桌抽屉的垃圾,把椅子倒扣在桌面上,陆陆续续地离开了。值日生有 7—8 名同学,他们分工合作,开始打扫教室。有的扫地,有的擦黑板、门窗,有的倒垃圾。到了打扫卫生的收尾阶段,所有的值日生都在忙着最后一道程序:把课桌摆齐,横向、纵向都必须摆成一条线,并保持讲台位于教室的中轴线位置上。过了没多久,大致 4:30 的时候,值周老师拿着班级卫生检查表,来给 501 班的卫生情况打分。打完分,值日生的卫生工作算是结束了,值日生可以放学回家了。(观察笔录 WS2015-12-11)

在值日生日常卫生工作的列表里,摆齐全班的课桌,是最后一道工序,它是整个卫生程序的总结性环节,也是卫生检查的细目之一。课桌与讲台的矩阵式、格式化的关系,是卫生教育学的刚性原理,不容值日生疏忽,否则将受到来自值周老师(或同学)的严肃警告,并记录在案,成为学校克扣班级德育总分的直接证据。就这样,课桌与讲台的关系,成为学生与教师关系的一种镜像。学校通过对班级卫生的细节化、制度化检查,把卫生理念内化为学生的"良好习惯",最终内化他们的日常卫生实践。

访谈者:你们为什么要把课桌椅排列得如此整齐后才放学回家?

值日生 1:老师有这样的规定。这样第二天来的时候大家就可以很快地进入学习状态,有好的心情。如果进到教室课桌乱糟糟的话,上课的秩序就很难管。

值日生 2:有值周的老师来检查,如果没有摆好的话,就要扣分,而且流动红旗也得不到。

值日生3:如果被扣分的话,值日生会被罚第二天重新值日,班主任还会扣小红花的。

访谈者:怎样才算是摆好了课桌椅呢?

值日生1:四个小组的课桌,横向、纵向都要保持在一条直线上,并且要以讲台为基准,让讲台在教室的中间位置上。

访谈者:平常上课的时候,桌椅会乱掉吗?

值日生2:一般都会乱一点,有的同学坐相不好,有的同学之间有打闹,课桌椅就不能保持成一条直线了,东倒西歪的。不过,有时候同桌之间会相互提醒一下,而且上课的时候老师也会提醒的。(访谈笔录WS2015-12-11)

从教室空间的整体上说,矩形的课桌形制是刚性的,它象征着肃然的姿态,并保持对讲台的忠诚。其中暗含着一种政治几何学的核心要素及其基本关系:中心位于讲台,课桌必须保持笔直,小组之间具有对称性。在这种空间里,流动性、偶然性是不允许的。课桌的形制及其与讲台的关系,与秧田式的班级授课制的求知效益紧密相关,也事关学校的人才培养理念与模式。因此,这不仅是一个日常生活空间的问题,不仅是经验层面的问题,而且本质上是一个教育学的问题,也是一个学理层面的问题。

课桌也是对教室空间进行分割的工具,它不仅分割着学生活动的物理空间,还形成了学生与学生之间的人际距离。在秧田式的课桌摆放背景下,所有学生都必须面向讲台及黑板的方向,学生之间无法正面交流或交换意见,学生之间的距离以及师生之间的距离也因课桌被阻隔。以讲台为圆心,半径越短,课桌离权力中心越近,学生越容易受到教师的关注,他们的话语权也越大,反之亦然。这是矩形课桌形制与秧田式课桌摆放天然的缺陷。活生生的个体被制度化了,学生犹如课桌,课桌就像学生身体延展的"假肢",他们有时融为一体,有时又可以彼此相互指称。这就好比在商品化和工业化的现代社会,人异化为工业经济的消费对象,人都是工业经济社会这个庞大机器上的一个零部件,只要循规蹈矩地运转就行了。矩形课桌的形制及其与讲台的关系,是工业社会的机械原理在课堂上的表现之一,这种空间与权力的关系便于大批量地制造知识以及掌握这种知识的人才。

现阶段,矩形课桌的形制及其秧田式的课桌排列被认为是班级授课制的最佳选择,课桌横平竖直的排列也在向学生传递一种行政编码与身体规训的思想。教室里的微观权力实践往往需要一定的物态工具,传统意义上用来体罚的戒尺消失以后,课桌无疑充当了教师进行教学管理和纪律管理最有力的工具。课桌的形制是维持教学秩序必不可少的手段。在教室里,学生不能随意挪动自己的课桌,不能窜位,身体部位(尤其是手和脚)不能随意僭越课桌划定的界限。课桌就如同学生本身,它的不符合要求的空间归置代表了学生本身的行为错误,比如课桌歪了、斜了,就象征着学生违背了讲台这个中心的方向。教师也正是通过课桌传递着守秩序、守规矩的要求,为学生适应工业化社会的经济法则奠定人性的基础。

(三)课桌的行政属性

在秧田式的教室中,班级一般由 3—4 个行政小组组成,每个行政小组又由 5—6 对同桌组成。班级的日常行政管理主要依赖班长、课代表与组长等层级化的行政人员;在知识授受与作业管理上,各学科的课代表听从于各科老师;在思想管理上,小学有少先队组织,初中以上由共青团负责,以保证学生的思想在正确的轨道上。在班级内部,课堂纪律要求规范学生的身体,使身体保持统一姿态,以确保学生认真听讲;对文本作业和课堂发言程序化的管理主要是为了考试化的知识服务的;在教学组织形式上,秧田式教学以教师的讲授为核心,教师一般会直接给学生讲解所谓的学科知识。教师一般站在讲台或者行政小组之间的过道里,很难近距离地与学生交流。以课桌为单位划分的小组,看似在弥补班级授课制这种教学组织形式的不足,实际则更像行政化的单元。在各个小组里,组员听从组长,组长服从班长,班长则听从老师,类似工业车间的组织原则,将精细加工式(应试性的接受式学习)的学习过程演绎得"淋漓尽致"。组长监督组员的学习、将作业情况汇报给老师,组员和组长、组长和班长、班长与老师之间是上下级的监管关系,而不是平等和合作的关系。教师如生产车间主任一样,掌握学习质量的绝对解释权,支配着教室里的所有有关知识加工的事务。组长(或课代表)是教师的得力助手,帮助教师监督权力的运作。在秧田式课桌摆放模式的教室里,工业化的课堂教学模式及其权力实践的逻辑昭然若揭。

课桌行政化的属性与其秧田式的摆放相关。两张课桌为一个单元,与其他课桌单元用过道隔开,决定两人组成的同桌。前后相邻的课桌单元,可以为四人一组的小组合作提供便利。前后相邻的竖排课桌决定四个大组的划分,竖排和横排的整齐排列可以使教师准确定位课桌的坐标,从而定位某个学生具体的空间行政代码。这是教室空间实名制的重要保证(见图 2-1)。

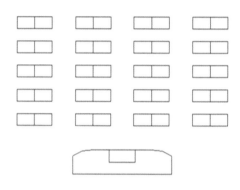

图 2-1 秧田式的课桌排列示意

除了矩形,课桌的形制还有很多种,比如圆形、三角形、马蹄形、椭圆形等。课桌形制本无优劣之分,重要的是哪一种或者哪几种的结合可以使教学效果更佳。

访谈者:梯形课桌的上课效果与平时的课堂有何区别?

Z 老师:这主要取决于上课的目的。如果老师以传达知识要点为目的,传统课堂更合适。如果想提高学生的合作交流能力的话,梯形课桌更好。

访谈者:你本人更喜欢哪一种?

Z 老师:无所谓喜欢不喜欢,课桌摆放都是形式,形式为目的服务。课桌摆放方式不是一成不变的,应该与课堂的设置、教学目的相适应。课桌形制最好多元化,课桌更轻便,凳子和课桌一体,搬起来轻便、省时,在课堂上可随意改变摆放的方式。这种容易让老师操作、老师和学生能够自主创设空间的课桌形制，肯定会有利于课堂教学的效果。

访谈者：你认为学生更喜欢哪种？

Z老师：这个很难讲。学生喜欢新奇的东西，对秧田式的课桌习惯已久，所以更喜欢梯形的课桌。如果长时间用梯形课桌，则也会喜欢矩形课桌。（访谈笔录 WS2015-12-11）

圆形与椭圆形的课桌更容易拉近人与人之间的距离，生生、师生之间合作和交流更加方便。圆桌本身更有利于"发现学习"这种方式，更符合合作探究的"新课改"的理念。三角形与马蹄形的课桌形制，则更有利于学生之间相互正视，方便交流思想与交换意见等。但是，为了使教室空间利用最大化以及保证班级授课制的教学效果，我国目前使用最多的还是矩形，这种主流的秧田式的课桌形制便于形成学习管理（比如作业管理与发言秩序等）的"行政小组"。20 年的新课程改革，促使许多新型的课桌形制的出现。不同的课桌形制意味着对学生身体的束缚程度不同，更意味着不同的课堂教学理念及身体观、知识观。课桌的形制规划了教室空间的布局，即通过课桌对空间进行区隔，来形成学生的空间感与位置感，以及相应的行政关系与人际关系。

（四）从课桌到人的秩序

课桌是学生的身份符号，具有一定的指称功能。从某种程度上说，课桌的位置代表学生的地位，学生的分层、班级管理等都依赖课桌的摆放。权力规训的目标不是学生的身体，但因为肉体是身体功能的载体，所以为了有效地操练身体的技能，便把身体固定在教室空间这个封闭的区域内。学生被要求在教室这个相对封闭的空间内，并不是封闭的最终目的，封闭的最终目的是把学生安排到不同的位置，这些位置的安排不是随机的，而是有一套权力运行的实践标准。虽然在教室空间里，学生看似相互联系，而权力则要破坏这种联系，把每个学生固定在各自的课桌上，以便单独地对学生的行为做出详细的量化的评价。在纪律和制度面前，教室空间完全可以被分成多个以课桌为单位的单元空间。纪律对身体的控制也离不开时间，时间决定了学生身体所在的空间位置,所以时间越精细,对身体的控制越强。比如一节课 45 分钟,学生必须坐在课桌旁,认真听讲;考试时间的限制使身体处于一种紧张的状态;在规定的时间内,身体的所有部位完全地聚焦在学习上。

在选拔性考试以及成绩正态分布的量化评价原则下,学生因成绩被划分为三六九等,以评估他们未来的社会价值。学生对规则的服从或对成绩的过分追求,其背后则是权力运作的必然。学生在学校的表现会影响其个人荣誉、班级位置、师生关系,甚至是其在家庭中的地位等,权力的运行遍及每个学生、老师与家庭。课桌是班级内部阶层化的工具与表现形式,班级的微观权力的实践,必定落实在空间的组构上。"设计者正置身于主导性空间之中,对空间加以排列和归类,以便为特定的阶级效劳。"(迪尔,2002:98)因此,空间是具有阶层性的。或者仅从微观权力实践的方式来看,空间意味着身份。不同身份与阶层的人会被分配到不同的空间中。在教室里,依据成绩,不同学业成绩的学生分居不同空间;根据纪律要求,听话的和调皮的相互搭配;空间分配的主体则是权力的所有者。学生如病人,学生的违规行为如疾病。在《临床医学的诞生》中,福柯对"疾病"进行了三重空间的划分:"第一重是指对疾病进行归类、规范,这种规范是一种'词'的规范,是将疾病置于语词系统;第二重是将个体置于特定的物理空间和话语空间之下,'病人'作为一种可见性被医生凝视,被检查规范凝视,被疾病知识凝视;第三重是对病人的再空间化,是对规范的再空间化,是对疾病话语的再空间化,这次空间化是对疾病干预、封闭、区隔,把它们转移到康复中心。"(赵福生,2011:98)首先,教师对学生在课堂上的各种违规行为进行分类,依次对应学生守则或者校规的某一条,据此表扬、批评或者奖励、处罚学生。其次,学生在教室里,教师在讲台上可以看到学生的所有小动作;窗户外和门口随时有教师走过监督学生的行为,学生一直有警惕的心理。一个有秩序的课堂,就是以监督为手段,对教室空间的各个位置进行时刻且彻底的监督。这种权力实践的基础方式是监视。这种权力一直"不在场"或者偶然的一次"在场",在学生的心里,"在场"这个表象就变为权力主体,即使这个主体时时"不在场",学生也会自觉地进行自我的监视。这与瞭望塔下被监视的犯人无异。即使无人监视,学生也会自律、自我规训,以随时应付管理者的督促,防止被处罚。权力有弥散性与象征性,无论教师、管理者或者是任何长得像老师的学生、家长等,无论权力主体是谁,他们从教室外边走过或者进入教室的时候,这种权力效应与真正的权力主体发挥的作用相同。最后,对于违规行为屡禁不止的学生,教师会安排他们和课桌一起在教室的后面与听话的学生隔离开来。在教室中,学生无法摆脱空间对他们的规制。一旦这种空间不见的时候,比如在餐厅、实验室、操场等教室外的场所,学生也会随时自律、自控、守纪。知识则为权力在空间的实施提供了充分的合法性,学生从课本中学到遵纪守法等一系列的规则和制度。

一般来说,教室里排座位的重要依据是学生的身高与成绩。班级里的座位是对学生进行评价的工具。"根据考试成绩排座位几乎成了约定俗成的办法,对学生座位的横加干涉已经顺理成章。"(曹长德,2008:220)一种是把优秀生和差生分开坐,完全隔离;另一种是优秀生和差生搭配坐。在学校范围内,无论哪种座位的空间布局,成绩必定是评判的重要因素。成绩真的可以预测学生的未来吗?成绩好的学生品德不一定就是好的;成绩、品德好并不代表他们的能力和观念就好。好学生的标准不应仅是成绩好,而应是各方面都好,教师单独以成绩来评价学生是对其他学生的偏见和不公平。某些老师以成绩好坏来安排学生座位。成绩好的,不管高矮,均坐前排,差的则被安排在后排。这样一来,个子矮的学生看不到黑板,导致成绩差的更差,有些学生彻底放弃了学习。班级的等级明显,不同身份有不同的位置,致使成绩好的学生骄傲放纵,成绩差的学生自卑沉默。大多数教师认为,按成绩的标准来排座位是科学的,有的教师自知它的弊端,却也不排斥这种做法。随着教育改革和教育观念的变化,教师考虑到班级整体的成绩和学生的主体性地位,有意识地改变以往只按成绩排座位的观念。在安排班级座位的时候,教师会根据学生成绩的好坏、遵守纪律与否来安排学生的座位。一个班级里座位的排列需要充分考虑学生的身高、性格、视力等因素,在这些因素的基础上合理地安排座位,才是对每位学生的负责。教师做到公平,才会给学生带来希望,他们才能从心底遵守纪律。如果教师一味地以成绩为准绳,用空间去区隔学生,那么只能适得其反。"个体并不是单独地存在于学校空间之内,而是以群体方式在空间中完成自我和他者的呈现，因此隔离带来的不仅是个体与个体的分离，还带来了个体之间的集聚。"（石艳，2009：205）教师眼中的差生聚集在一起，对班级秩序的破坏远比一个差生要严重，教师惩罚与隔离差生的做法，只能加剧这种恶性循环。

　　教室空间是一种教育权力的关系。对于空间的重置，将是对既定主流教育秩序的巨大挑战。人类与空间之间的关联，人类在空间里的神态以及安排某些空间的做法，背后都包含政治的驱动。我们对于空间的态度，就是一种政治态度。因此，"一些对于空间的非常规使用，就会变成挑战社会秩序的手段"（汪民安，2005：109）。教室是用来学习的地方，在教室里乱窜座位、恣意打闹等与学习不相关的行为都是不允许的。在教室里，"秩序占统治地位，或者不如说，在那里秩序就是霸权"（巴什拉，2009：85）。现在的学生常常向往窗外的世界，希望走出教室这个封闭的空间，去参与、去体验知识的生成。除非权力主体把教室变为餐厅、超市或者别的场所，否则在教室中与学习不相关的行为就是破坏教室纪律，要受到教师的惩罚。权力的所有者会惩罚滥用空间的学生。比如，在上课期间睡觉的学生把课桌当床铺；在教室吃东西的学生把课桌当餐桌；在教室打架的学生把课桌椅当武器；等等。学生重置教室空间、故意无视课桌本体性功能（学习）的行为，无视主流教育权力的做法，都会受到权力主体的批评和警告。教师作为权力运行的工具，必须借助一些手段来确保权力在教室空间里准确高效地运行。"权力机器中的执行者必须毫不松懈地维持这根权力之链，他要为它的流畅实施负责，同时，还要尽可能地调动一切因素来维持这张权力之网的有效运作；那些成为权力对象的人在某个时刻可以反过来作为权力机制内的要素。"（汪民安，2005：93）教师是教室中权力系统的主导者，教师拥有管理班级和学生的权力，并且会把一部分权力下放给班长和学习委员。班委会制度就是权力实践的网络。班长和学习委员是教师权力的拥护者，是约束学生的管理者，他们一般坐在比较容易观察全体学生的位置。正是由于教师的权力得到了学生代表（班长、学习委员、组长、课代表等）的支持，所以班级纪律才得以井井有条，即使是在教师不在场的情况下。班干部在帮助教师管理班级事务时是权力的拥有者，被教师管理的时候则是权力的对象。教师不在,这些学生代表就像权力的眼睛一样,监督其他学生的一举一动,使学生的行为由他律变为自律。教师和班干部的目的就是确保学生在教室空间内高效地学习,即接受主流教育形态的规训、惩罚与纠正。

　　当学校空间和教室空间是一个有森严的等级体系的空间时,学校培育完整的人的目的变成空谈,师生的自由、平等的观念也不复存在。学校空间有自己的一套权力运作的体系,权力运作"主要是自上而下贯彻上层意图,即领导者命令管理者、管理者监督教师、教师与教师之间相互竞争"(孙联荣,2009)。作为一线的与学生朝夕相处的教师,却处于学校教育权力体系的最底端,缺乏足够的话语权和决定权,只能服从和执行。"这种垂直权力结构依次由校长、副校长、各部门主任、年级组长、普通教师和学生构成,权力的大小随着等级的降低依次降低。"(叶飞,2014:32)在学校的权力结构中,学生和教师基本无法拥有权力或只有微弱的权力,而校长、主任、组长才是权力的核心。权力实践的等级性、垂直性使权力大的管理者可以最大可能地管理权力小的管理者和无权者,无权者则失去了主体地位和教育的话语权。教师和学生处于学校权力体系的最底端。教师主要受管理者的支配,学生除了受管理者的支配,还要受教师的管理。虽然教师在学校处于权力的底端,但是在教室空间内,教师变为权力的所有者,对班级学生有绝对的领导与控制的权力。教室空间主要是学生上课的场所,它是一个比较封闭的场地。学生的学校生活大部分在教室里,教室附近的地方是学生课间玩乐的场所。"在空间布置上学生也没有发言权。怎么布置教室往往不是由学生说了算,而是由教师说了算,教室布置体现的是教师的偏好和意图,而不是学生的选择和偏好。"(高德胜,2007:115)课堂不是存在平等关系的场所,它弥散着微观权力关系。良好教学的前提是有序的课堂,课堂秩序的维护主要依靠对空间的管理。首先,密闭的空间是约束行为的前提。空间的界限就是纪律的界限。比如军队、医院和学校,这些场所一般是有清晰的界限和严格的空间划分。空间的封闭性有利于确保权力的实行,严肃的纪律会禁止人员离开这个空间,比如军事重地、校园等。纪律需要利用空间来确保权力的运行。其次,纪律的贯彻离不开空间的细化。空间细化的普遍策略就是实名制,即通过权力来规定空间与身份的强制指称关系。

"依据单元定位或分割原则实现空间的划分，这样，每个人都有自己的位置，而每一个位置都有一个人，由此可以明确在场者和缺席者。"（吴冶平，2008：110）教室空间里对座位的编排便是如此，课桌在此起着至关重要的作用。空间规划得越详细，越便于以坐标的方式进行管理。权力的实施本身是在空间上寻求一种不可见的状态，所以一般学生察觉不到权力存在于纯净的教室之中。在学校生活中，学生离开校园、教室的行为必须报告教师，让教师批准。教师在掌握权力的同时，学生自主放弃了本属于自己的权利，接受教师的绝对领导和管理。如此教育培养出的学生习惯于依附权力，而不敢追求或轻易放弃自己应有的权利。显然，这种权力的原则不符合师生之间互相尊重、平等合作的教育理想。

三、课桌对身体活动方式的决定意义

课桌是教室空间与学生身体关系的最好标注。学生对教学的体验、上课的状态都与教室空间紧密相关。学生的身体不仅占据一定的教室空间，而且有自身的活动范围，进而形成某种身体空间。

（一）秧田式对身体及其功能的假设

在我国的中小学校，矩形的课桌形制由来已久。教室里摆放的课桌，在尺寸大小、功能的适应性、美学的价值、材料的应用等方面都有一套完备的设计方案。这种设置必须符合学生的身体属性，让学生依靠课桌可以促进坐姿的标准化，预防近视和脊柱弯曲的发生，最主要的是使学生能够更好地接受知识的灌输。购置什么样形制的课桌是课堂教学设计的先验性起点。学校对课桌的购置一般是大批量的，学生及其家长没有权利选择课桌的形制，只能被动地接受在教室里的空间定位，正如学生对满堂灌的知识也只能接受一样。"一切为了学生，为了一切学生，为了学生一切"等修辞化的教育口号，掩盖了课堂教学的真相。如果班级授课制的教学组织形式及其秧田式的课桌摆放格局没有根本性的改变，这些看似"以人为本"的教育理念只不过是挂在墙上的空洞说辞，只有在应付校园文化建设的检查时才发挥其表面的价值。那些看似符合学生身体特点的矩形课桌形制,在无形中渗透着对学生身体的规训,课桌规划出来狭小的"空间单元"只是为了让学生更好地适应应试教育内卷式的竞争规则。课桌本来是为学生的学习服务的,却被应试教育理念排列组合成了规训学生身体的物件。

教室作为学生的日常生活空间,也深受现代科技"双刃剑"法则的影响,教室里规规矩矩的课桌,好像工业化大生产向学校倾销的一个个相同的产品。课桌排列一行行、一列列,学生的身体被局限在狭小的空间,不靠近过道的学生进出很不方便,但给教师的课堂管理带来了便利,有利于维护教学秩序和更好地执行教学进度。换言之,矩形课桌的形制及其秧田式的排列组合,更有利于规训学生的身体,通过减少课桌之外的活动空间让身体更听话、更容易被控制。

秧田式课桌的摆放要求学生的身体保持统一性。"空间已经成为国家最重要的政治工具。国家利用空间以确保对地方的控制、严格的层级、总体的一致性以及各部分的区隔。因此,它是一个行政控制下的,甚至是由警察管制的空间。"(列斐伏尔,2003:50)教室空间也是如此。教室空间是应试教育体制的政治工具,它在不断地制造某种"同质化"的人,某种听话的、被规训的总体。正是从这个意义上说,教师与警察没有什么区别。权力主体决定了学校主流的授课方式是班级授课制,课桌的排列是秧田式。所有学生处于秧田式课桌排列的空间内,不同的学生使用同样的课桌。"有个性就意味着失去生命的原初,'把人变成主体'不过是隐蔽地用齐一化、标准化来泯灭差异性。"(周远全,2011:61)权力所有者追求总体性的一致,目的是便于管理。"总体性要求的是秩序、纪律,它需要因果式的逻辑链条,它需要在理性轨道内的解释说明,它需要相互连接的论证分析,它需要一环套一环的紧密的同质结构。从某种角度上说,总体性等同于形而上学,它们压抑和迫害一切异质性的东西,阻滞一切节外生枝的活力。"(汪民安,2005:183—184)总体的秧田空间结构内部是由单个课桌和学生组成的小空间构成的。上课期间,学生不能离开这个空间。在这个空间内手、脚等身体部位的摆放,必须按照严格的要求规制自己的身体。如果老师允许,则学生暂时可以离开这个空间。如果下课,学生必须穿过座位后面、按照规定的走道离开。

(二)身体的活动方式

"规训并不是一种要获取特殊肉体姿势的工作,不仅要培养特殊的才能和能力,同时它还关注规训对象的整个肉体,在肉体和具体的姿势之间建立起一种体系化的关联,或者说,整个肉体各个部位的调动是有效姿势的前提。"(周远全,2011:82)所以在要求学生保持特定姿势的时候,虽然对手、脚、坐姿、眼睛有一定的标准,但是不代表其他部位可以闲着,整个身体的配合都是为了更好地学习。规训本来通过细节来实现,在对身体姿势的规训上却表现为一种系统的连贯性。

在课堂上,学生听课是否认真有时候可以从他们的坐姿看出来。规范的坐姿离不开对学生身体和课桌依附程度的界定。不舒适的课桌椅必然会导致学生不良的坐姿。学生的身高、胖瘦、发育等状况各不相同,却用着同样规格的课桌椅。"要么'高个子'折磨'低桌椅',要么'矮个子'委屈'高桌椅',要么'胖身体'勉强'窄空间'……可在日常管理中,许多教师最爱强调的就是学生的坐姿,'胸要离桌一拳,听见了没有''写字时肩要平,背要直,说过多少遍了''把双手放在桌上,不要乱动'。"(王红顺,2013:329)不好的坐姿会导致视力下降和脊柱弯曲等不符合学生身心健康发展的后果。正确的坐姿是:"脊柱正直,写字时头部不过分前倾,不耸肩、不歪头;两肩间的连线与桌缘平行,前胸不受压迫,大腿水平,两足着地(或踏板),保持一个均衡稳定而又不易产生疲劳的体位;看书写字时,眼与桌面上书本的距离应为30—35厘米,幼小儿童可稍近,年长的青少年可稍远;血液循环通畅,呼吸自如,下肢神经不受压迫。"(钟朝晖,徐晓阳,2013:124)正如在访谈中,C同学的自述:

> 我们的上课姿势是从小学1年级老师就规定好的,脚就是要并拢放在课桌下,不可以有其他动作。一般课堂上,除非老师要求,学生不能随便走动。我不是那种好动的人,所以一开始也比较适应,我觉得这样的脚姿有利于我认真听课,不会分心。老师和同学看到我这样的坐姿也会觉得我的学习态度认真,老师有的时候会在课堂上表扬我,说我可以作为学

习的榜样。长期以来,我已经养成了上课脚姿端正的习惯了。(访谈笔录
WS2015-03-20)

虽然老师教育和劝诫很多次,依然有同学的坐姿千奇百怪。比如,有的学
生用手托着下巴支在课桌上,肩膀无力地倾斜着;有的跷着二郎腿,腿还不停
地抖;有的靠在后面的桌子上。一部分学生为何不停地动手动脚? 笔者带着
疑问访谈了一位上课爱动的 W 同学:

> 上课的时候,我也是想认真听讲的。但是我对老师上课的内容不是
> 很感兴趣,所以才会开小差,做一些小动作。其实我更希望老师讲一些我
> 感兴趣的内容,或者做一些吸引我们的互动游戏来增加学习的乐趣。这
> 样我会很认真地听的,自然就不会去乱动脚了。(访谈笔录 WS2015-
> 10-19)

由此看来,教师讲课内容的趣味性和学生感兴趣的内容也是影响学生坐
姿的一个因素。在秧田式的课堂上,大部分学生规矩地坐在自己的位置上,统
一地被要求手放在背后或者水平地放在桌子上,可谓"坐如钟"。不仅是坐姿,
在教室里对站姿也有一定的要求。学生经常坐着,当起身回答问题或者去讲
台演示时,也被要求有良好的姿态。"学生的正确站姿应是双肩平齐、舒展,双
臂自然下垂,双手自然放在身体两侧,头正,两眼平视教师。不能将双手撑在
桌子上,身体往前倾,或者眼神游离不定,驼背、塌腰、耸肩,双腿弯曲或不停地
颤抖等。"(马芝兰,张金发,2013:132)人们一般认为,良好的坐姿有利于知识
的学习,但是坐姿与知识的获得是否成正相关呢? L 同学表达了这样一种
疑惑:

> 取得好的成绩,一直是我的目标,但是我的成绩一直上不去。从 1 年
> 级开始,老师就教我们要认真听讲,上课要坐得直,脚不能乱动。我一直
> 认为只要上课的坐姿端正,遵守纪律,就是好学生,就能取得好成绩,但事
> 与愿违,最近自己也越来越没有自信了。老师也问我过,为什么上课听得
> 很认真,但题目还是不会做。其实我上课的时候虽然看样子是认真仔细
> 地听,但一点也听不懂、一点也听不进,很容易想别的事情。但我还是努

力做出认真学习的样子,希望能够对我的成绩有所帮助,希望老师认为我还是好学生。(访谈笔录 WS2015-03-20)

随着教学观念的改变和教师专业能力的提升,有的老师意识到了如此规矩的坐姿和站姿会限制学生的思维,就会主动要求学生放松身体,不必循规蹈矩。如在小组合作教学的课堂上,一位老师就不要求学生必须挺直腰板、注视前方、端正坐姿。他告诉学生:"同学不要坐得这么板正,不要这个样子,坐得随意一点,把手放那么板正干什么,往前趴一趴往后仰一仰往左右晃动晃动都不要紧,不要那么板。"(魏本亚,尹逊才,2014:225)在访谈中,一位学习好但是坐姿不是那么标准的 N 同学说道:

> 我认为对我来说没有必要去遵守那些课堂上的规定,手要怎么放,脚要怎么放。这很死板,反而束缚了我们的灵性。课堂是学习的地方,而教学的效果才是我们要追求的,才是最重要的。有些人看着坐得很端正,脚一动都不动,但是其实没学进去,有问题也不敢提。我虽然没有他们那样坐得正、脚放得好,但老师上课的内容我都听懂了,我达到了我学习的目的,学习效果很好,所以成绩也就上去了。所以我认为,学习成绩的提高和课堂上脚姿端不端正,没有什么大的关系。(访谈笔录 WS2015-06-16)

在外国的课堂中,教师对坐姿的要求更少,学生不必规矩地坐着。学生可以以自己舒适的姿势去坐,可以坐在桌子上,或者靠在桌子上听讲。学生的坐姿与学习没有必要的联系,只要是学生舒服的姿势,便有利于自身的学习。

课桌、坐姿、校服都追求一种总体性、整齐划一的规范性。学校一般会要求学生上学期间必须穿校服,因为校服除了代表学生和学校的身份,还能显示一种遵从规则的纪律。校服的统一性忽略了审美(色彩与款式等)、着装习惯、性别甚至季节等因素。比如冬季的校服不能有效保暖;一样的校服忽略了学生的审美和男女的差异。有国外的学生这样抱怨:"在校服里面穿件高领衫,天能塌下来吗？头发稍微留长一点,烫一下,我就听不到英语听力试题了吗？化一点妆去上学,我脑子里的数学公式就会消失不见吗？"(吴恩瑛,2013:169)尽管这个同学的抱怨有点夸张,但其中的道理也说明了过于统一化的身体管理与教学的效果之间是没有关系的。家长和老师一般批评孩子的这种态度，责备这些孩子和别人不一样，不能服从规定，不是好学生。有些同学为了追求美，会修改校服，比如把校服改成收腰的或者在校服上缝补好看的饰品。学生的反抗不会改变穿校服的趋势，却为自己争取了某些权益。比如有的学校设定"便服日"，学生可在特定的一天穿自己的衣服；有的学校针对男女、不同年级制作不同的校服。

"为革命，保护视力，预防近视，眼保健操，开始"（毛大庆，2013：232），这曾经是流行一时的眼保健操的口号。这一时期做眼保健操的目的就是"为了革命"，现在的目的主要是提倡保护视力。保护视力的目的是好好学习，归根结底是为了服务社会主义制度，也是"革命"的另一种说法。一般在课间休息的时候，学生们会在广播的引领下，集体地做操。做操的同时，不时还有老师和班干部会来检查。眼保健操占用学生休息的时间，打着保护学生视力的旗号，真的有助于保护学生的视力吗？假如学生的手不干净，会不会患眼疾？长期以来存在就是合理的，服从校规是学生应该做的，但是眼保健操的合理性却无从考究。有的学生更多是为了应付学校的检查不得不做，却又应付、偷懒地去做。眼保健操同广播体操一样，是一种强制性的集体运动。通过对眼四周区域的按压，以达到保护视力的目的。眼镜佩戴的低龄化趋势，似乎在一定程度上反讽了这种集体无意识的活动。

（三）课桌功能的异化

从存在主义现象学的视角来看，"当我意识到一张桌子时，我知道我不是桌子，也就是说，否定我是桌子；当我意识到那里有一张桌子时，桌子的背景被淡化或者虚化了，也就是说我通过虚化桌子的背景否定它是任何别的东西"（张汝伦，2003：254）。课桌通过否定被桌子遮蔽的身体来肯定、放大上半部分，同时上半部分也心甘情愿地接受教师目光的注视和教育权力的规训。课桌把完整的身体分割了，下半部分被虚化与否定，上半部分被无限地肯定与放大。学生的身体像流水线上的物品，共性被无限肯定，个性被打磨和虚化甚至消失。工具性的人代替了活生生的个体，真正的作为个体的人不见了，取而代之的是作为种类的学生、作为普遍性的学生。学校教育制度及其弥散的微观权力虚化了学生实实在在的"存在",肯定、放大了学生的上半部分作为机器人一样的身姿,以及为社会输送的人才规格及其"产品"标准化的属性。

在以班级授课制为主导的课堂,课桌的功能被异化。在狭小的被课桌包围的空间内,心灵被压抑着。从身体现象学的立场来看,"身体的整体性的感觉特征:在沉闷压抑的气氛中会有压迫感,焦虑时胸部有如铅的沉重感,这是狭窄;走进清新宜人的空气或气氛中,就会有舒畅、自由和解放的感觉"(庞学铨,2000)。在课桌下的局促空间内,学生的心理空间也因应试教育的"分数压力"渐渐变小。抑郁症患者低龄化的趋势提醒人们要更加关注学生的心理空间或精神空间。分数及其排名是应试教育的根本信条,教师、家长、社会都紧紧盯着学生的分数及其排名。所以,课桌通过管制学生的身体,进而管制他们的心灵,心理空间让位于课桌的物理空间,存在主义现象学意义上的空间最终被压缩并虚无化。课桌既限制了学生的身体与心灵,也钳制了学生的创造力。在应试教育所建构的教室空间里,与知识相关的学习成绩、升学率成为最终的目的,以至于学校、教师、家长以及学生自身的所作所为,一切教学活动都是为了提高分数。学校教育培养完整的人的目标早已模糊,由应试教育制造出来的大批量的"工具人""知识人""分数人"在课堂空间里高效率地运转,殚精竭虑。

班级授课制所匹配的矩形课桌形制及其秧田式的小组教学单元,由此伴生的是学生的主体性和自主性的消失。矩形课桌带来的规范性、统制化的学习秩序,也是现代大工业生产秩序及其相应的商业流通秩序在教室空间内的投影,这一切都是服务于高效率的生产、检测与销售的市场化原则。教室如同超市,课桌如同货架。学生类似货架上的商品,被顾客挑选的产品则类似学生接受人才市场的选择。因此,教室里课桌的形制及其摆放样态遵循了超市的"货架原则"及其空间语法。小组教学单元在行列之间为学生设置了一条行走通道,一个由课桌排列组成的通道,学生只能在这个固定的通道里行走。行走的起点与终点就是自己的课桌。更有甚者,学生的成绩(分数)等级性就如同货物的畅销性(销量)一样,课桌摆放的位置总在提醒学生自己在班里的地位,包括成绩的等级、受重视程度以及是否达到教师的期望等。小组教学单元之间的通道则犹如超市不同商品指示牌标识的路径,作为教育权力的象征指引学生身体的流向。学校教育的工业化、市场化倾向也表现在课桌的形制及其教学理念上。在所谓科学的教育质量监控体系指标下,大量的工业经济管理与监控法则被应用到课堂教学的过程监控,有些教育工作者甚至把工业管理的理念直接应用于教学理论知识的生产与实践的推广,比如规格、质量、测量、人力资源、考核、检验、合格等工业经济术语被大量地植入课堂教学的实践之中。课桌的标准化与线性化的摆放,正日益把教室整形成商品的生产车间,学生始终是被动的待加工的客体,课桌本来的人文价值(合作、交往与审美等)在教室里已然被工业经济的参数体系异化。

(四)课桌与身体的关系:课程改革的镜像

纵观世界教育史上两次重大的课程改革,身体与课桌的关系发生了显著的变化。在 20 世纪二三十年代的第一次"课改"中,杜威的新"三中心"观点取代了赫尔巴特的传统"三中心"观点,即以实用化、生活化的教学取代课堂讲授,以儿童的活动经验代替学科知识,以学生的自主活动代替教师的主导讲授。显然,新"三中心"观点超越了传统的官能主义教学观。官能主义主张重复练习,用高难度来发展智力,认为学校课本不需要突出实际作用,只需要突出对官能的练习。在官能主义盛行的时代,学生的身体必须被牢牢地固定在课桌旁。杜威则主张在学校生活中,儿童是起点,是中心,而且是目的。杜威强调,应该以学生为原始的起点,从学生的角度出发为其考虑。学校应当把单纯的以知识为中心的教育转移到儿童的活动上来,强调"做中学",主张儿童的身体完全投入活动,把儿童的身体从固定的课桌旁解放出来。这次课程改革主张以儿童的亲身体验为主,在一定程度上促使了课桌和身体的相对分离。

第二次大范围的课程改革发生在 20 世纪 70 年代至 21 世纪初。如果说实验主义的课程改革运动实现了从理性的、工具化的身体向感性的、生活化的身体的转向,那么,以派纳(Pinar)、格鲁梅特(Grumet)与范梅南(van Manen)等为代表的基于现象学教学的课程改革,则实现了向理解性、体验性的身体的超越。泰勒原理以目标为导向的课程开发模式要求教师一切为了目标,所以学生的一切不必要的身体扭动和偏离教学目标的身体行为都是不允许的。结构主义则主张学习学科的结构,以知识为中心。身体再次回归课桌,必须保持严谨的端坐姿势。现象学教育学在批判泰勒原理和结构主义的基础上,提倡尊重学生内心的情感体验,注重身体本来的律动,把身体又从课桌旁解放了出来。纵观国际上曾经出现的各种课程改革,不难发现课程改革必然会触及课桌的形制与学生身体的关系的调整。在身体和课桌的关系调整过程中,它们完全分离(像卢梭主张的纯粹自然主义的态度)当然是行不通的,把身体与课桌彻底地捆绑在一起更行不通,它们力量的此消彼长正是一次次课程改革的真实写照。

曾经有首诗这样写道,"男人,女人,孩子/围在一张空中的桌子前/这张桌子支撑在/飘忽不定的奇迹上",接着回到了地面上,"我重新回到平常的桌子前/回到耕种的土地上/这片土地生产出来的玉米和羊群"(巴什拉,2009:184)。当普通的桌子变成空中的桌子时,诗人插上了想象的翅膀,他的心灵空间被无限扩大,感受到了生活的美好。熟悉的桌子变成了宇宙空间的一个缩影,诗人在拥抱着世界。空间现象学追求的就是这样不受物理空间限制的、可以体验到的实在空间。学校教育追求的本应如此,不是用课桌来限制心灵和身体的空间,而是用课桌来托起学生广阔的心灵空间,为他们创造真正属于他们自己的美好未来。

(五)解放身体是课桌形制改革的方向

教室之所以被称为教室,主要是因为课桌与学生(或教师)身体的介入。课桌规划出来的许多狭小领域与学生的身体一起建构了教室的空间布局。在列斐伏尔看来,"空间的身体性和身体的空间性缺一不可,身体是建立空间的原点,也是发展空间生产理论的主心骨,空间生产所具有的社会性、实践性和历史性都需要身体的参与,并且一旦空间被生产出来,也就创造出压迫身体的场所的可能"(林贞,2014:13)。在教室里,学生坐在课桌前,以规范的坐姿面向教师,认认真真地听讲,试图寻找提高分数的"灵丹妙药"。课桌决定学生怎么坐,学生无权决定课桌的形制来适应他们的坐姿。学生的身体被课桌分为两个部分:桌子未遮蔽的上半部分,桌子遮蔽的下半部分。教师站在三尺讲台之上,俯视整个教室,没有任何障碍,学生被看得"淋漓尽致"。这是"明"的,整个课堂也被"完美无瑕"地控制在微观教育权力的网中。"暗"的是桌子遮蔽的下半身,学生可以在桌子下隐秘地活动,桌子的下面是教师的视线到不了的地方。学生可以在这个空间范围内从事一些小动作,只要不被发现,那就是"合法"的。而学生则更钟爱桌子下面的空间,他们可以随心所欲地做些小动作,也可以自由支配被桌子遮蔽的身体。

在基础教育新课程改革的具体目标中,更注重启发式、交流式的教学方式和主动参与、合作探究的学习方式。这种教学方式更注重将学生从课桌旁解放出来,"动手动脚"地参与知识建构的过程,而不是单向的由教师传授、学生接受的教学。比如,新课程改革更加注重培养学生的积极性,弱化对知识的单向讲授;着重培养学生的动手能力、探究精神,弱化死记硬背的机械模式。而传统秧田式的课桌摆放使学生之间、师生之间的交流都非常有限。学生之间背对着脸,不能面对面交流,他们笔直地坐着,专心听讲,没有自由的交谈,也没有热烈的探究与怀疑。在访谈中,一位教师说出了课桌形制变化的优点。

访谈者:你认为学生喜欢上这种课吗?

R老师:学生最喜欢上这种课。

访谈者:这种梯形课桌与矩形课桌相比,在教学效果方面有什么优劣之分?

R老师:关键在于老师。如果就记忆、短时间接受知识来说,传授式教学好,这要求老师思路清晰。但是学生经过动手实践,他们的思维、表达能力都会提高,长期效果肯定优于讲授式教学。

访谈者:"动手动脚"这种参与性、活动性的过程对学生知识深度的理解更有利,知识记忆在深度上不如梯形课桌吗?

R老师:是的。让学生切实学到知识是最重要的。(访谈笔录WS2015-12-11)

受课桌的形制所限,教师不能与学生近距离地交流,学生由于课桌的束缚不能开展探究知识的小组合作。学生进出在课桌规划的行距之间很不方便,这虽然有利于教师维持课堂的秩序,但是小组合作、深度探究、"动手动脚"等学习方式则难以实现。如果把矩形课桌变成梯形课桌,这样就方便学生把课桌临时性地拼接在一起,组成一个近似圆形的学习小组。每个学生都方便从座位上走出来,与同学、教师交流和探讨问题。这更有益于学生之间的合作交流,体现了以学生为本的原则。下面是一段关于课桌形制的访谈的节选。

访谈者:如你刚才提到的三个因素(自学、合作、展示)落实在教学理念和教学组织形式方面,对学生有什么影响?

R 老师:现在学生的学习主动性和愿望越来越差,这种让学生的手脚和身体得到解放的小组合作式的教学可以使学生得到一种释放,可以减少学生心理压抑的现象。

这时候在一旁的 C 老师禁不住说起来,并且拿出图片向大家展示。

C 老师:我打断一下,我们老师用"知识树"来梳理知识的时候,学生就问可否画一个船或者别的东西。学生的这种创新就出来了,对于初中学生,主要就是打开他们的思路。

R 老师:老师上几次课以后,学生可以发现地理课不管分析宁波或者哪个地方,都从地理位置、人文地理、自然地理三个方面去分析,包括经纬度、河流、气候、衣食住行等方面。学生有许多想法,这种课堂就是非预设性、生成性的课堂,对老师的要求很高。(访谈笔录 WS2015-12-11)

"新课改"要求解放学生的手,培养他们勤于动手的能力,意在解放他们的身体,给他们的身体松绑。课桌形制的改变有利于"新课改"目标的实现以及学生自身的身体发展和学习能力的提高。课桌形制的变革最终将解放学生的身体、变革教室的空间布局和教学的形式。

基础教育新课程改革倡导自主、合作、探究的学习形式,而传统秧田式的课桌摆放形式只适合讲授型课堂,所以变革学习方式要从改变课桌的形制开始。教育工作者们一定程度上意识到了课桌对学生身体的束缚,所以提出合作、探究的学习方式,在课桌羁绊下给学生的身体松绑。长期以来,"在一个班级里将近40名儿童挤在一起,由教师一手操纵的方式得以存在,应当说,这个事实本身是异常的。如今在许多国家,不仅小学的课堂,而且在中等教育的学校里,用粉笔和教科书上课,在黑板和讲台之前单向地排列课桌椅的课堂已经进入博物馆的资料室了。在新的课堂里,二十几名儿童(学生)把几张课桌合并在一起作业,展开合作学习"(佐藤学,2005)。毫无疑问,从世界范围来看,合作探究性的学习需要相应的课桌形制作为教学组织形式的物态支撑,课桌形制的变化将会带来学生身体上的解放与自由。

四、商议性知识及其空间形式

空间从无到有的过程,就是权力参与建构的过程,空间不可能是纯净的、价值无涉的,它是权力争夺的对象。"空间乃权力、知识等转化成实际权力关系的关键。"(吴冶平,2008:107)权力的展示与更选,往往需要通过对空间的重置来实现。课程改革必定要落"脚"到课堂上,而课堂上的教学改革必定会在教室空间改革上有所表现。教室空间的重置,也必定会通过课桌形制的改革来实现,最终通过课桌形制的改革来促成学生的求知方式乃至知识观的变迁。

(一)小组合作的空间重组

在当下的"课改"中,学校不断加强对小组合作教学的尝试与革新。小组合作教学的合作小组与秧田形制下的行政小组具有本质区别:前者是以六边形或椭圆形课桌为基础的合作小组,重在团队学习与探究,强调知识的生成性与合作性;而后者则是以矩形课桌为基础的行政小组,注重知识的预成性与授受性。在小组合作教学中,"小组合作即以小组为基本形式,以小组成员的合作性活动为主体,以学生获得自由性的发展为目的,以小组目标达成为标准,以小组总体成绩为评价和奖励依据的教学策略体系"(朱建国,张怡,2009:165)。教师则倾向于引导学生去发现问题、探究知识,变程序化的知识为商议性的知识。这样一来,在尊重教师学科地位的基础上,学生对自然科学和人文科学的学习过程更具有开放性和交互性。诚然,以六边形或椭圆形课桌形制为基础的小组合作教学在实践中存在一些问题,甚至有些非议,但都不是本质上的。问题的关键是,如何理解与评判小组合作教学的理念及其在师生关系的对话性与知识生成的创造性方面的贡献。为了直观比照秧田式教学与小组合作教学在权力实践方式上的本质差别,特以六边形与矩形的课桌形制相比照(见图 2-2 和图 2-3)。

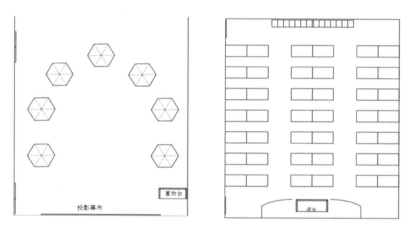

图 2-2　小组合作教学的六边形课桌形制　　**图 2-3　秧田式的矩形课桌形制**

在六边形小组合作教学的教室里,一张大的课桌由六个小的等边三角形组成,三个三角形则组成了一个等腰梯形,这与两个梯形组成的六边形课桌没有什么差别。但是三角形的灵活性更强,比如一个平行四边形可以由两个相同的等边三角形组成,既可以用于上课时两个人坐,也可以用于四个人讨论。三个三角形可组成一个梯形,可以用于五个同学讨论。一般来说,在小组合作教学中,一个组的学生更倾向于相对固定的组员合作,小组的成员不太习惯组员经常变化,因为长时期的合作和交流容易形成同学间亲密的情感,而组员不断变化则会让其他人无所适从。同时,六边形的课桌可以使每个同学有同样的机会近距离接触老师。实际上,小组合作教学从空间与身体的关系方面重构了师生关系,促进了师生之间以及学生之间的交流,更有利于知识的学习与生成。我们观察到的小组合作教学的教室空间的布置如下:

我刚走进教室,就看到三块黑板。一块是在讲台上大屏幕旁边,老师用来板书的黑板。讲台右前方的黑板上贴着一张小组加分表格,起点处各种颜色的具有磁性的圆石"蓄势待发"。教室的左边也有一块黑板。教室中间被小组占据,前面有三个小组,中间两个,后边三个小组,每组有六名同学。他们围着课桌而坐,这次的课桌虽然整体也是梯形,但是局部大有不同。一张大的课桌由六个小的等边三角形组成,三个三角形则组成了一个等腰梯形,这与之前两个梯形组成的六边形课桌没大的差别。但是三角形的形状更多变,如一个平行四边形可由两个相同的等边三角形组成,既可以用于平时上课的两人坐,也可以用于四个人的讨论;三个三角形可组成一个梯形,可以用于五个同学的讨论;三角形更容易组合和变通。由于这节课讲的是关于英语的时间表达,所以每组桌上除了有组牌,还有一个钟表。(观察笔录 WS2015-12-18)

从我国中小学校的实际情况来看,假设一个班级的常态规模为 42 名学生,从秧田式教学转变为小组合作教学以后,课桌形制发生的变化如图 2-2 和图 2-3 所示。教室空间主要由七张六边形桌子和置物台(用于搁置多媒体设备与教师的教学物件)组成,每张桌子有六名学生。从教室的整体空间布局上看,七张桌子围成一个半圆状,每张桌子上面有一个桌牌,标识学生所在的组号。七张桌子以中间半圆形的方式摆放在教室四周,中间留有足够的空间给同学们展示合作学习的成果。教师讲解的时候可以站在教室中间,关注每一位学生的情况,在学生回答问题时给予鼓励的目光,让每位学生都有被关注的感觉。学生展示小组合作的成果时,不必拥挤在狭小的讲台上,他们可以利用更多的教室空间,用身体参与知识的建构。这样的课桌摆放彰显了学生的主体性,小组之间的良性竞争也能够激发学生的学习动机。

从秧田式教学到小组合作教学,课桌的重置使"讲台"的功能发生了戏剧性的变化,它从一个知识论意义上的课堂权力中心转变为一个物理学意义上的功能性物件——置物台。作为置物台的"讲台",从教室的黑板旁被挪移至与教室前门相对应的墙角的位置。这样一来,"讲台"的权力中心地位就被解构与重建了。通过小组合作,在预习、讨论、合作、展示、互馈等教学过程中,学生自始至终都在自主地建构知识。"讲台"更多的时候被用于放置多媒体设备与日常教学用具,它与课堂知识的相关性不大,更与教学价值论无关,而纯粹变成一个与教学技术相关的部件。传统意义上的讲台的消失,黑板变成多媒体的投影仪,实际上腾出了更多的教室空间让学生从事活动与展示。相比于秧田式教学的三个行政小组(14×3),在小组合作教学中,班级被分为七个小组(6×7),小组之间的合作与竞争更加频繁与多向,小组是知识创生与凝练团队意识的基本组织单位。相应地,教师的课堂角色主要是组织、协调、评价与引领等,教师自上而下的"授受"角色与功能也相对减弱了。身处课程改革一线的 Z 教师在访谈中这样对我们说。

访谈者:梯形课桌与矩形课桌相比,有何优缺点?

Z 老师:平时的课桌摆放,所有的学生面向老师,这种课桌摆放依旧是以老师为中心的。像梯形课桌,是以小组为单位的,以学生为中心,每组组成一个同心圆。班级被分为若干小组,小组是核心,小组之间需要老师去协调,老师的地位相对减弱。传统的课桌摆放对于师生交流来说,有一定的障碍。现在重视学生的自我个性、合作学习,出于这样的目的开始变为梯形的课桌。(访谈笔录 WS2015-12-11)

无论是教师主体论还是学生主体论,都是权力关系非此即彼的激进转化,实际上无助于培养完整的人。福柯以知识考古学为出发点,主张主体的非中心化策略,并解构主体的中心地位。在福柯看来,主体或中心都是权力话语的产物,中心论是不同权力主体话语博弈的结果。主体本是虚无的,由权力建构,为权力服务,因此关于教师主体、教师中心还是学生主体、学生中心的讨论就像天平的一边压过另一边。而小组合作教学则更倾向于权力的平等性和去中心化,寻求天平的平衡点。一旦主体的位置不确定,那么客体就可以摆脱被对象化的命运。传统模式下,学习不好的学生背负着一种压力感,在主流知识的指引下,承认自己的客体地位,承认自己需要被规训、被改造。他们通过把自己变为更符合主流意识形态标准的人来寻求自我的存在,看似自我的提升,其实无异于规训的加深。违反班级纪律的学生,他们会受到一定的惩罚。报复和压制不是惩罚本身的目的,惩罚的目的是把违规的学生拉进一个有比较、有指引作用的整体里,他们必须做出符合权力主体规定的行为。与此同时,学生主体论或学生中心论的消失,也让教师从工具化和手段化的地位中解放出来。小组合作教学提倡在平等的前提下以教师为指引,通过师生的交流,让学生在探究中建构和获得知识。

传统的讲台摆放对于师生交流和学生展示来说,是一定的障碍。基础教育课程改革的深度推进要求培养学生的核心素养、凝练学生的合作意识,讲台位置及其在教室空间中的功能,需要发生相应的改变,即从一个具有课堂知识的中心发布地转变为技术层面的置物台,让讲台去中心化,剥离它的价值论属性。这种转变其实是革命性的,意味着教师转让出了被权力赋予的中心化地位,在很大程度上促进了师生之间的课堂交流和学生参与知识建构的积极性。在小组合作教学中,从学生意识上解构以讲台为主的权力性教室是构筑和谐、平等、诗意的空间的首要任务。讲台消失了,意味着中心化的教师也消失了,半圆形的教室空间更能彰显师生权力的平等性,作为知识建构活动的引领者,教师"走下讲台,能够拉近师生之间的距离。教师不再是高高在上、威风凛凛的统治者了,而变成了一位亲切可爱的大朋友,游走在学生中间"(徐莹,2011:1)。

新课程改革已经进行 20 年了,到了"决战在课堂"(钟启泉,2007)的攻坚阶段,眼下的任务就是要消解这个长期统治教室中心地位的课桌(讲台),它是传统课堂教学秩序权力实践的逻辑起点。它的消解意味着新的、多元化的教学组织形式具有各种可能性,将学生从行政小组化的课桌规划的束缚中解放出来。为了使学生的身体不再成为应试教育过程中"革命"的本钱,落实学生的主体性,学校教育需要变革。学校教育的改革依赖教师的教学创新,而教学改革与创新的突破口就在于课桌的形制。

(二)知识的商议制度

在学校教育的日常场景中,布满微观权力的最小单位是一间间教室。从学生的着装、发型,到班级文化建设的字符、口号,学生被微观的权力技术所包裹。当权力—知识—身体的关系被长期渲染为一种常态之后,它就被默认为一种身体美学的真理,即权力通过身体来发挥持续且弥散的作用。在身体技术里,身体常常被统一化为某种意识形态的符号,具有公共性,它是权力发挥作用的表征,"身体技术的另一倾向,是集体化的身体操控。在阶级的标准化形象确立之后,群众所要做的,就是模仿和趋同"(张闳,2014:188)。在教室空间中,权力通过纪律、班规、学生守则、三好学生制度与荣誉评价体系等来管理学生的身体,创造出一个个听话的被规训者。身体不单是学生的身体,而且更表现为一种公共性身体,是国家的人力资本和政治资本。权力通过知识来对学生实施规训,使人变为附属品。身体是学习的工具,被特殊的学习任务所支配,学生很难从学习中获得快乐。

从秧田式教学到小组合作教学,课桌形制的变化意味着教师和学生权力分配的民主化,并把学生的身体从知识和权力的强制关系中解放出来,让身体回归生活本身的状态,使快乐学习成为可能。身体是教室空间诞生的原点,"身体是一个原初的空间,只有在身体空间的基础上,我们才能设想并开创外部空间"(张尧均,2004:45)。学生所学习的书本知识弥漫着一种不公平的权力关系。"课程标准和课程知识作为一种官方的、法定的知识,其产生的程序并不是基于教育行政部门、学校、教师与学生之间的公共对话和公共协商,而往往是一种自上而下的制定和颁行。"(叶飞,2014:35)在秧田式的课桌形制下,这种知识是强制性地灌输给学生的。特别是对于人文类学科教学来说,只允许学生认同主流意识形态范围内的价值观,强力排除其他的价值观,这容易导致学生缺乏创新能力、视野狭窄。小组合作教学空间的改变在一定程度上影响了权力的实践方式,进而影响知识的生产方式,变教师传授知识为学生商议知识的过程。教师不是以传授书本知识为主,而要结合学生的情感体验给予引导和反馈。学生的想法越多,情感体验越丰富,就越有利于课堂知识的多元化生成。教师可以发挥自己的教育机智,采用多种形式教学,而不需要照本宣科,拒生活于教室之外。小组合作教学使知识活动化和情境化,学生可以通过身体各个部位去参与教学、通过合作表演等身临其境的方式去感受真实的知识,变知识的单向灌输为主动建构。这种教学在组织形式上,或者教学理念方面,对于秧田式教学的挑战都是革命性的。"所有的权力关系都作用于身体,但是典型的现代权力作用于身体的量级不同于往常。它们不是把身体当作似乎不可割的整体来对待,而是'零敲碎打'个别处理。这是一种支配身体活动的微观权力。"(劳斯,2004:228)在秧田式的教学中,课堂纪律要求学生挺直地端坐,手规范地摆在课桌上,脚不要动来动去,眼睛目视前方等。许多教师认为,这种纪律对身体的约束,是为了使学生更好地获取知识,取得好的成绩。其实,这种课堂身体管理的技术与原则,是简单的"刺激—反应"式的行为主义教学观的体现,行为主义教学观注重文本性知识对学生身体的规训和师道尊严,忽视了学生的能动性。

在小组合作教学中,一般有自学、讨论、合作、展示、反馈等五个环节,学生与小组其他同学交流可以用眼神、手势、面部表情和肢体动作等身体行为。下面是我们在小组合作教学课堂上的观察笔录的一段节选。

> 学生的讨论十分激烈。大部分学生都站起来,有的一条腿跪在凳子上,有的手比画着,形态各异。其中一组讨论比较积极。S1 在白板上快速地写着。右边的 S2 不时地看看课本又看看白板,手有时指着白板。S3 站起来拿着课本,眼睛盯着课本。S4 站立着,双手撑在桌子上,面带微笑,眼睛望向白板,偶尔望着左边的 S3。S5 右手拿着笔,笔尖放在左手拿着的黑板擦上,眼睛望向白板,偶尔望向其他小组。S6 不时地摸摸自己的鼻子,扶下自己的眼镜。这时,S6 一边拿过黑板擦,一边看着课本说:"还有一个。"S3 望向对面的 S6,立马说道"世界第一口天然气",眼睛不时看着 S1、白板和 S6。S1 快速补充内容,在白板上飞速地写着。突然 S3 说道:"这里,这里",他望着 S1,用手指着课本,然后又看着试卷。这时所有的同学都凑过来了,看着白板和 S3。S3 一边说一边望向 S6。S6 摇了摇头,手握着笔并在白板上比画,此时 S2 也若有所思地指着试卷说着点什么。老师在小组间来回走动,和小组同学交流,不时指点着同学们写的内容。大约五分钟后,老师问道:"好了没有?"S5 坐下说:"好了。"S4 把写有第三组的牌子拿起来坐下了。(观察笔录 WS2015-12-11)

学生们不必端坐着,可以选择自己舒服的坐姿。讨论和交流可以面对面,学生可以互相体验到对方的情感。同学们分工明确,锻炼了学生合作的能力。

学生是充满活力的并且是主动参与知识建构的。相比于秧田式课堂的沉默，此时学生的表情表明他们对于知识的学习是快乐的。

　　接着每个小组派代表把白板靠在两边的黑板旁。第三组探讨的是文化方面，他们组先上去展示。S3问道："是一个人上去还是全组都去？"老师说："几个都可以。"第三组的全体学生都离开座位，站到右边的黑板前面。S1拿着课本，一边指着白板，一边看着课本讲述他们组的讨论成果，其他小组成员拿着课本站着。S6站在S1的左边，微笑着看着S1手中的课本，S5在S1的右边，专心致志地盯着S1拿着的课本，好像生怕她读错了一样。S3和其他几位组员则在后边交头接耳地讨论。在白板旁边的同学索性把头扭过去微笑着看着白板。展示结束之后，老师请另一探讨文化的小组来补充、评价、提问。另一组的一个同学评价道："他们其中的一个人上去就行了，那么多人太乱了也不发言。"老师点头示意他坐下，走到他身边给他一个小星星予以奖励。然后老师就文化方面进行讲解。接着其他组依次上来展示，其他探讨同一问题的小组补充评价，最后老师进行讲解总结。所有小组展示完毕后，老师问道："到底是自然条件还是人文环境造就了四川的富庶，四川是天造府国还是人造府国？"同学们都各抒己见，争得面红耳赤。（观察笔录WS2015-12-11）

在课堂上，学生不再是面无表情的接受者，而是神采奕奕的参与者。学生在交流期间，与同学讨论或者争执，这就是知识的生成过程。在知识建构的过程中，学生注入了个人的感情和经验，特别是小组之间的竞争和比试，可以激发学生的学习动机，培养他们的集体荣誉感。这样一来，教学的过程就由教师传授、学生接受转变为师生共同参与知识生产的过程。学生不需要采用标准姿态端坐在座位上，甚至可以用各自觉得舒服的身体姿态来建构知识、参与教学的互动。在展示环节中，小组成员可以在教室的公共空间里表演、汇报小组的合作成果；学生可以分角色表演，展现教材中的意境，实现情境教学。解放身体各个部位的小组合作学习，给了学生一个宽松的环境，避免了秧田式课堂上学生做小动作的"不良"行为。让学生"动手动脚"地学习，舒展姿态，可以使学生释放激情,缓解他们心理压抑的状态,有利于加深学生对课堂知识的理解。久而久之,他们的思维能力、表达能力也会随之提高,教学效果自然会优于授受式教学。

小组合作教学既体现了权力的平等性和去中心化,也无关乎教师中心和学生中心的争论。赫尔巴特、杜威是西方教育史上教师中心论和学生中心论的代表人物,他们各自承认一方是中心,但是并不否定另一方的作用和地位。在秧田式中,教师是主导者,是权力的中心。然而在这种教学组织形式下,真正掌握着教室权力核心的不是讲台或者教师本身,而是主流意识形态所认可的知识,即课堂知识。在学校里,课堂知识是评判学生的学、教师的教的依据。教师通过对知识的占有获得了教室中的特权。知识落实到实践的过程就是微观权力渗透的过程。其中,考试制度是一个中介环节,教师对学生的考试规训,"逐渐被普遍化,变成一种'纪律—机制',即以普遍化监视为基础,对整个社会构造进行组织,使其变成一种纪律社会"(沃特斯,2000:247),或是"纪律—课堂"。然而,"现代课堂教学的一个主要标志就是学生主动参与教学活动"(张民选,王正平,2005:463)。特别是"新课改"明确提出了学习方式要改变课程实施过于强调接受学习、死记硬背、机械训练的现状,倡导学生主动参与、乐于探究、勤于动手。因此,在教师与学生之间,以哪一方为中心并不是课程改革的着力点,改变教师教的方式与学生学的方式才是课程改革的重心;改变课堂教学中师生之间的权力不对等,以便促进知识生成的建构性与民主化。比如翻转课堂的兴起,其主要借助信息技术和活动教学来使学生参与教学情境。"课前翻转课堂与传统教学的主要不同在于教学流程的建构上:翻转课堂以其先学后教、以学定教的教学模型,颠覆了我们所习惯的先教后学、以教导学的教学结构框架。"(叶波,2014)先学后教的模式能够在课堂上针对学生遇到的问题,使学生与教师共同合作探究、解决问题。这种教学模式可以使教师因材施教,针对不同学生的困惑给予解答。诚然,这种教学模式对学生的自学能力和教师对整个教学过程的组织能力要求很高,同时翻转课堂也并不适用于所有科目,在实践中有一定的局限性。

五、空间即教育

从建筑学意义上说,教室是人为的一种物态结构,它是由门、窗、墙、光影组合、座位排列等诸多要素组成的特定空间布局。教室空间的结构限制了在此空间里人的活动。教室空间各种设施的摆放蕴含着特定的空间隐喻,如果空间里的人可以体验到,那么这些物件的归置就变为如场所、位置、中心等一些纪律和规范。如今,借鉴工业设计理念的教学大楼、教室建筑和教室空间的内部结构由于追求统一化和标准化而丧失了人文气息与生命活力。德国的新现象学家施密茨认为,"情感是不确定的宽度无限的气氛,情绪上震颤的人身体上可以感受到被嵌置于这气氛中"(庞学铨,2000)。每个人对教室空间的感受不是完全一样的,但是大部分人的一般感受有着相似之处。学校和教室里严格的纪律和约束,让很多学生都有一种压抑感和抵触感。教室内的一切都是程序化、模型化的,传递出一种严苛的纪律气氛。在这样的氛围中求知,学生容易紧张、害怕、压抑甚至恐惧。教室里的空间氛围不仅是学校对物理空间的设置,而且是教室空间里的人们的共同约定和价值认同。教室空间的营造是结构主义的,师生彼此遵守空间的秩序,在充满等级的空间中行走。"这是一个被纪律所解析的空间,所推崇的是严格的纪律、忠诚的态度、不加反思的吸纳。"(刘云杉,2004)随着现代科技手段不断参与学校管理,教室都装有摄像头,摄像头可以更有效地监视教室里的一切。摄像头是福柯式的"全景敞视"技术的更新,每个人的所作所为都在它的监管之下,只有守规矩的人才会有安全感。教室空间的权力实践是以秩序和纪律为准绳的,自由和个性则被约束。

权力主体试图通过门、窗、墙和光影的配合塑造一个完全透明化的空间,而空间里的人不确定自己是否被监视,所以始终保持随时接受监视的样子。敞亮的教室为学生高效学习创造了有利的条件。不断增大的窗户面积不仅确保光的进入,而且确保了监视权力的实践。瞭望塔式的讲台使教师的监视权力更加便利。教室里墙上的标语和黑板报时刻向学生传递着正确的价值观,学生被这些价值观所熏陶,但与此同时这些价值观也隔断了其他知识对学生情感的影响。教室的墙不仅是物质性的,而且是体制性的,它阻隔了学生去探寻外面的世界,使其专心于某种类型知识的学习。但是换个角度来说,当墙可以帮助学生阻断教师监视的目光时,当墙可以阻挡光线的进入使学生获得一片隐秘区域时,此时墙则参与了学生快乐情感的建构。这就是墙的意义的辩证法。靠近墙的地方和教室里的角落地方,总是学生们心灵想到达的地方。在现象学的空间中,人的情感流动是唯一的变量,它没有严格的科学化的测量标准,却与学生个体、学生生活密切相关。学生对物理空间的抵制情绪会直接影响学生的心理。学校对现象学意义空间的忽视,只会造成学生更加注重自己的情感体验而去违反既有的规则和秩序。学生是有丰富感情的活人,却在制度的规训下被要求做一个只会考试的客体。现象学在于追求学生内心的情感体验。愉悦的心理可以弥补物理空间的限制,打开师生对教学生活的想象,有利于形成快乐学习。

每个儿童第一次进入学校,就会获得学生的身份。为了便于管理,学校会确定入学者的年级与班级,然后被教师安排在某个教室,于是学生就有了属于自己的空间位置。座位和每个学生是密不可分的,它是用来安置学生身体的。一旦有了自己的座位,学生便有了归属感。教师用桌椅分隔出更为微小的空间单元,使学生在教室里有了自己的空间,学生可以在空间内进行活动,乱动和越过自己空间的行为都是违纪的。课堂纪律的控制手段可以从座位的安排中看出来。秧田式的课桌使学生在教室里毫无隐蔽性。在教室空间里,学生没有一个可以放松的特定空间,只能在课间临时卸下学生的身份,变为嬉笑的孩子。可是这短暂的快乐也经常被所谓的拖堂所侵占,被不许大声喧哗的规定所限制。座位的决定权在于教师。教师根据某种标准决定了学生课桌的位置,同时也决定了学生周围接触的群体即学生的人际关系。对于学生而言,每一个桌椅因为其所处的方位、角度、高度以及周围的人际氛围不同而有着现象学上的深刻差别。学生的桌椅不仅代表学生拥有一定的物理空间,还包含学生对桌椅的特殊感情。坐在前排的学生,时常受到教师的特别关注;教室后面和角落的学生则可以躲开教师的目光,做一些自己喜欢的事情。学生压抑的心情得不到有效的排解,发泄情绪的表现就是在课桌上涂鸦,这导致了教室里课桌文化的兴起,成为童年时期上学经验的一种特别的反叛性记忆。

"空间/权力既是控制性的,同时又是反抗和变革的;既是压迫性的,同时又带来无尽的创造和可能。"(石艳,2009:192)在空间里的人有两种选择:一种是遵守所有的空间规则,接受规训;另一种是反抗,并且展开斗争。这些选择都是对空间规训的回应。学生常用砌书墙来创造属于自己的隐秘空间,而且书墙的高度差不多,学生试图营造出一个可以跨越界限和纪律的区域。"当他们为了能在铁笼内呼吸一些自由的空气而选择以自己的方式建构空间的时候,集聚则成为一种力量生成的方式。"(石艳,2009:205)他们可以在书墙的遮掩下,上课打盹、看课外书、说话等,以获得一种课堂上教师无法给予的快乐感。学生的身体在书墙的掩饰下,暂时放松地与同伴窃窃私语或做鬼脸,此时,课桌不再是成绩的表征和教师规训学生身体的工具,而是学生获得快乐的工具。课桌同时也参与了学生不同的情感体验。学生会因为自己的课桌位置而感到自豪或者自卑,会因为没有课桌而缺乏安全感,会因为与周围的同学交往而产生不同的情感体验。"这可以从一名学生的体验中看出:'一次数学考试我考得很差,被数学老师调到了最后一排。这一排只有一张桌子,就我一个人坐。在这里我才感受到教室的空旷、寂寞、寒冷'。"(朱光明,2006)课桌椅不再是纯粹的物件,它参与了学生的情感建构。课桌椅所建构的空间不仅是物理学上的空间,而且课桌与学生情感的联系会产生一种现象学意义上的空间。

教室空间不是杂乱的观念上的空间,它是一个有管理法则、有内在结构的空间。在这个空间里,所有的方位不是平等的,学生不能通过某种方式擅自变换位置,其中存在权力主体确定的方位、纪律、制度。讲台作为教室里被强制规定的中心,决定了学生的目光所聚集的位置,学生目光聚集反映出讲台至关重要的地位。讲台作为一个具有先验性的教室的中心,所有其他的点位都与它相关,这个中心是普通教育学基本原理建构出来的。显然,学生眼睛所注视的中心,并非教室空间几何学意义上的中心,而是课堂知识的策源地,是应试教育背景下由教室空间话语体系强制界定的中心。

"如果海德格尔说人是被'抛'进世界的,那么其中表达了人与空间的一种完全特定的关系,即被抛出各种关联之外而变成了无所依附、无家可归的人:他被置于空间的任意一个位置上,一个不是由他自己所挑选的、不同于他所寻求的位置上,也就是说被置于一个偶然的地点。"(博尔诺夫,1999:78)学生被家长送进教室,并且被教师安排到相应的课桌旁,对教室空间的一切充满陌生与好奇。教师在学校教会学生慢慢熟悉教室空间、讲规则、守纪律的过程,就是利用空间和教室物件进行教育的过程。空间有教育的功能,空间本身就蕴含着教育学的意义,也可以理解为教室空间的隐性教育功能。学生打扫教室卫生、整理课桌上的资料等都属于学生处理自己与空间关系的范畴。学生真实体验的具有感情色彩的空间,纯粹依靠物理空间(如课桌等物体的合理布置、有序摆放、干净整洁的空间)是不够的。现象学意义上的教室空间应该让学生获得有安全感的心理体验,学生和空间是一体的,空间为学生提供一种归属感。教育主体应该积极营造一种尽可能使学生有归属感的学习氛围,因为空间不是别的,空间本身就是教育。

第三章　学生的奖状及授奖仪式

在社会管理体系中,奖励和惩罚作为两类互相补充的管理手段,从不同层面对人们的价值取向产生影响。学校作为学生个体进入社会的预备性教育机构,不仅需要向学生传授一定的知识,还承担着给予学生正确的社会价值导向的责任。相较于惩罚给学生造成的肉体伤害或精神影响,荣誉评价以一种鼓励为主的温和方式,发挥着学校教育对学生价值引导的作用。学校教育中的荣誉评价体系一般通过系列荣誉称号的授予,对学生给予精神上的嘉奖。荣誉称号被印在奖状上之后,象征性的荣誉被实体化为具象物件,具备了教室物件的标识功能,成了德育物体系的重要表征。

奖状是教室中的重要物件,作为荣誉教化实践的物质中介,它们通常被张贴在教室的后墙上。当前,在我国基础教育领域的升学竞争环境下,学生的能力证明和升学考试成绩同是学业评价的重要标准。奖状作为一种荣誉的证明,成为学生在一定周期内综合能力和学业成绩的标记,具有较权威的参考性。在中小学生的荣誉评价体系中,奖状是荣誉的物件性存在,授奖仪式则是学生荣誉的事件化表征。"仪式是某种难以摆脱的重复性行为——经常是对社会的基本需要而作的某种象征性的戏剧化表演。"(史宗,1995:166)作为一种周期性的集体活动,学校中的仪式具有明显的教育性,向学生传递特定的荣誉价值。奖状和授奖仪式共同建构了荣誉评价体系及其实践方式,是学校对学生进行价值引导的工具,也是管理与教化学生的重要手段。

一、奖状:学生荣誉的物件表征

从物理特征上看,奖状是工业社会复制技术的产物,是一系列荣誉符号的文本载体。纸张的出现为文本叙事和图像叙事提供了广阔的空间,而复制技术则是符号叙事得以大规模传递的前提。意义杂乱的话语代码来自社会生产的各个领域,是与现实环境紧密联系的意义互换符号。通过拼贴、重组和堆砌,话语代码在文本中产生了一致的意义,并赋予了文本新的符号内涵。正如艾柯(Eco)所言,"符号是编码规则引起的暂时性结果,它确立了成分之间的瞬时关系,其中每一成分都有资格介入(在特定的编码环境下)另一种关系,从而构成一种新的符号"(艾柯,1990:56)。奖状正是在文本叙事的过程中,成为荣誉的象征符号。

(一)奖状的基本构成

奖状是兼具功能性和审美性的教育物件。笔者通过对 262 份奖状的符号分析发现,在奖状内部元素的组织结构上,一般由抬头以及文本两部分组成。奖状的抬头,是给予文本命名的一种方式,同时也赋予了文本特定的荣誉内涵。正是由于这一荣誉内涵,作为奖状的纸张获得了更高的待遇:被小心保管、被收藏、被粘贴在墙面上显示价值与地位等。在此意义上,通过书写给予文本新的意义,成为获奖者心中被肯定的证明。奖状文本的内容一般以信件的形式呈现,由获奖者姓名、获奖行动发生的时间或事件、获得何种奖项(或获得何种荣誉称号)、颁奖单位名称、颁奖单位公章、颁奖日期等元素组成。信件是承载个体与个体之间对话与交流的信息媒介,具有私密性。奖状借用信件叙事的方式进行陈述,将获奖者置于叙事语境之中,增强了荣誉授予的现实感。通常奖状文本采取第三人称的表述方式,增强了文本的叙事性,向"读者"呈现了完整的荣誉授予事件。

1.颁奖单位

一般来说,颁奖单位是授奖活动的发起者,同时也是授奖标准的制定者,具有一定的权威性。中小学奖状的颁奖单位一般分为两类:第一类是××学校、××省/市教育行政部门等官方行政体制之下的组织单位,具有较强的国家意志倾向。教育行政部门通过在正式教育体系内部建立奖状授予机制,模拟出一系列"优秀"的学生形象,设立相对应的荣誉称号,传递特定的评价标准。第二类是"××委员会""××协(行)会"等具有社会性质的能力评定机构,具有严密的能力评价标准和鲜明的社会文化导向,通过设立一定的价值标准、传递竞争意识,给予个体的能力以肯定。两类颁奖单位及其奖状特征如表3-1所示。

表 3-1　两类颁奖单位及其奖状特征

行政性质	单位类型	单位组织特征	价值导向	奖项评选目的
官方体系	学校、教育局等	行政性、体制性	官方意志导向	固化荣誉形象
民间组织	委员会、协(行)会等	认同性、主体性	文化意志导向	确定能力等级

通过在各个领域中确立对应的能力评价权威,鼓励学生在正式的学校教育体系之外有更多维度的能力发展。官方的和非官方的颁奖活动,尽管在奖状制度和评价标准上存在一定的差异,并且有其自身的运行逻辑,但始终作为价值导向的手段成为基础教育的重要环节。官方体系与民间组织相辅相成,在学生的成长过程中交织起一张全面评价的网络。两类颁奖单位掌握考试体系之外对学生进行评价的话语权,并通过奖状文本的布局将各自代表的权力渗透到荣誉评价体系之中。颁奖单位一般写在奖状文本的右下角,以单位名称以及印章的形式将庞大的行政体系抽象化为文本符号。颁奖单位是国家机构或民间组织的发言人,而单位名称和印章则成为国家意志或社会价值在奖状文本中的象征。"象征之替代及再现某物之功能,使不在场的某物直接地成为'在场'的。"(高宣扬,2004:97)行政体系将自身符号化为颁奖单位的标识,藏匿在奖状的颁奖单位和印章背后,间接地将其教育理念合法化。

2.获奖者

获奖者是奖状文本的接受者,也是奖状归属的标记。奖状作为一种中介将荣誉传递给个人,同时,也凸显出获奖者的主体性。一般来说,获奖者必须满足奖状中荣誉称号的评选条件,是荣誉称号在现实世界中的表征。荣誉话语经过与身份话语、行为话语的有机结合,创造出一系列的荣誉形象,给予了抽象的荣誉以具体的划分和描述,将个体的"优秀品质"以可见的、可描述的方式确定下来。一系列可见的、可描述的方式,建构出一个虚拟的、符合评价标准的学生形象。这个虚拟的形象并不直接言明,而是经由评价标准在个体心中进行建构,是荣誉称号最合格的获得者。正如有学者所说:"主体选择评级标准的实质,就是在实践基础上形成的众多价值关系中,选择与某种主体需要相联系的价值关系作为评价活动的反映对象。"(陈新汉,1992)获奖者是对这一虚拟的标准学生形象的现实化,通过将学生的行为与评价标准进行不断对比,选出最合适的获奖者。

在常见的奖状文本中,颁奖单位、荣誉名称以及授奖原因以固定的形式呈现在奖状上,具有严谨的、不可更改的权威性。在授奖前,获奖者的名字和授奖日期往往处于空缺的状态。这意味着,获奖者不参与荣誉评价标准确立和奖状书写的过程,而仅仅因为对其某一共时性行为的评价被纳入奖状颁发的客体范围。在一定程度上,获奖者无限靠近荣誉称号完美的虚拟形象,并成为学生群体中的模范。在学校教育过程中,获奖者由于在各方面的出色表现,很轻易地能与教育工作者达成共识。获奖者不仅是学生群体中的模范"标杆",还是教师眼中的"好学生",以及教师权威形象的代言人。这类"好孩子"成为学生群体中被命名的、事实存在的"他者",为学生自我认知和个体发展提供了标准的镜像。"'好孩子'对儿童起着重要的监督作用"(袁宗金,2005),群体中的"好孩子"起着模范的作用,在无秩序的群体中插入了无声的行动模板,在不经意间提醒着学生进步的方向。

3.荣誉称号

在一定程度上,荣誉称号是奖状存在的意义。作为荣誉象征的物态中介,奖状文本中最重要的内容是荣誉称号。颁奖单位授予奖状的直接目的是授予荣誉称号。这意味着,奖状实际上是荣誉称号的文本载体,承载了将荣誉实体化和形式化的使命。通过标明奖状的主体和客体以及其中的荣誉称号,在文本中呈现出颁奖单位与获奖者之间的共识——对荣誉称号评价标准的一致性认同。颁奖单位和获奖者达成了共识,在奖状文本中遵守一致的荣誉评定标准,奖状成为两者在荣誉评价体系中价值共识的形式化物件。通过各类荣誉称号的授予,"优秀学生"成为一种标签。当前中小学校越来越丰富的奖状形式,不仅顺应了教育评价多元化的主旋律,还成为颁奖单位和获奖者在多个维度相互迎合的证明。

实际上,奖状中的荣誉话语并非教育体系的产物,而是与社会生产生活息息相关的。在构词法上,荣誉称号一般采用两类词语并列的形式。一类是作为评价的维度凸显荣誉称号的荣誉性,如"标兵""最美""优秀"等,这些词语并非完全来自教育场域,而是社会各类行业评价在学生荣誉评价体系中的应用。通过一种正面评价的话语彰显荣誉的稀缺性,激发学生对获得荣誉称号的激情。另一类词语是对学生身份的表明以及对荣誉称号本身的标准限定,如"××学生""××少年""××班干部"等身份话语,或是"学习××""助人××""道德××"等行为层面的标准话语。学生荣誉称号的话语构成主要表现在类型、内容及话语功能三个方面(见表 3-2)。身份话语直观地对荣誉评价进行身份上的限定,标记了荣誉评价群体的同时又体现出获奖者在同质化群体中的特殊性。行为话语则通过对学生在一定评价周期内的行为的标记,将优秀个体的品质具体化,并在荣誉称号中进行直观表达。

表 3-2　荣誉称号的话语构成

类型		内容	话语功能
荣誉话语		"标兵""十佳""最美""优秀""模范""杰出""先进""星级"等	评价体系的模板
非荣誉话语	身份话语	"少年""学生""班干部""少先队员"等	荣誉评价作用的对象
	行为话语	"学习""助人""品德""运动""读书"等	荣誉评价的标准

(二)奖状的图像

奖状中不仅有文字的组合,还堆叠了一系列图像作为奖状的背景。穆尼尔(Munier)曾指出,图像以一种普遍的、具有强大暗示作用的方式来代替书写形式(韩丛耀,2011)。这意味着,图像是一种视觉书写形式,它来自现实,却又成为现实的抽象表达,以符码的方式进行意义的传递。从符号学角度来看,图像可以被称为一种由制造出所谓相似性的表象方式而构成的符号系统。图像与现实相似,"是结构性符码的建构,它模仿甚至重复某些物质的外在特征"(韩丛耀,2015)。正是由于图像与现实的相似性,社会文化和现实场景在图像叙事中得以表达。奖状的背景图像并非对社会场景的直接截取,而是社会文化在文本上的缩影。图像的"相似性"构成了图像作为社会文化象征的基础,也构成了文化共识社会中某种评价标准的基础。"象征成为最精致的社会文化代码,社会最高维度的显示毫无疑问就是一种象征。"(韩丛耀,2015)象征性图像成为社会文化共识的视觉表达,成为意义共享的图像符码。

在奖状的背景中,社会文化实践中的对象物被缩放和改造,并在同一平面内进行元素的拼贴。背景中的图案元素来自社会生产生活中的具象景观,是人类进行社会文化日常实践的对象物。作为一种隐喻符号,图像呈现的并不完全是对象物本身,"而是将三维或是多维的空间纳入二维平面进行表现"(赵宪章,2012)。跨越了空间和时间的对象物在奖状背景中交叉呈现,通过意义的交织和互文传递直观的符码信息,使画面整体成为社会文化的象征。各个独特的图像元素的能指在奖状背景中堆叠,在文本层面上进行能指的交叉和互文。元素的所指意义正是在各元素的流动融合过程中确定自身。图像元素成为奖状背景的符号学象征,传递着与现实世界相关的深层信息。换言之,不同元素之间交叉性的所指建构了整体图像的所指。

1. 颜色

红色在中国色彩民俗史上一直都具有特别的象征意义。红色具有强烈的视觉冲击力,在传统色系文化中具有广泛的审美认同。无论是古代还是现代,红色在视觉审美以及话语表征方面,都具有特殊的意义。历史上,红色表示喜庆、成功、幸福、热闹,在重大节庆日等场合被大量使用,并由此衍生出红火、红娘、红旗等耳熟能详的语词表达形式。在现代社会中,红色被赋予了新的内涵,象征着革命、政权、旗帜、军队、太阳等。1953 年,董希文等创作了著名的油画《开国大典》,以政治化和大众化的审美为导向,将红色作为主色调,为了突出节日的活泼和欢快,红旗、红毯、红灯笼等红色元素在庆典现场占据了重要位置。在艺术观念的发展中，"红、光、亮"的艺术形式在一段时期主导着人们的主流审美，红色的热烈与喜庆的寓意在政治诉求面前退隐，但依然有着烘托气氛的功能。特定的文化情境决定了特殊的视觉审美倾向，鲜艳明亮的色彩被视作欢乐美满的象征，同时也是激情岁月里超现实的情感表达。

通过对奖状图像的直接观察可以发现，奖状的主色调一般是红色和黄色，其中，红色和黄色一般作为奖状图像的背景色，在文本中占有较大的面积，决定了奖状文本的直观视觉印象。如图 3-1 所示，当前广泛使用的奖状在背景颜色的呈现上，采取四周红色（底色），中间渐变为黄色的形式，与"红、光、亮"的艺术形式具有一定的相似性。革命理想主义催生出的艺术形式向人们展现了一个个红色神话，使艺术作品成为理想的、完美的"乌托邦"乐园。奖状背景中红黄两色的运用，赋予了文本浪漫主义色彩，打开了文本中的"乌托邦"入口。颜色组合的所指意义再次确定了奖状和荣誉的权威性，并连同荣誉称号等话语元素一起，将荣誉本身推向神圣化。除了背景颜色，红色帷幕、红色印章等奖状文本中的图像元素也与背景形成了呼应，增添了奖状的权威感与肃穆性。

图 3-1　奖状模板

2.典型图像

国家旗帜是国家形象的重要象征，并在教育文本和教育物件中反复出现。国家旗帜的形象在奖状图像的发展过程中逐渐演化出了各式各样的红色布帛元素,作为奖状文本中的醒目装饰(见图 3-2 和图 3-3)。虽然并不是以国家旗帜的形象在文本中出现,但红色布帛元素作为庄严的象征依然传递着意义。国家旗帜不再以其现实形象宣告一种权威,而是通过艺术化的表现手法,主导了奖状的审美旨趣。在奖状文化的发展中,艺术化的表现手法将红色布帛元素分为红色旗帜、红色丝带、红色花朵和红色幕布等四类。

图 3-2　1957 年的奖状中的布帛元素　　图 3-3　1958 年的奖状中的布帛元素

　　红色是国家旗帜的重要元素,也是宏观教育权力在奖状中的潜在表达。红色帷幕则是奖状文本另一种社会特性的隐性表达。作为旗帜的另一种变形,平面化的帷幕赋予了颁奖舞台新的形象。在舞台活动中,幕布拉开,舞台上的内容呈现在观众眼前。在奖状文本中,呈现在大众面前的则是奖状的文字内容——信件形式的书写。私密性的信件形式和极具公开化的帷幕在奖状文本上产生了逻辑上的冲突,激发了观看者对于获奖者的关注和好奇。除此之外,红色的花朵和丝带都是奖状文本常用的装饰元素。当前的奖状图案形制保留了奖状文本顶端正中心的图案装饰,用更具观赏性和艺术性的红色花朵代替旗帜和帷幕(见图 3-4),甚至还出现了更为抽象的雕花形式(见图 3-5)。用以指代国家形象的装饰被逐渐替换成了图腾样式的雕花装饰,将幸福、荣耀、美好的寓意在奖状文本中反复强调。奖状业已成为美好祝愿和理想化荣耀的象征,成为一种书写的神话。红色花朵和丝带在我国传统文化中多用于喜庆的场合,与四周的雕花和中间的牌匾共同构成了"乌托邦"式的荣誉"舞台",赋予获奖者的登场和荣誉授予事件神圣的光环,同时也传递着特定的教育美学的趣味。

图 3-4　1987 年奖状文本中的红色花朵

图 3-5　2014 年奖状文本中的雕花装饰

（三）奖状符码的变迁

奖状的符号元素与社会文化息息相关。通过梳理 70 年来学生荣誉称号的变化，探索学生荣誉话语的源头，在一定程度上可以窥见我国的社会发展进程，折射出人才培养目标和方式的转变。20 世纪 50 年代至 70 年代的学生荣誉称号遵循一般的单项评价的原则，以"三好学生"或是"学习标兵"评价为主，与大力发展工农业生产的大环境相适应。20 世纪 80 年代之后，随着教育评价的多元化，学生的荣誉称号也呈现多元化的状态，在早期较为单一的荣誉评价体系中加入了其他的荣誉称号，从多个维度、视角对学生的能力水平进行标记。经济社会的发展改变了人们的生活，同时也改变了奖状文本中的符号要素结构。奖状的图像要素愈加倾向于对国家形象的展示，成为国家建设成果的宣传窗口。21 世纪以来，国家越来越重视对文化价值的引导和文化输出，这意味着国家层面的官方话语成为学生荣誉话语转向的新趋势。同时，对学生个性化教育以及素质教育的强调，使学生荣誉的授予不再局限于特定的颁奖单位。各式各样的能力认定证书、竞赛类奖状以及竞技类奖状的颁发成为原有奖状授予的补充。相应地,奖状的形制也不再局限于奖状模板的统一标准,而是通过个性化的审美对奖状的图像元素进行改造。不同形式与形制的奖状是社会多元化发展的有力证明。

1.文字符号

"三好学生"是中华人民共和国成立以来出现最早的荣誉称号之一,也是当前中小学荣誉评价体系中应用最广泛的称号之一。三好学生中的"三好"一般指德、智、体三个方面。"三好"的使用最初来自毛泽东同志在针对青年工作时发表的讲话:"我给青年们讲几句话:一、祝贺他们身体好;二、祝贺他们学习好;三、祝贺他们工作好。"(中共中央文献研究室,1999:277)1957年,新的教育方针出台,对德智体的大力提倡使三好学生的内涵发生转向。1982年5月5日公布的《教育部、共青团中央关于在中学生中评选三好学生的试行办法》规定,三好学生应该具备以下条件:思想品德好、学习好、身体好。对青年"三好"的祝愿被引入学校教育,并赋予其新的价值内涵,使全国上下开展起三好学生的评比工作。"三好"之风由此盛行。

20世纪六七十年代,随着大生产模式的推行,全国各个行业为了鼓励民众加大生产,发起了"××标兵"和"先进××"的评选。"标兵"一词的本义为形容阅兵场上标明界限的士兵,泛指群众集会中用来标志某种界限的人,后被用来比喻作为学习榜样的个人或单位。"先进"一词指进步快、水平高、可以作为学习榜样的个人或集体。不难发现,此时的荣誉话语具有一定的标杆隐喻,同时也是对集体行为进行规范的象征。在大生产模式下,对生产效率的追求促使各个集体内部发起"标兵""先进"的评选,通过建立特定导向的荣誉追逐机制,激发群众对生产的热情。与此同时,学校教育中对生产的热情使三好学生式的评价逐渐淡化,工业生产评价中的荣誉称号有机会进入教育评价体系,将工业生产的精神引入校园。"标兵""先进"之类具有明确行为判断标准的荣誉称号成为学校荣誉授予体系中的新词语。通过对词语的再造和改组,"学习标兵""劳动标兵""先进个人"等荣誉称号成为常态化的学校荣誉称号。学校荣誉授予体系引入工业生产话语逻辑,将学生的荣誉评价制度与工农兵的荣誉评价制度相对接,形成了一以贯之的荣誉命名方式。

改革开放以后，随着社会生产方式的变革，荣誉的命名方式发生了很大的变化。在学校教育领域，学生荣誉授予体系中有限的"荣誉称号"使荣誉的评价过程越来越慎重，对学生的要求也越来越严苛。无论是"三好学生"的模式化称谓，还是"标兵""先进"的标准化措辞，都旨在对学生一段时间的学习结果进行评定，这在一定程度上忽略了对学生的形成性评价。并且，终结性评价在无形中对学生进行了合格与不合格的二元化区分，直接导致学生自我身份认同的固化，不利于学生的可持续性发展。随着教育评价理念的转变，早期的荣誉评价制度逐渐被形成性的、多元化的评价制度取代。这就意味着，学校需要更多的"荣誉称号"来满足对学生的多维度评价。在原有的概念化"荣誉称号"的基础上，吸收现代企业中的荣誉命名方式，将"荣誉称号"的命名范围不断扩大。"最佳××""十佳××""优秀××"等荣誉命名的方式，是现代企业对员工或部门的激励性话语，用于企业对员工或部门业绩的考核，以区隔化的方式鼓励员工或部门提升业绩。同样的荣誉授予逻辑作用在学生评价体系中，缓和了学生"荣誉称号"的稀缺现状，形成了一系列新的荣誉命名方式。多维度"荣誉称号"的引入使荣誉授予的层面愈加丰富，扩大了荣誉授予的对象范围，打破了以学业为核心的终结性评价的单一局面。学校评价话语还通过借鉴"星级"式的企业荣誉授予话语，或者"××之星"模式的娱乐性评价话语，在"三好学生"之外塑造与之相似的荣誉概念。这些新兴的荣誉形象不再偏重于对学生进行高标准的学业评价，而是通过对学生的某一方面专长的考量，授予其相对应的荣誉，目的在于鼓励学生的个性发展。

然而，大量的来自企业或行业的荣誉话语和多层次的荣誉授予逻辑模糊了传统的"三好学生"形象，淡化了学校荣誉评价促进学生发展的功能。实际上，"最佳"并非只有一个，"十佳"有时候也不止十个。学校往往通过荣誉数量化的命名方式，维持荣誉的权威性。对社会其他机构荣誉命名方式的引入，使学生荣誉评价体系不仅局限于少部分优秀学生，荣誉称号的受众范围得到了极大的扩展，评价的类型也愈加丰富。荣誉授予逐渐走向了泛滥，失去了权威性与价值引领的功能，从某种程度上说，"中小学荣誉称号数量之多、规模之大，以至于到了一种无序和混乱的状态"（谢维和，2009）。

随着荣誉称号的权威性被质疑,学校教育开始重视规范"荣誉称号"的使用。一方面,确立了严格的、正式的荣誉评价标准;另一方面,通过引入国家荣誉评价体系中的各种称号,提高学校教育中荣誉称号的权威性。21世纪以来,国家在原有的"十大杰出青年""全国劳动模范"的基础上衍生出了"道德模范""感动中国"等全民性的荣誉授予方式,在国家荣誉评价体系中扩大了荣誉评选的规模,拓宽了荣誉授予的维度。电视、网络的广泛普及使信息的接收愈加便利,大众对于社会事件的参与度也越来越高。2011年"最美妈妈"吴菊萍事件之后,一系列"最美人物"成为公众称赞、媒体宣传的正面形象。"'最美+×'是表达说话人主观认识、评价的主观性构式,所表达的是一种高度的社会认同义和极度评价义。"(刘丹,陈一,2014)"最美"已经成为一种社会现象,成为大众化的荣誉称号和价值取向。"最美××""××模范""杰出××"等荣誉话语,旨在对社会上做出高尚道德行为的个体授予荣誉称号,宣传公众甚至国家认可并且倡导的行为和特质。中小学荣誉评价体系为了确立其荣誉的权威性,引入了国家话语体系中的"最美××""××模范""杰出××"等称号,并进行特定的概念重组,如"最美中(小)学生""道德模范""杰出少年"等,给予获奖者强烈的时代感和自豪感。这一系列的荣誉称号明确了荣誉的稀缺性,将荣誉表达与国家话语相黏合,形成特定的价值认知。学校荣誉的授予在与时俱进的概念更新过程中,与国家荣誉评价体系融为一体,是国家荣誉授予制度在学校教育中的践行。学校荣誉评价体系通过与国家荣誉评价体系相对接,形成了学生荣誉授予特定的时代逻辑。

除此之外,对素质教育的重视促使更多家长将各类特长的发展纳入学生的形成性评价体系,使各类特长的认定也成为荣誉称号措辞的一部分。学生通过参加各级各类与学科相关的竞赛,如奥数竞赛、体艺比赛、物理竞赛等,或参加某类特长、技能竞赛取得一定的荣誉。此类荣誉的颁奖单位大多是学校教育体系之外的、在各自领域具有一定影响力的社会组织或部门,甚至有某些较高层次的学科竞赛授予的荣誉的权威性远高于学校评价体系所授予的荣誉,并成为部分学生升学时的符号资本。学校在进行升学考核时,对此类荣誉称号进行单独考量,并作为"优秀学生"的划分标准。各级各类的荣誉称号评选在学生的社会行动范围内搭建起完整的荣誉称号体系，成为学生考试评价之外的能力证明。多维度的荣誉评价所承载的不只是对学生多方面发展的希冀，更是作为学生升学的资本被囊括进学业发展的体系之中。"这种教育符号的功能在一定程度上已超越了有限的范围，而得到了不太正常的放大和变形。"(谢维和，2009)无论是"三好""标兵""先进"等工农业生产领域的荣誉，还是现代企业中"甲等""优秀""星级"等荣誉，或者是作为国家荣誉评价体系组成部分的"模范""最佳""最美"等，在措辞方式上都呈现出特定行动标准的建构和榜样式的价值引导。

2. 图像符号

中华人民共和国成立初期的奖状还没有形成规范、成熟的图式，并没有在教育过程中发挥特别重要的作用。奖状的功能更多的是对社会生产建设过程中有突出表现的个体给予肯定、鼓励，在生产建设过程中树立标杆和榜样，如"生产标兵""五好战士"等。这些奖状的评价标准既直接来自生产生活，也直接运用于生产生活。这也意味着，奖状图像作为社会文化共识的微观象征，在一定程度上成为社会主流话语和文化发展阶段的直观表达。

中华人民共和国成立之后，人们从战火纷飞的年代走向了安宁祥和的年代，温饱成为人们的头等大事，同时也是社会发展需首要解决的问题。在一张1953年颁发的奖状(见图 3-6)中，可以发现，象征着农业发展和丰收喜悦的麦穗与红色丝带交织在一起，暗示了特定时代环境下社会生产的主旋律。绿色的麦苗和金黄的麦穗簇拥着领导人头像，编织成一顶特殊的桂冠，在庄严肃穆中提醒着人们时代赋予的任务。中华人民共和国成立初期的十年，农业和工业是我国经济发展的重心，镰刀和锤头也成为人们幸福生活和国家政权的象征。这一社会现实在 1960 年的奖状中有明显的呈现(见图 3-7)。旗帜、麦穗和齿轮在奖状文本中代表了国家意志、农业发展和工业发展的交叉，是这一时期工农业生产话语的文本证明。奖状文本顶端和底部的元素相互呼应，齿轮和麦穗的象征表达，将工农联合、发展社会主义的政治文化普及为大众共识。可以说，奖状成为一种社会价值导向的媒介。公共评价系统通过艺术的手段将社会主流文化的价值观融入文本符号，培养民众的社会文化审美取向，进而获得强大的社会意识形态的凝聚力。

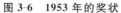

图 3-6　1953 年的奖状　　　　　图 3-7　1960 年的奖状

　　改革开放政策的实施是我国经济和社会文化发展的分水岭,其涉及的所有社会文化表达形式都发生了较为明显的变化。改革开放之后的奖状背景不再那么"接地气",取而代之的是各种科技类的符号。在 1986 年的奖状(见图 3-8)中,可以看到奖状的四周绘有图案,这些图案实际上是我国取得的各类科技的先进成果,如卫星发射、海底声呐探测、原子弹研制成功等。并且,在奖状的左右下角,分别绘制着机械化冶金和科研化农业的图案,将我国传统的工农业发展模式推翻,并以科技化的形式进行呈现。在 1991 年的奖状(见图 3-9)中,平面化的抽象符号被生动的图像所替代。两侧绘制的图像以艺术的手法呈现了卫星发射的过程和原子弹爆炸的场景,还展示了各类先进的军事器械。科学的发展和进步成为 20 世纪 90 年代社会的集体狂欢。奖状文本则成为宣传新的科学技术以及强大的国家实力的窗口。通过在奖状中塑造出来的更加现代化的国家形象,暗示着人们迈入更加现代化的社会,接受科技化的生活。同时,这也暗示着社会榜样的标准从"接地气"的工农生产者转向了具备一定科研素质的新时代高科技人才。

图 3-8　1986 年的奖状　　　　　图 3-9　1991 年的奖状

进入 21 世纪,奖状背景已经不再丰富多彩。大部分的奖状采用简单的纯色背景或黄红渐变色背景,其图像组成元素也是统一的雕花和红色花纹。但是,由于各类校外技能认定机构的兴起,奖状出现了各式各样的变形,如技能证书、资格认定书等。奖状的形式也引用了国外的证书形式,以简洁的花纹或纯色为背景,以确保奖状文本内容的突出显示(见图 3-10 和图 3-11)。

图 3-10　2004 年的获奖证书　　　　图 3-11　2015 年的获奖证书

然而,部分学校里以学生为授奖主体的奖状则赋予了奖状文本更具个性和艺术性的表达(见图 3-12)。从社会主流价值的规训工具到国家高科技成果的宣传窗口,再到 21 世纪图像符号中权力话语的隐匿,奖状背景承载了社会发展过程中对培养目标的期待,承载了对公众德育和国家公信力的期待,同时也承载了社会发展过程中主流文化的艺术取向。

图 3-12　学生作为授奖主体制作的奖状

(四)奖状符码变迁的动力

"符码就是存在于社会传播网络中的意义解构,它为受众提供了一种认知模式。"(冯月季,2017)而作为一种连接意义和符号学形式的转换机制,符码揭示了"这样一种系统怎么才能传达另一类系统的所有或若干成分,而后者在某种程度上又与前者相联系(反之亦然)"(艾柯,1990:43)。换言之,符码是依托于使用者所在的共同文化背景进行符号意义传递的中介。奖状符码正是作为这样一种意义传递的载体,将社会文化在语言符号和图像符号的交叉能指中进行表达,传递了具有一定国家意志和时代特征的荣誉观和价值观。显然,符码的使用必须依赖使用者共同的文化背景,这也意味着,符码的存在依靠一个特定的文化语境。这一文化语境是社会文本意义生成的符号集合,是文本建构过程中所依赖的群体文化共识。奖状符码的意义传递也必须依赖特定的文化语境。奖状在文化语境中吸收符号意义,并通过符码的转换规则向群众传递符号意义。在此过程中,社会实践的对象物,甚至是社会文化都成为奖状符码意义建构的土壤,社会生活中的一切要素都能成为符号意义堆叠的选择。

奖状文本不仅是对优秀学生的鼓励,还蕴含着特定时代培养体系对于学生成长的期待,同时也是社会文化和价值输出的窗口,具有明显的时代印记和意识形态导向。奖状文本是时代价值摹写的对象,是历时性的协同行为进行书写的结果,是历史的忠实记录者。奖状文本的特殊意义决定了必须选择具备强烈时代特征的符号进行文本化组合,形成时代文化的镜像。时代的变化、经济的发展程度、国家政策的变化,甚至是人民生活方式的转变都是奖状符码发生变化的动力,但是究其根本,是社会权力体制在奖状文本中的表达。奖状不仅是荣誉授予的纸质化物件,更是评价机构与获奖个体之间对话的窗口,是进行群体德育的工具。奖状文本中被精心挑选出来的文化符号,随着不同社会发展时期对"接班人"要求的变化而变化。工农业生产时期的麦穗、齿轮等生产力的象征符号与"标兵""先进"等语言符号的结合,使生产效率成为社会生活的核心词汇,也呈现出了教育体系对于新一代"接班人"的期待——工农业的生产者。奖状符码的价值指向与社会的发展模式构成解释学的循环,使生产者的形象以及阶级价值的再生产深入人心。改革开放作为我国社会政治转向的时间节点,打破了这种符号解释学的循环。各式各样的高科技成果和宽松的经济环境促使人们的生产生活方式发生转变,对于高科技人才的需求越来越大。麦穗和齿轮已经不能精确指称国家的意识形态,劳动者作为培养对象也不再能涵括学校教育的培养目标。经济话语和现代化符号大量涌入学校教育体系,推动着教育目标从"劳动者"到"建设者"再到新时代"消费者"的渐进转向。21 世纪以来,网络社会的发展促使大量信息被广泛呈现在人们面前,个体的发展有了更多的可能性。在个性化的奖状面前,政治文化的符码在奖状文本中悄悄退隐。学校教育的培养目标转向为培养个性化的社会个体,同时也将奖状文本的部分设计权转交给学校甚至学生。奖状文本中权力符号的退隐以及学生主体性的发展使奖状文本中荣誉的权威性下降,各式各样的涂鸦式奖状和嬉戏式奖状构成了隐藏在学校荣誉评价体系之外的奖状亚文化。

二、授奖仪式及荣誉的事件化

荣誉的意义是通过公共场合和公开表演形成的。奖状作为荣誉信息的载体,必须遵守荣誉发挥的作用逻辑,在荣誉授予的公开表演中完成其价值传播。正如美国学者克劳斯(Krause)所说,"公共荣誉是奖赏优秀者的。它们令(在世的)受誉者感到愉悦,并且对其他人也有好处,向他们展示更高的标准并提供追求高标准的动力"(克劳斯,2015:8)。学生荣誉授奖仪式就成为荣誉叙事的最佳手段,成为荣誉奖赏的公开性证明。

(一)授奖仪式的一般流程

笔者在授奖仪式的非参与性观察中发现,当前的中小学授奖仪式大多与两类活动相结合:一类是与元旦汇演、国庆汇演等文娱性的活动相结合,将授奖仪式作为一个环节穿插在颁奖典礼之中;另一类是与开学式或散学式相结合,利用学期开始或结束的时间节点,放大授奖仪式的价值导向功能。无论是哪一类活动,目的都在于以大型集会的方式,扩大荣誉授予的影响,使学生产生一定的价值共鸣。

在仪式开始之前,学生和参会嘉宾入场,仪式空间呈现出无序的状态。仪式场所内不间断地播放着背景音乐,烘托授奖仪式的氛围,同时也掩盖了各式各样的交谈声。当背景音乐戛然而止,主持人在台上站定,仪式现场嘈乱的交谈声也随之停止。主持人成为唯一的声源和视觉中心,面对面地向台下的学生传递着信息。伴随着主持人的登场,授奖活动正式开始。主持人以文学性的话语方式,介绍了授奖仪式举行的目的,表达了对过去的总结和对未来的展望,利用话语的承接和转折开启议程。主持人用抑扬顿挫的语调对主持词进行修辞化处理,拉开了仪式现场富于艺术性的声音表演的序幕。在开学式和散学式中,主持人会引导学生进行升旗仪式,使仪式现场的气氛严肃化。利用升国旗、奏国歌的方式,学校将对"接班人"的品德培养和学生荣誉称号的授予在行动上统一起来。文娱性质的颁奖典礼则是直接进入下一个流程——介绍参会嘉宾。在主持人的介绍下,参会嘉宾起身,面向学生群体,挥手示意,并伴随着学生的鼓掌声落座。主持人的言说和嘉宾的行动相互配合进行权力展示。在介绍完众多嘉宾后,主持人通过"以热烈的掌声欢迎各位的到来"等套话引领学生鼓掌,凸显嘉宾的权威性身份。紧接着,主持人邀请校领导致辞。致辞的内容一般包括对学校德育理念的解读、对过去成绩的感言以及对学生的寄语等内容。

校领导致辞结束后,主持人开始宣读获奖名单。主持人的话语引导成为授奖仪式行动的声音指令。在舞台侧边列队等待入场的学生有秩序地在台上一字排开,面朝台下。通过对获奖者的展示,校领导致辞中所描述的"接班人"形象被具象化为学生个体,成为学生行动的实体参照物。在获奖学生站定之后,颁奖嘉宾在礼仪的引导下依次登台。颁奖嘉宾背对着台下,与获奖学生相向而立,礼仪人员则站在颁奖嘉宾右侧。伴随着激昂的背景音乐,颁奖嘉宾从礼仪人员手中拿过奖状,授予获奖学生,并与获奖学生握手致意。授予环节结束后,礼仪人员退场。颁奖嘉宾转身面向台下,面向学生群体,与获奖学生站成一排合影留念。从相向而立到共同面向台下,授奖嘉宾与获奖学生相对位置的变化,将获奖学生的身份转变过程在空间上进行呈现。获奖学生手持奖状置于胸前,向观众展示奖状的正面。颁奖嘉宾、获奖学生、奖状和仪式现场的背景,在照片中被平面化地拼贴,但真实记录着授奖仪式的过程。合影结束后,颁奖嘉宾和获奖学生有秩序地退场。同时,主持人再次通过"以热烈的掌声祝贺获奖者"等套话向台下的学生发出鼓掌的讯息,全场为获奖学生欢呼喝彩。主持人富于节奏的声音、学生鼓掌的声音以及仪式现场激昂的背景音乐,塑造了学校荣誉系统的权威,也烘托了颁奖嘉宾和获奖学生在授奖仪式中的光辉形象。

(二)时间制度

一般来说,学校的仪式活动具有一定的周期,如一周一次的升旗仪式、每月定期召开的班会、每年开学都要举行的开学典礼等。不同的仪式活动在其自身的周期内循环,共同建构了校园的仪式文化。涂尔干曾经在《宗教生活的基本形式》中谈道:"仪式是在集合群体中产生的行为方式,它们必定要激发、维持或者重塑群体中的某些心理状态。"(涂尔干,1999:11)定期举行的校园仪式对校历时间进行拆分,设定关键的时间节点并以制度化的表格形式固定下来,从而周期性地激发、维持学生群体特定的价值观念。授奖仪式作为校园仪式的一种,成为学校德育的重要环节。在学校的仪式活动中,授奖仪式一般与荣誉评价活动具有同样的周期。中小学一般将学期作为授奖仪式和荣誉评价活动的周期,以学期之初作为新的评价周期的开始,而以学期之末作为一次评价周期的结束。学期的时间制度将期末考试、荣誉评价、授奖仪式牢牢串联在一起,并具有逻辑上的连贯性。然而,对于荣誉仪式本身来说,其效用不限于仪式场合,"在仪式上展示的一切,也渗透在非仪式性行为和心理中",并将"价值和意义赋予那些操演者的全部生活"(康纳顿,2000:50)。授奖仪式是评价制度的结果呈现,其反映的是评价周期内学生的行为表现。这就意味着,授奖仪式不仅以周期的方式对学生进行评价,还将其暗含的价值体系拆解到日常生活之中。授奖仪式对学生在身体层面和精神层面都能发挥作用,指导着个体生活的意义。

在授奖仪式和评价体系的共同作用下,荣誉观念渗透进学生的日常生活,评价的规则成为学生在校生活的行为标准。可以说,授奖仪式正是在学生的日常行为中被建构和呈现的。授奖仪式和学生之间在评价体系的作用下构成了意义的互文。授奖仪式本身不仅是荣誉的展示和放大，更是学校秩序良性运转的基础。所有对学校秩序的遵守、判断和监督都是在避免惩戒的基础上，围绕着授奖仪式（或者说是授奖仪式所承载的荣誉）展开的。进而言之，如果说走进授奖仪式是一种生活目标，那么授奖仪式所期待的教育价值也就成为日常生活实践本身。在这个意义上，授奖仪式不仅是周期性的活动安排，而且还通过持续性在场的方式渗透进学生的行动、沟通、交流、规范等一系列日常生活之中，成为学生对日常生活反思的参照系。正如吉登斯（Giddens）所说："行动是一个持续不断的过程，是一种流。在这个过程中，行动者维持着对自己的反思性监控。"（吉登斯，1998：70）授奖仪式借用评价体系的杠杆将荣誉意识拆解成日常生活中的实践网格，建构了学生日常交往的行动流。这一过程促使学生在特定评价周期内严格地对自身进行反思性监控，并不断调整自身行为以达成特定的荣誉期待。

荣誉评选的长时段在学校例行化生活中被拆分成一个个时间单元，精确到学生的日常生活之中。学生每天必做的家庭作业、每周进行的文明检查、每月举行的月考、每学期的期中与期末的考试以及每年特定时间开展的各类比赛和评比，都是利用时间的周期性配置将学校活动例行化，形成一个完备的考查与监督网络，对学生的能力和行为进行监控和引导。从周期性、长时段到具体性、短时段的分解，使荣誉授予的观念深入学生的实践意识，并在持续性的行动流中成为学生在校活动的自觉行为。所以，对学生的荣誉授予并不只是荣誉称号的评选与颁奖的时刻，而是在学生建构性的社会交往中不断被细化，成为例行化的日常生活的组成部分。授奖仪式的作用已经不局限于其行动的共时性特征，而是在时间维度上被不断分割、不断细化，从而将荣誉的观念深深融入学生的行动。换言之，细化了的荣誉符号在不断重复的实践行动中进行意义的叠加，形成一种关于"得奖"的文化观念，"成为一种习俗，甚至成为一种集体的无意识和群体的一种精神与心理"（李红真，2008）。

(三)空间布局

大到"感动中国""全国劳动模范"等具有全国影响力的授奖仪式,小到学校、班级中的授奖仪式,都具有相似的空间布局。授奖仪式在其空间组成上与舞台类似,大致被分为两块——台上和台下,分别对应着参与授奖仪式的两类群体。"仪式行为是非实用的、非常态的表现性行为,而与这种表现性特征相应的,则是仪式行为的表演性特征。"(薛艺兵,2003a)授奖仪式的空间布局提供了可供表演的"舞台"和可供观赏的"观众席"。"表演者"和"观众"被严格的区分,并构成了一种呼应的状态。这样的空间布局确定了授奖仪式的参与者需要在相应的位置上履行各自的职能,并在整体性上确保授奖仪式的完美呈现。"观众"与"表演者"互相观看,互相监督。除了二元划分的空间布局,学校授奖仪式在装饰元素上也具有一定的特征。奖状文本通过符号的象征性将荣誉神圣化,而授奖仪式则是利用其空间布局,将荣誉的神圣化推向极致。标志性的横幅、背景图像甚至帷幕等奖状中的背景要素被现实化,奖状文本与授奖仪式构成了形式上的统一。仪式中的形式被简化和变形,"神坛"被抽象成从台下到台上的阶梯,荣誉被置于"神坛"之上,以神圣的姿态显示着它的庄严和权威。

朗格(Langer)认为,"剧场通过给予观众情感上的冲击和一种先验性、高度统一的幻象,对观众进行征服和改造"(朗格,1986:462)。而授奖仪式则仿照剧场的空间结构,利用视觉上的直观感受,向学生传递特殊的荣誉情感。"不同的空间安排,不仅设置了不同的姿势上的行为系统和表演语境,而且也建构了师生之间、学生之间在情感、注意、知觉等心理认同上的不同联结状态,规定了人在空间中的不同自由与享受权利的可能性。"(李政涛,2006:58)换言之,学校授奖仪式的空间成为一种生成性的空间,成为表演和观看的一部分,成为影响个人生成和发展的要素,成为一种教育形式和教育资源。无论学生处于台上还是台下,都必须遵守这一空间位置的规则和要求,以特定的身体姿态和行为方式将自身与授奖仪式场景相融合。台上和台下的空间距离满足了授奖仪式本身的审美要求,但与此同时,通过空间位置的不对等,在个体心理距离的投射中,造就"表演者"和"观看者"之间关系的不对等。一般来说,相较于观众席,舞台的布置在空间位置上更高一些,也更加精致,这就要求观看者以仰视的姿态参与授奖仪式的过程。通过空间的布置,舞台传递了"上位者"的概念,并连同舞台上的人员以及荣誉元素一起,被置于中心的地位。

除了空间位置的不平等对观看者提出的姿态要求,观看者的身体姿态也被强加了一种纪律性。台下的学生群体与仪式"舞台"构成直线型的空间排列,学生的身体被强制性地以一种笔直站立的姿势固定下来,以一种军事化的姿态在操场上整齐划一地行动。这与教室空间法则如出一辙,将学校秩序从课堂内延续到课堂外,并逐渐内化成为学生身体姿态的自主实践。在课堂之外的学校仪式中,身体代替课桌成了更加直接的纪律管理工具。在一定程度上,学生的身体被物化了,成为行政编码的对象。统一的直立姿势保证了仪式的舞台始终位于学生的目光中心,同时也通过军事化的排列塑造了仪式舞台的纪律性权威。授奖仪式的空间制度为荣誉信息的输出与接受提供了便利。

实际上,"表演者"和"观众"之间并非不可转换的二元关系。在空间布局中,台上和台下大多以台阶相连,意味着受奖者和其他学生之间具有相互沟通的渠道。受奖者需要从观众席走上台阶,走上舞台,走向神圣化的荣誉。授奖仪式的空间和相应的行动逻辑提供了一种晋升的暗示,刺激了学生对于荣誉的渴望,实际上"仪式形塑了儿童的生活,并使他们可以适应某种社会秩序"(乌尔夫,2009)。荣誉作为学校德育的手段,与空间元素相融合,能够激发学生的情感共鸣,促使学生形成对学校价值和秩序的认同。从台下走到台上,学生个体空间位置的变化暗示着学生身份的变化。从注视者转为被注视者,受奖者通过在舞台上的行动吸引着观看者的注意力。授奖仪式过程中身份转变的有效性并不只是即时性的,身份转变的影响随着个体的行动流,进入学生的日常生活,在学生群体内部树立起榜样。受奖者成为能"行走"的评价规则,成为教育价值的代言人,在新的评价周期内发挥模范和监督作用。作为一种社会性群体,学校的价值建构恰好体现为"事件与过程的交替循环,体现为自发行动和普遍规则的相互规定"(汲喆,2009)。空间—身份—时间之间的联结通过授奖仪式和奖状,在学校内建构起一个螺旋式的价值培养体系。权力发挥作用的基本方式是确定社会行为的规范与文化仪式。学校的授奖仪式则成为教育权力介入学生日常生活的事件化呈现。

（四）人物结构

1. 颁奖者

授奖仪式中的颁奖者一般由校内有重要地位或职位的人员担任，他们是仪式的重要参与者。在颁奖仪式过程中，主题发言和荣誉授予都由颁奖者完成。颁奖者是教育权力的代表，是授奖单位的代理人，其权威性的身份与荣誉本身构成一种教育价值的互文性阐释。主持人对其的介绍为发言环节拉开了序幕。相比之下，发言内容则显得并不重要，重要的是发言仪式和主持人话语共同传递的参与仪式人员的差序格局。一般来说，发言的颁奖者被置于舞台最显眼的位置，占据着观众的视觉中心。严肃正式的装扮、发言时的空间位置以及话语方式共同建构了颁奖者的权威代言人的形象。在授奖环节，颁奖者的行动遵循着主持人的提示，将奖状颁给受奖者。其间，伴随着微笑、点头、握手、授受、合影、祝贺等连续性的仪式行为。这些行为构成了一整套的颁奖与受奖之间的行动流。从颁奖者到受奖者，纸质化的奖状成为仪式化行为的道具。奖状的传递，实际上是荣誉的传递，是社会价值的传递。这一传递的行动既是一种象征性的行为，又是授奖仪式的意义所在。授奖仪式通过"颁奖者—受奖者"奖状授予的行动，向受奖者和观众暗示了一种身份的转变。颁奖者成为集体意识形态的象征，并在仪式性的空间和行动中被短暂地神圣化。

2. 受奖者

受奖者是授奖仪式中的奖状接收者，是授奖的对象与客体。一般说来，受奖者来自学生群体，是群体中符合荣誉评价准则的优秀个体。对于个体而言，学校荣誉授予仪式中即时性的身份转变，是荣誉评价周期内不懈努力的结果。这也意味着受奖者身份成为展示的窗口，成为荣誉评价准则具象化传递的载体。在授奖环节中，受奖者面朝观众，与颁奖者相对而立，从颁奖者手中接过奖状。受奖者的个体特征被模糊化处理，而授予行动和颁奖者权威则被突出显示。在授予环节之后,受奖者代表有简短的时间发表感言。感言是程式化的,内容一般分为三部分:感谢对象——感谢领导的关心、感谢老师的教导、感谢同学的帮助、感谢家长的关爱等;自我总结——将荣誉评价标准内化为自身行动并进行描述;展望未来——对未来承诺的简要描述。这些结构化的感言内容传递出对自我行为的高标准、严要求,化荣誉为动力,鼓励同学们一起加油等。通过仪式化的行动方式和话语方式,受奖者向观众展现了优秀学生个体,成为在校园里"行走"着的价值标准。颁奖者和受奖者站在仪式过程的两端,通过荣誉的沟通和联结,社会性的程序在此发生。授奖仪式为受奖者构造了榜样形象,"为此人进到新的社会地位提供了标志物,并且把接近的人都召集在一个聚会中,给新人和全体参与者带来心理上的加固"(墨菲,2009:250)。

3.主持人

主持人在授奖仪式中不可或缺,"主持人的职能大体划分为四种:衔接职能、叙事职能、沟通职能、掌控职能"(吴郁,2005:83)。一般来说,授奖仪式是一个持续性的事件,需要在一定时间内将所有仪式环节展示完毕,这就要求各个事件环节之间存在一根串联的线索,保证仪式过程的顺畅性。主持人的衔接职能恰好满足了这一需求。在传统的授奖仪式中,主持人占据了"叙事的中央位置、掌握话语权、把控节目进程"(王秋硕,2017)。对整体过程的把握赋予主持人特殊的角色,成为仪式过程中推进事件的触发器。主持人对时间进行分段,将仪式环节按照一定顺序穿插进事件的空隙中,并通过相应的话语表达将整个过程串接起来。仪式的各个环节按照其重要性在时间顺序上紧密排布,确保仪式过程达到教育效果的最大化。教研室、校领导、家长代表、学生代表等不同权力层面的发言人被主持人放入不同的时间间隙,按照一定的顺序在台上进行展示,授奖仪式的过程在主持人的安排下按部就班地推进。可以说,主持人代表权力进行言说,成为仪式过程的导演者,同时也是仪式行为的叙述者。主持人的言说和仪式行为相辅相成,互相解释,在声音和行动两个层面向观看者全方位展示了仪式的过程,使授奖仪式的意义深入人心。

学校授奖仪式中的主持人宣告仪式的开场和结束,介绍出席者和授奖的步骤。在此意义上,主持人作为观看者之外的"公证人"的身份,拉开了权力仪式展演的序幕。主持人通过声音传递信息，保证授奖仪式能够按照一定的时序正常进行。主持人的播报就如同行动的暗号，对嘉宾的介绍与嘉宾的挥手示意等行为相互配合，而适时的停顿又在向观看者传递鼓掌的讯息。主持人的播报声与现场的背景音乐、鼓掌声、发言声等相互交错，共同构成了授奖仪式现场的声音景观。声音景观并不仅仅指声音环境，而是指个体与声音环境之间的相互交往。"声音经验创造、影响、形塑了我们与任何环境之间的惯习关系（habitual relationship）。"（季凌霄，2019）学生个体在参与仪式活动的过程中积累了相应的声音经验，经由个体感官与声音经验的互动渗透为一种身体经验，使学生的活动与声音环境相互匹配。"一个到处充满特定声音的空间，也就是一个到处可以占用耳朵进行文化政治活动的空间。"（周志强，2017）在主持人播报声的排布下，授奖仪式现场的诸种声音并然有序地发声，通过扩音喇叭在声音空间中传播、回荡，最终占据学生的听觉。

从社会表演的角度看，主持人并不参与舞台的呈现，不参与行动意义的表达。但授奖仪式的场景建构了一个特殊的语境，语境中的成员拥有共同的价值取向，而为了完成一定的目的，就要求语境中的每个行动者服从特定的行为规范。"服从规范的核心意义在于满足一种普遍的行为期待。"（哈贝马斯，2004：84）对主持人来说，这一身份的期待不仅来自观看者，还来自仪式活动本身。即使主持人试图以一种中立的身份在授奖仪式的活动中出现，对仪式流程进行衔接、掌控及呈现，但其在空间性上依然与观看者相对立，成为"舞台表演者"最可靠的同伴。主持人的身份出现了割裂，用中立的身份掩盖其表演者的本质。主持人在活动中的身份定位必然由活动宗旨、内容、核心概念等一系列因素再定位，所以，学校授奖仪式中的主持人身份是活动本身建构的结果。表面上看，主持人是授奖仪式过程中不可缺少的播报人员，实际上其是与授奖仪式逻辑甚至是荣誉作用逻辑相匹配的"第三人"，是授奖仪式本身多方面权力争夺后被推举出来的"伪"中立者。主持人"合理"排布教研室、学校领导、行政管理人员以及学生等各个群体在仪式过程中所占用的时间，为不同群体的发言人设置不同的介绍词，引导着观看者的注意力。可以说，主持人作为授奖仪式中价值传播的工具，利用中立的特殊身份掌握仪式进程，从而在视觉和听觉上对观看者施以价值输入。

4.观众

荣誉的直接作用是对某些行为或能力给予奖赏,其间接作用则是"通过荣誉奖励树立模范,传递有关期望中行为的信息,并激励其他个体参与同样的任务、同样的行为表现"(姚东旻,2015:45)。这一模范作用只有在具备观看者时才能发挥作用。授奖仪式遵循着荣誉的逻辑,以最大限度的公开将这一模范作用扩大化。这就意味着台上所有行动都必须具备意义的接收者,而授奖仪式中的意义接收者正是在台下作为观看者的学生。从一定意义上说,授奖仪式的主要受众,并非一直获得荣誉的"优秀学生"群体,而是在台下的未获奖群体。通过表彰优秀者这一行为,向学生传递视觉和听觉的刺激,从而驱使学生在日常生活中做出与优秀者同样的行为表现。儿童通过镜像认识自身、建构自身、创造自身,通过对"镜中之我"的反思塑造一个理想的自我、虚构的自我。正如拉康(Lacan)所言:"镜像阶段是一出戏文,其内在动力经历了从不足到期待的剧变,而期待既然耿耿于空间的认同,便为主体制造了那一系列幻影,把支离破碎的身体—形象转变为他的一个完整的形式。"(Lacan,1977:4)在授奖仪式中,台上和台下也构成了一组镜像。台下的学生个体将自我面向台上的受奖者,接受社会规则和各种仪式化的语言,在认同中确定未来的镜像意义上的自我。受奖者成为台下群体想象中的自我意象,成为其"镜像中的完美幻影",成为个体同质化的原始冲动。

授奖仪式通过构造"完美镜像"给予台下学生充分的教化,促使学生在学校的德育活动中发生行为转变。在学校仪式中,学生被要求按身高或学号的顺序排队,并按照秩序入场。纪律严明的队伍不仅向学生传递了一种行政编码的秩序感,而且也给学生造成了身体的困难。大幅度的自由活动被视为打破秩序的表现,几何形的队伍成为仪式现场隐形的警戒线。进入授奖仪式的现场之后,学生们又被要求禁止发出声音,禁止随意转头,禁止交头接耳。学生被简化为完全的仪式化的身体,这一身体特征仅仅表征了学生个体工具性的存在。换言之,学生在授奖仪式中,个体空间被固化的身体姿态所消除,取而代之的是被固定在仪式场景中的身体。"人被平均化、符号化,被'祛身',成为抽象人"(闫旭蕾,2007:2),即成为仪式过程纯粹的参与者,成为总体性仪式的一份子。

学生不仅作为观看者被施以身体上的要求,还必须对台上的信息传递做出一定的行为反应。由于仪式活动的特殊性,台上与台下之间的群体关系并不像电影演出与观众之间的单向交流,而是需要与台下观众的行动相配合,凸显仪式环节的教育性。在代表发言、奖项授予等重要环节,学生被要求鼓掌以表示认同和嘉奖。在此意义上,学生成为配合台上表演的成员,一边取悦舞台,一边取悦镜头。如果没有形成鼓掌行动的共识,群体的掌声就是混乱无序的噪声。仪式空间中舞台上的声音成为指导学生行动的信息媒介。权力"幽微地附身于观念、情感和知识等形态中,规范着人的行为与对声音的态度,驱使他们发声或沉默"(季凌霄,2019),并形塑了授奖仪式中的声音景观。学生群体中存在部分个体,完美学习了特定声音景观中的行动模式,并与仪式现场的声音景观相互适应。通过鼓掌的声音传递,在学生群体中建立起了一套鼓掌的秩序。鼓掌的时机、鼓掌的时长、鼓掌的频率和声响与不同的仪式环节相配合,以独特的方式与台上的行动产生呼应。掌声代替了话语声,身体行动代替了话语实践。作为观众的学生通常以掌声的方式接受表演传递的价值。学校授奖仪式是教育秩序的集中排演,并"在学校制度化仪式中预演着社会的逻辑,社会的逻辑也在仪式中得到延伸"(万华颖,2020)。无论是以某种行政编码方式进行列队,还是在会场中的身体姿态和肢体行动,抑或是被要求通过掌声积极地参与仪式活动,学生的身体成为教育规范转化为个体经验的符号象征。

5.摄影师

学校授奖仪式作为荣誉秩序呈现的手段,必须遵从荣誉发挥作用本身的逻辑,将仪式过程进行最大限度公开与传播。表演性的仪式过程在即时性上满足了荣誉的逻辑,而摄影技术则让荣誉的公开性跨越了时间和空间。授奖仪式不再是历史性的事件,也不再仅存在于绘画、语言和人们的记忆中,而是通过摄影技术被再呈现、再创作,成为荣誉文化的共时性象征。摄影技术的机械复制性弥补了绘画等传统艺术手法的时空限制,使瞬间的现实变为人们在时空上随时可以接近的对象。摄影师是学校授奖仪式的记录者,换言之,是历史的见证者和书写者。这一身份要求摄影师以一种忠于事实的态度呈现事件。这样的呈现表面上是非艺术性的,是抛弃自我意志表达的,体现了一种在场的"不在场性"。"照相机,特别是摄像机本身变成了它们所拍摄现实的一部分,而这个现实就像它自身从来没有被拍摄过那样被拍摄了下来。照相机使世界变得可见,而照相机和它所拍摄的世界又是处于同一秩序之下的。"(孟建,Friedrich,2005:9)正是因为摄像机的存在悖论,照片才能将世界以图像的方式原封不动地传达。与此同时,观看者这一身份也出现了双重性。在一定意义上,摄影者成为仪式活动中唯一的"观众"。透过摄影机的镜头,台上的行动者不再是唯一的表演者,而是和台下的观看者共同构成一个"剧组"。通过台上和台下的空间对话和身份互指,在照片中构成了完整的学校授奖仪式场景。"观众"变成了世界的一部分,而不是世界之外的观看者。台下的观看者既是台上的"观众",又是相机镜头中的"表演者",是照片内容不可缺失的重要部分。

摄影师站在第三方的角度观看了学校授奖仪式的全过程,为事件的记录和再现提供了技术支持。合影留念也借此成为授奖仪式中必不可少的环节。一般来说,在授予环节结束之后,颁奖者和受奖者需要在台上拍照合影。受奖者举起奖状,同颁奖者站成一列,面朝摄影师。颁奖者面露微笑,侧身靠近受奖者,呈现出亲切的姿态。合影的背景一般是授奖仪式的事件主题,是仪式内容和意义的准确注脚。仪式现场的横幅、背景海报等成为一种标志性的物件,建构了合影叙事发生的语境。奖状、背景、颁奖者、受奖者四种元素在合影中交叉,在二维化的世界中对授奖仪式的意义进行还原。由此,图像成为意义生成的文本,成为观看者对"历史"再次建构的基础。照片和图像在机械化的时代中传播,使学校授奖仪式的观众打破了时间和空间的限制,可以反复地温习荣誉秩序的价值与荣光。

6.礼仪

在授奖仪式中,还存在礼仪的角色。一般来说,礼仪是从学生群体中挑选出来的、具有统一的身材标准的个体。通常来说,人的身体可以分为私有身体和公共身体两种状态。礼仪这一身份之下的个体身体成为公共空间中各种意义集中的领域,成为仪式中社会文化和价值的象征。在授奖仪式中,同样的服装、同样的发型、同样的身高和妆容，甚至是同样微笑着的面部表情成为礼仪身份建构的基本图式。通过标准化的身体要求，礼仪被物化了，成为仪式过程中可行动的"装饰"和"符号"，保证了授奖仪式隆重、圆满完成。礼仪身着华服，精心装扮的形象与颁奖舞台构成互文。在此过程中，个体性的礼仪隐身了，公共身体被凸显出来，成为仪式过程中纪律与程序的象征。作为仪式过程中的"配角"，礼仪承担了仪式现场的辅助工作。在授奖仪式正式开始之前，礼仪负责引导嘉宾入座；在授奖环节，礼仪将颁奖者和受奖者引导至相应的舞台位置，以免授奖仪式产生时空上的混乱；合影时，礼仪引导嘉宾、领导与学生相对应地站位，避免产生位序上的偏差。从一定程度上说，礼仪成为仪式舞台上行走的空间坐标。换言之，礼仪以一种得体的方式发出提醒，保证了舞台上的表演者在仪式过程中遵循特定的行动逻辑。礼仪维持了仪式的秩序，确保了授奖仪式过程的整体感，成为传递社会行动方式的重要力量。

　　以上授奖仪式中的六类人物结构清晰，各司其职，在仪式过程中进行着社会交往，他们共同完成一场具有观赏性的仪式表演（见表 3-3）。

表 3-3　授奖仪式中的人员结构与功能

人员构成	身份来源	基本任务	空间位置	出场时段	价值角色
颁奖者	校领导	发言、荣誉授予	舞台中央	仪式开始、授奖环节	权威部门代言人
受奖者	学生	荣誉接收、发表感言	舞台上分列	授奖环节	价值典范
主持人	行政人员	介绍、播报流程	舞台边侧	全程	现场组织
观众	学生	倾听、鼓掌	台下整齐排列	全程	接受与互动
摄影师	专业人士	技术支持	台下中位	全程	见证与记录
礼仪	学生	引导	颁奖者两侧	仪式开始前、授奖环节	辅助与协调

（五）授奖仪式

　　仪式本身是一种"象征性的、表演性的、由文化传统所规定的一整套行为方式"(彭文斌，郭建勋，2010)。学校中的仪式活动则是"通过渲染一种特殊的气氛，营造一种极具感情色彩的场域，将教育内容融于具体可感知的整个仪式情境之中"(张家军，陈玲，2016)。可以说，授奖仪式利用其表演性，将荣誉的授予过程放大，并在仪式场景的作用下，激发学生强烈的荣誉归属感。奖赏与惩罚一样，经由仪式的观赏性发挥作用，从而对学生产生教化的效果。福柯在《规训与惩罚》中写道："在公开处决的仪式中，主要角色是民众。他们实际而直接的存在是举行这种仪式的必需品。"(福柯，2007：63)在福柯看来，公开性仪式的意义并非对"犯人"本身进行裁决，而是对民众施以警醒，即公开的惩罚变成一种联合"犯人"进行的表演行动，通过一种被广泛关注的形式传递着警示信息。奖赏的仪式也是如此。这就意味着，学校仪式的存在意义并不只是对优秀者的奖赏，而是向观看者传递某种信息。通过对授奖仪式的渲染，将荣誉的影响力夸张化，激发学生追求荣誉的信心。在这一过程中，受奖者、颁奖者以及其他工作人员一起"成为一个行动群体，以便通过任何可获得的手段来追求相同的或共同的目的"(戈夫曼，1989：135)。受奖者作为教育规训的成功典型，与颁奖者之间形成了一种共谋，成为仪式表演的"主演"。受奖者代表了一种荣誉评价的规则，是生活实践表格化和分级化评价之后的结果。"分级化由此让规训权力的网络发挥作用，创设出量化的标准。"(华勒斯坦，等，1999：146)通过一种表格式的书写，学生的某些特质被转化为文本上的符号表征。学生在学校中的日常行为被解构成一串符号信息，成为荣誉评价与考试评价的标准，即一种学校价值的标准。

仪式是一系列符号的聚合体。仪式情景被听觉和视觉构建，成为特定意义的实践表达的手段，成为利用感性手段进行意义符号堆叠的象征体系。在学校授奖仪式中，这一意义符号则来自荣誉评价本身。"由于仪式具有公共性，比起日常生活中的'秘而不宣'/'未充分言明'以及缄默的意义而言，仪式是较为集体和公开地予以'陈述'的事件，因而较具有经验的直观性。"(薛艺兵，2003b)学校授奖仪式成为一种手段，其目的在于利用其集体性和公开性对荣誉进行宣传。在此过程中，受奖者、颁奖者以及其他工作人员共同构成了"剧组"，将"好学生"的形象在交往实践中进行演示，将社会秩序在系列象征意义中进行言说。一方面,授奖仪式建构了一种等级秩序,利用台上和台下的空间布局、座次的安排向学生传达着权威意识;另一方面,学生队伍的排序方式、以班级为单位的编码形式以及仪式过程中的身体行动等也在一定程度上传递着社会交往的秩序。"物理意义上的物体或行动会成为强化记忆的手段。显然,所有制度意义的传递都意味着某些控制和正当化程序。"(伯格,卢克曼,2019:90)可以说,周期性的学校授奖仪式为社会逻辑进入学生意识提供了正当化的手段,在促进学生认同学校秩序以及价值观的同时,传递和内化了社会的共识。

在乌尔夫看来,"仪式使'昨日重现',并将过去的实践作为未来行为的基础"(乌尔夫,2009)。通过周期性的仪式重复,学生在一次次的秩序演练中确认"好学生"的行为模式,并进行模仿。通过对自身行动方式的监督、确认和调整,一步步跟随着荣誉的逻辑,将一种秩序规则内化为自身的行动模式,成为个体社会化的基础。实际上,学生个体的社会化是在交往行动中不断形成的,是在个体之间持续性的社会实践中建构的。"行动是一个持续不断的过程,是一种流。在这个过程里,行动者维持着对自己的反思性监控。"(吉登斯,1998:70)个体对"好学生"的模仿无时无刻不在发生,而对荣誉的激情成为个体维持这一行动流的根本动力。可以说,授奖仪式既是荣誉逻辑发挥教育功能的手段,又是学校秩序成为学生日常实践的阶段性符号刺激。周期性仪式行为被解构为日常生活中的实践意识,使学生在评价周期之内更加严格地对自身进行反思性监控,甚至对他人也进行反思性监控。学校授奖仪式不再是周期性的资源传递,而与连续性的行动流一样,成为学生个体日常生活中的例行化行为。"以学校为主体的制度化仪式有着严格的时间限制,学校通过对特定时间的安排,导演固定的仪式流程,将社会系统的运行机制渗透其中。"(万华颖,2020)从短时段到长时段,学校秩序逐步渗透进学生的个体意识之中,并在持续的行动流中成为学生日常生活的社会实践自觉。

三、荣誉评价的符号功能与戏仿

(一)社会价值的再生产

学校是学生个体社会化的空间,是学生成为合格的社会个体的预备场所。从文本到行动,从知识到评价,学校建构了一个完整的价值输入体系,促使社会行动结构在教育场域中的再生产。通过各种分类手段,时间、空间、知识以及学生个体都被学校体系所区分,从而确立了一种常态化的教育秩序。这一秩序的观念与规则制约了学生的日常行为方式,并通过荣誉评价的手段让学生主动遵从行动的逻辑。教育秩序在荣誉的引领之下促成了主流价值的再生产。这一再生产的体系构成了学生个体"社会资本"生成的场域,促使学生在升学过程中不断向上流动。换言之,教育制度的价值体系以荣誉评价为基本手段之一,促使学生行动的符号化,并逐渐形成普适性的价值认同。同时,荣誉评价又与考试评价一起,将学生的行动拆分成文本中的符号,促进了个体的社会化。

1. 符号引领教育价值

学生的奖状经由授奖仪式传递至学生的手中,成为学校推行教育价值认同的物件证明。奖状中特定元素的使用和排布将纸张重新命名,并在物理载体上进行符号意义的文本编织。工业生产中的印刷技术将特定符号在纸张上呈现,构成荣誉符号的文本实践,为荣誉的具象化提供现实条件。话语符号和图像符号在奖状中形成了统一的意义指向,并将荣誉内涵穿插进其中。正如塞托(Certeau)所言:"为了生成某种秩序的目的,某些语言学的片段或者材料在这一空间里根据某些阐述性的方法得到了处理(也可以说是加工)。"(塞托,2009:223)纸张上各类符号意义成为荣誉价值的注脚。奖状通过文本意义上的"巡回"和"互指"成为荣誉价值的文本实践和符号性物件,成为现实世界"乌托邦"式的镜像。无论是粘贴在教室墙上的奖状还是收进书桌抽屉的奖状,都旨在传递其文本中的荣誉价值,并对受奖者的个人特质予以物件证明。奖状成为一面镜子,对学生的优秀特质进行夸大和投射,并对其缺点沉默不言。可以说,奖状拼贴了学生个体的优秀部分,成为个体行为方式和价值认同的物件符号。然而,奖状所承载的荣誉价值不仅是对学生的肯定和认同,而且是对受奖者的一种约束和监督。

学生荣誉的评选将学生的个体行为置于"过去时"进行分析,是对"受教育"事件的回顾和检查。荣誉评选的周期性又将对学生的影响扩散到更加宏大的时间结构中,产生隐秘而持久的作用。荣誉是一种责任,并暗示了一定的行为准则。奖状时刻提醒着受奖者过去的"优秀",并为其未来的行动模式提供了参照标准。通过"退步""停滞""进步"等评价性语词,促使学生持续性地对荣誉的价值进行个人实践层面的再生产。学生对荣誉评价准则的遵守已经内化成了个体的尊严感,在评价的周期内时刻监督着自我的行为方式。"事实上,通常正是在监督、认可我们行动的权威缺席的情况下,我们才会用荣誉准则来自我约束,以免受诱惑"(克劳斯,2015:9),这是荣誉在教育治理方面的基本功能。

"无可否认,仪式庆典、集体聚会乃至革命和战争,都是高强度的道德/精神活动,都是社会力加诸个人的集中方式。"(汲喆,2009)作为一种集体活动,授奖仪式联结了受奖个体与学校集体,并将社会价值和学校秩序穿插在校园德育过程中。我们甚至可以将"象征仪式看成是一种示范机制。它借助活生生的事件和场景,既完成了对其成员的资格生产,又向其成员展示了各种权力关系的符号力量"(渠敬东,2006:151)。行政部门以个体的授奖过程为媒介,公开指认符合评价准则的个体,并将社会价值的评价标准现实化。"领奖—发言—鼓掌—合影"的行动流暗示了受奖个体身份的转变,使个体成为荣誉准则的代表。并且,学校授奖仪式不仅是一个学校事件或一种德育方式,而且还是符号的集中表达和再现,是一种社会价值规范的整合手段。

权力关系借由学校授奖仪式呈现了社会价值取向,并通过符号信息的传递和仪式现场引发的情感共鸣对学生施加影响。这一影响并不是暂时性的,学校授奖仪式与受奖个体在集体教育过程中形成互补,使学校德育在日常生活中持续地发挥作用。受奖者成为学生群体的行为实践标准,成为学生自我监管的比较对象。受奖个体的身份时刻提醒着符号的在场,成为监督学生行动的"眼睛"。与其说权力规训了学生的行为方式,不如说微观权力以一种生成性的生产筛查了合格的社会个体。权力本质上是生产性的,而不是压制性的。社会组织体系能够运转,并不是因为它使用权力对主体施加惩罚,而在于社会权力结构本身能够生产出自觉投入社会组织体系的主体。微观权力促使学生自觉投入社会秩序和主流价值的再生产,在对荣誉符号占有的过程中引领学生行动的价值。

2.人的符号化

2014 年印发的《国务院关于深化考试招生制度改革的实施意见》指出,要规范高中学生综合素质评价。综合素质评价主要反映学生德智体美全面发展情况,是学生毕业和升学的重要参考。建立规范的学生综合素质档案,客观记录学生成长过程中的突出表现,注重社会责任感、创新精神和实践能力,主要包括学生思想品德、学业水平、身心健康、兴趣特长、社会实践等内容。该实施意见还指出,改革招生录取机制。探索基于统一高考和高中学业水平考试成绩、参考综合素质评价的多元录取机制。这就意味着,学生的学科特长和全面发展情况成为多元化招录的重要参考。奖状恰好作为一种物件载体,成为学生综合素质和学科特长的文本证明。在多元招录机制的背景下,奖状或荣誉称号成为学生升学过程中的文化资本,能够为学生换取更多的教育机会和更加优质的教育资源。荣誉评价隐藏在全面发展的口号中,将学生的过程性行为简化为奖状文本和荣誉符号,与考试评价方式共同构成对学生的符号性解构。在卡西尔(Cassirer)看来,"我们应当把人定义为符号的动物(animal symbolicum)来取代把人定义为理性的动物"(卡西尔,1985:34)。考试成绩和荣誉称号共同构成了对学生个体的符号性描述,即学生个体被假设为一种符号的拼贴。反过来说,文本符号成为学生个体在升学体制内的存在方式。在符号化的教育语境中,荣誉符号和分数符号共同呈现了学生的成长结果,提供了学生升学过程中可供评价的"质检"方式。学校教育的逻辑遵循了一种可算度性原则,将学生的所有行为纳入考试制度和综合素质评价制度中,成为一种数字符号化的呈现。"分数就是可算度性原则下的无形技术,它不单是给予表现一个数字,更给予你这个人一项价值。"(华勒斯坦,等,1999:96)数字符号并非仅仅是一种科学描述与解释,它更是一种关于人的生产与价值判断。

荣誉奖状和授奖仪式将学生的个人身份符号化,使受奖者的身份成为荣誉准则的象征。通过周期性评价的方式,身份的符号化延伸至学生的行动逻辑之中,并以构造"团体纪律"和"共同价值"的方式将这一逻辑渗透到学生日常行动的细枝末节。学生在符号的网格中践行着批评与自我批评、监督和自我监督,将一种社会价值规范内化成为一种普遍性的集体共识。学校制定了各式各样的评价机制,建立了一种以评价准则为基础的教育秩序,而这一秩序旨在向学生传递什么行为是合理的,什么行为是不被提倡的。通过对学生行为的指向性分类,给予不同的符号性评价,从而将学生驱入权力划定的表格秩序。学生的生活被囊括进符号网络之中,而这一符号网络同时也是微观权力渗透的规训网络。"纪律的存在使权力无微不至,形成一张网络。最终造就或者生成了个人。"(张海斌,2004)学校为个体进入和适应微观社会提供了缓冲地带,通过与各种权力关系的配合,学生成为社会价值的主动接收者。可以说,正是通过符号权力的规训机制,学校教育构造了一种符号化的空间,使社会价值能在这一空间内被个体主动吸收、内化和再生产。

3.学生荣誉的符号性消费

学生荣誉通过符号化的方式进入学校德育,成为个体评价的主要方式。在当前的教育制度之下,学生的荣誉符号成为影响升学的重要因素。以学校、教研室、教育考试院为评价机构颁发的荣誉符号成为一种稀缺的社会资本,引导着学生参与追逐符号的游戏。在当今社会,"无论在学校、体育、政治领域还是商业生涯,我们都在内心计算,以求击败他人,以期争当第一名,这种不懈的驱动力是历史上罕见的"(华勒斯坦,等,1999:77)。荣誉评价与升学制度的联结使荣誉成为一种功利性的升学工具,成为一种符号资本。对升学过程的重视直观地反映了学生和家长对优质教育资源的渴望。在此意义上,荣誉被视为学生个体打破阶层划分的敲门砖,荣誉成为进入重点学校的筹码。学生荣誉评价被置于教育系统之中,被卷入知识争夺的功利场。正是由于体制化荣誉供不应求,致使社会化、市场化的评价方式在学生荣誉与评价中具有一定的话语权。

学校之外,学生在各种培训班中辗转,期望通过购买知识与教学服务的方式提升学业水平,寄希望在周期性的荣誉评比中占得先机。与此同时,行业性、市场化的荣誉评价建构了近乎完备的能力认定体系,各式各样的学科竞赛和特长等级考试企图在教育场域中确立其评价的权威。学生的课余时间被教育培训机构瓜分,见证了教育消费的盛行。作为学校荣誉评价系统的镜像,社会荣誉评价体系填补了学生对荣誉渴求的缺口。在此过程中,社会教育力量进入了学生的评价体系,并通过荣誉符号的生产隐秘地宣告一种微观权力的在场。"权力执行需要中介,最典型的中介是资源。通过资源,正式权力的身份符号获得实质性的权威。"(周作宇,2020)学校和社会在这场权力拉锯战中用符号将学生"包裹"起来,给予学生全方位的价值教育,并以一种稀缺性资源作为诱饵,引导学生自觉成为消费社会的合格成员。

(二)儿童世界的成人化

教育的分层分类制度使学生形成了一套行动规范,并逐渐将其内化为个体的行动自觉。在学校场域中,学生个性化的行动方式和话语方式被边缘化,被一套标准的行动逻辑所排斥。学生的行动方式被不断塑造和更新,并逐渐形成社会化的行动逻辑。儿童对成人行为的完美复制使儿童世界成为成人社会的镜像。儿童模仿着成人的行动方式,接受成人世界的行动逻辑。学校教育中的儿童社会化导致了儿童成人化。

1.学生的主体性缺失

教育是有目的、有计划地培养人的社会活动,对人的发展有明确的要求。这是我国长期以来关于教育的典型定义。学校是传授知识的空间,同时也是培养合格社会个体的空间。社会的价值导向和对人才的需求直接影响学校培养学生的目标和方式。学校教育体系将课程目标细化和具体化为学科目标甚至是单元目标。通过这种极为细致的计划,对学生学业水平的监控被分解到每一个时间单位(学期、月、周、日、时等)之中。教育过程被异化为一条高效的、即时反馈的生产流水线,将细化的知识填充进固定的时间单位。从课堂作业到单元检测再到学期考试,在时间层面上对学生的学业采取了一套精确的控制技术。从小红花、大红花到奖状、奖杯,这些无处不在的荣誉反馈方式构成了对学生的全面督导,将学生的一举一动都置于考查的目光之下。教育体系建立起一整套考试评价制度和荣誉的分层制度,向学生传递了一种行动规则,引领着学生的行为方式。学生的主体意志被标准化的行为结构所遮蔽。

周期性的评价体系与学校的时间表产生了一种联结,而荣誉评价准则的行动细化成为笼罩着这一时间表的制度网络。规训技术依据时间表制定出一套学生活动的指南,保证了学生在学校行动的合理性。学生的个人行为需要同时间表匹配,比如早读需大声朗读、上课认真听讲、在规定的时间集中自习等。迟到、上课玩耍、未在规定时间上交作业等则成为制度网格中的不合理行为。在更为直观的层面上,学校通过制定条目详细的行为规范以及校规校纪等将这些行动指南合法化、可视化。通过在时间和空间层面的行为规训,一种特定的行动逻辑经由学生的身体顺从内化为精神自觉。在低年级的课堂中,教师一般以话语引导和奖励小红花的方式提醒学生保持标准的课堂坐姿。当学生自觉保持这种身体姿势时,即意味着学生完成了某种行动逻辑的精神内化。实际上,学校正是通过这些细化的权力检查机制,利用时间和空间对个体身体的控制,传递特定的社会价值,以至于"那种头脑和手脚都规规矩矩、神情漠然,很少有什么强烈的兴趣,除了自己那点小小的利益、欲望和娱乐,对别的一切都很少在意的'乖学生',似乎正在校园里大面积地繁殖"(胡春光,2017:161)。规范化的教育压缩了学生的时间和空间,使个人成为规范价值体系的生命载体。学生的主体性在这一过程中被逐渐弱化,个人意识与社会主流价值逐渐趋同,个人行动与社会行动规范逐渐趋向一致。

2.学生身份的建构

学校对于学生的培养方式是社会价值和人才要求的集中体现,是社会发展对个体的期待。个人成为社会意识形态的实体化表达,并随着社会主流价值的变化而变化。70余年来,我国社会的巨变直接引发了学校体系中教育目的和教育目标的调整。从计划经济时期对劳动者的培养,到改革开放时期对建设者的需求,再到社会主义市场经济时期对消费者角色的期待,经济社会发展对社会新成员的期待直接转化为学校教育的目的和方式。这一期待构成了相应的社会话语,向学生传递特殊的身份定位,通过教材文本、教师解释、作业练习、荣誉评价等方式,把对学生的个体期待弥散到了教育过程的每个环节。

在学校教育中,荣誉符号通过与物体系发生联系从而获得象征性的意义。换言之,符号意义以其产生的物质环境为基础,并在符号的互指中构成意义的解释系统。"任何话语在移动过程中均会出现意识形态的活动。"(伯恩斯坦,2016:35)社会性的话语和知识被编织进学校教育的过程,伴随着社会意识形态的进入,同时为某种权力秩序的作用提供了可操作的细微空间。通过对评价规则的细化和对学生行动流的引导,话语转移的间隙被填满,形成了一种难以抗拒的支配性力量。学校教育在"语境化场域中支配地位的改变、新话语的引进以及最重要的是怀有新动机的参与者的支配性,促进了国家认同和奖赏形式的再现"(伯恩斯坦,2016:65)。荣誉评价正是借用资源分配的方式温和地引导学生接纳主流价值,确定自我身份。学生在知识接收—价值认同的反应机制下,"主动地"迎合荣誉准则,满足学校教育对新的社会个体的期待。学校建构了学生的社会身份,使其成为合格的劳动者、建设者或消费者。学生从行动到意识都与学校主流价值保持一致,并建构了自觉的身份认同。学生的身份成为一种被命名的身份,是权力价值建构的产物,是权力生产的对象。荣誉评价正是在这样的社会文化背景之下被建构起来的价值图式,其目的在于建构自觉践行社会活动的学生个体。学生通过学习知识、技能以及行为规范,使个体行为符合社会要求,再经由各种评价制度,取得社会成员的资格,即一种儿童的社会化过程。在现行的制度化学校中,学生吸收着社会主流价值,遵守着社会的行为方式,追逐着社会化的符号资本,以成人世界的游戏规则规范自身,被塑造为成人世界的微缩型模板。

3. 成人化的忧思

在吉登斯看来,结构应当被"理解成规则与资源,反复体现在社会系统的再生产之中"(吉登斯,1998:270)。作为社会系统再生产的部门,学校教育体系将社会价值观念转化为各类评价的规则与资源。物理性的时间和空间,以及学校生活中的各类精神或物质上的获得,都是学校的结构性资源。学生正是在结构性资源的分配模式中进行着社会交往。在荣誉评价准则的约束下,学生的自我监督和相互监督编织成了集体性的共识。通过学生个体和结构性资源之间的相互作用，学校组织起了一套日常行为例行常规。这样的常规将学生的生活包围、细化，构成一种特定语境中的行动规范。"实践意识包括知晓某些规则和策略，日常生活正是通过这些规则和策略，得以在广泛的时空范围内反复地构成。"（吉登斯，1998：169）学生个体在学校交往中的自我监督和相互监督正是社会交往行动中意识的微观表达。通过奖状和授奖仪式的价值内化，社会规则在学生群体内部进行周期性的再生产，社会行动结构和意识形态得以不间断地在周期内延续。正是权力关系符号化的力量促使学生集体行动的产生，并在个体化的过程中持续发挥作用。学生模仿着社会行动的模式在学校建构了小型的社会，促使学生个体在成人化的语境中学习、竞争、交往，营造出儿童世界成人化的社会景观。这种社会景观使学校空间与社会空间之间的界限趋于模糊，儿童与成人之间的界限也不再清晰。

儿童成人化不仅指儿童的时间和空间被成人世界划分与填充，而且还指向儿童的思维和行动，是群体意义上的异化现象。具备不同身份的学生个体在学校交往行动中发挥不同的作用，表征着社会秩序。"只有通过扮演角色，制度才能在实际经验中彰显自己。带着那些被编排好的行动，制度成为一个无字的剧本。"（伯格，卢克曼，2019：95）如果说，授奖仪式将受奖者和学生群体拉进成人化的表演世界中，那么荣誉评价准则则将成人化的行动方式纳入学生的生活经验。受奖者和学生群体在日常生活的行动中持续践行着成人化的行为，"行动者具身（embodied）于角色之中，通过表征剧本将其变为现实"（伯格，卢克曼，2019：95）。换言之，正是荣誉评价的规则给予了学生榜样角色和监督角色的任务，其目的在于使社会行动逻辑和意识形态真实地存在于"活人"的生活经验之中。从这个角度上说，学生被授予了社会制度客观化表达的践行者身份。经过个人的主观认同和行为实践，社会规范从一种被期待的标准转化为学生的主动意识，进而转变成了一种真实的社会存在。儿童世界中对于荣誉的向往被改造成了成人世界角逐的游戏。资本的进入、场域的生成以及惯习的形成将儿童世界异化，主流的价值观念成为指导学生行动的唯一标准。因此，儿童的成人化是学校过度社会化的表现，"'为未来作准备'的教育使儿童今天的生活成为遥远未来的牺牲品,儿童被迫过早成熟,过早成人化"(姚伟,2005)。成人世界的规则在学校交往中被完全复制,成人化的语言、行为甚至是思维方式都促使学生在获取荣誉的实践中更贴近社会化个体的形象。

(三)消费与戏谑

为了获取更多的荣誉符号,学生被卷入荣誉消费的陷阱,他们在为进入荣誉符号规划的教育秩序殚精竭虑。学生的荣誉称号在消费主义的语境中产生了价值的异化。社会评价体系纷纷确立了自身的荣誉话语权,以便争夺更多的文化资本或荣誉权威。学生荣誉的价值被稀释,成为市场中可消费的符号商品。荣誉的泛滥连同荣誉的嬉戏化一起,向体制性荣誉中的主流价值发起挑战。

1.荣誉消费

在消费社会的话语环境中,人们对符号占有的热情已经远远超出了对于商品本身的需求。在鲍德里亚看来,"消费的过程就是进入由商品所构成的符号化体系的过程,消费的意义变成了占据由符号的差异体系所提供的身份意识形态"(仰海峰,2011)。人们消费商品,进而占有商品所内含的符号体系,并利用这种符号体系建构自身的生活价值以及个人能力,从而在社会交往中换取更多的资源。荣誉评价以其温和性、鼓励性和竞争性成为当前社会的主要评价方式,荣誉符号也就成为当前中小学生争相追逐的对象。学生并非简单地对奖状进行物件性的占有,而是试图通过对某种价值符号的占有,积累自身的荣誉资本。在消费社会中,"个人所占有的并不是物,而是象征性的社会关系"(张一兵,2008)。通过一种象征性的占有,学生和荣誉评价体系一起投入现代社会的消费语境。

对于消费社会来说,商品化和符号化是其两大特征。作为荣誉称号的文本形式,奖状是机械复制时代的产物,发挥其作为符号的使用功能。一旦奖状被刻印了授奖单位,盖上了象征权威的行政印章,成为权力符号传递的物件中介,奖状就成了一种稀缺资源。学校中的荣誉评价正是通过这一稀缺性吸引学生争相追逐,从而发挥其价值导向的作用。

社会评价体系填补了学校荣誉评价的空白,在一定程度上满足了学生对于荣誉评价的殷切期待。体制性荣誉评价的神话被解构,成为消费时代的特殊商品。同时,社会评价体系通过模仿和再创造等方式使自身更贴近官方的荣誉评价体系,成为官方荣誉评价的完美复制。这一复制过程也是社会评价体系中多方力量角逐的过程。换言之,社会荣誉评价系统开辟了新的角逐空间,为社会各方面力量对教育系统的介入提供了通道。这将导致大量的社会荣誉符号在教育场域中被生产和堆叠,构成一种话语争夺和符号占有的景观,间接地稀释了体制性荣誉的价值。荣誉的稀缺性被打破,荣誉的神化被解构。在由社会评价力量主导的"人人都有奖状"的消费时代,荣誉成为一种常态化的符号景观。

2.荣誉秩序再生产的街头抗诉

在体制性荣誉价值的规训之下,社会上催生了各种关于荣誉戏仿式的亚文化。亚文化是相对于主流文化的文化现象,是一种个性化的文化表达形式。伯明翰学派的代表人物克拉克(Clarke)曾表达这样一种观点,"亚文化作为一种非官方的文化形式,拼贴所产生的亚文化风格的意义就必然处于和统治阶级意识形态相对立的地位"(马中红,2010)。一般来说,亚文化表征着对主流文化的价值反叛,利用一种无序和断裂的表达抵抗权力话语的权威性和仪式性。亚文化以主流文化为其话语生成的土壤,通过各种异质性的手段争夺话语权。从国家到学校再到消费化的社会,荣誉符号自上而下地形成了评价的一贯性,建构了主流的秩序规训体系。与此同时,对于荣誉符号的异化和解构也在悄然发生。通过对荣誉话语的挪用、模仿和拼贴,嬉戏化的荣誉评价以一种"山寨"的姿态进入了大众的视野。一般来说,戏仿和拼贴是建构"山寨荣誉"的两大手段。戏仿,或称作戏拟,是一种戏谑性、讽刺性地模仿他者的手段,是"互文性"的特殊形态(胡疆锋,2016:56)。而拼贴则是"一种即兴或改编的文化过程,客体、符号或行为由此被移植到不同的意义系统与文化背景之中,从而获得新的意味"(费斯克,2004:31)。戏仿和拼贴以戏谑的方式建构了异质化的"荣誉话语",打破了荣誉系统的权威。通过对荣誉话语本身的意义置换和模糊,符号世界产生了意义的不稳定,从而使荣誉系统内部分裂,自内而外地传递讽刺的意味。

从哲学解释学的视角来看,文本是一个意义开放的符号世界,"它既是意义生成的场所,也是意义颠覆的空间"(陈一,曹圣琪,王彤,2013)。主流的荣誉评价体系借用荣誉话语的文本化传递教育意义和价值认同,"山寨奖状"则通过文本空间对传统荣誉符号进行解构、戏仿与颠覆。"山寨奖状"以混淆和相似的外形为伪装,传递着意义差异和价值区别。在奖状和授奖仪式的表征之下,荣誉评价体系以温和的方式获取了主流意识形态的合法性,建构了"正确"的社会价值观。而嬉戏化的奖状通过对正规荣誉话语的挪用和涂改,利用讽刺和诙谐的方式打破了主流意识形态的价值垄断。正如马尔库塞(Marcuse)所言:"大众文化就是带着尖刻而轻慢的幽默来攻击官方和半官方话语的。"(马尔库塞,1989:79)群众创造出"山寨奖状",勾画了一个人人都能获得奖状的虚幻景观,将体制性荣誉评价体系拉下了神坛。体制性荣誉评价体系的权威被降格,从神圣走向世俗,从崇高变为日常。通过对奖状文本中荣誉符码的变形,"山寨奖状"打破了官方荣誉评价体系建构的行动秩序,干扰社会评价体系中的价值传递,并以混乱的语用方式扰乱了意识形态信息的再现和传递。

荣誉评价体系引领着社会价值评价的主旋律,而"山寨奖状"无疑成为这一主旋律中格格不入的"噪声"。在人人都能表达、图绘与摄影的时代,对官方荣誉评价体系的嘲弄成为亚文化与主流文化对抗的方式。由主流的荣誉文化衍生出来的奖状亚文化,构成了拉康所谓的"主人话语"模式。"主人"通过筛选和提取,使知识成为纯粹的能指结构,并将特定的价值观念与能指结构相黏合,确定了"主人"自身的合法性(蓝江,2011)。官方荣誉评价体系以相同的操作逻辑,将特定的价值评判标准同社会中的知识与文化相结合,以知识的合法性促使人们接受社会行动的逻辑。知识成为"主人话语"树立权威的工具,荣誉评价的话语体系也成为权力部门维持意识形态合法性的手段。在"主人话语"的压制下,群众发出了自己的声音,通过对权威话语的挪用向荣誉评价的秩序发出挑战。无论是"最美少女奖""最帅少男奖",还是"三坏学生""泡妞标兵",抑或是"中国好男人""最佳吃货"等,"山寨奖状"通过解构荣誉称号特定的话语模式,传递与主流评价规则相悖的审美旨趣,营造出反知识、反秩序的符号景观。

复制技术的发展为奖状形制与文本内容的大批量戏仿提供了技术条件,产生了一系列的文本拟像。在文本之外,"山寨奖状"以虚拟的颁奖单位创造出超真实的荣誉称号和荣誉准则,在一定程度上构成了波德里亚所描述的拟真世界。正如波德里亚所言,现实的存在"只有纳入模式才有意义,任何东西都不再按照自己的目的发展,而是出自模式,即出自'参照的能指',它仿佛是一种前目的性,唯一的似真性"(波德里亚,2006:78)。"山寨奖状"借用荣誉评价的模式,以权威的形式传递戏谑性的内容,并以大众化的话语方式,给人们一种超现实的评价感受。仿真的文本形式、超现实的荣誉称号以及虚构的颁奖单位共同建构了一个戏仿的荣誉评价体系,弥补了主流荣誉话语在大众文化中的缺席。实际上,超现实的世界是对真实世界的异化和毁灭,是对象征符号过度叠加的警示。"拟真'通过克隆真实和现实的复制品消灭现实的事物',于是'不仅我们的过去变成虚拟的,而且我们的现在本身也已被模拟'。"(张一兵,2008)通过对官方文本符号的挪用与拼贴,相互矛盾的意义构成了"山寨奖状"的荒诞性,是对遥不可及的荣誉权威的嘲弄。荣誉符号变形为游戏的道具。"山寨奖状"在主流荣誉价值的反方向建构了一个符号体系的"乌托邦",建造了福柯笔下的"愚人船",以独特的言说方式联结着现实世界和虚拟世界。虚拟世界构筑了新的价值模式,成为荣誉主流价值的扭曲镜像。通过对荣誉主流价值和荣誉权威的戏谑和解构,大众文化向荣誉评价发起挑战,使严肃的、权威的奖状及其授奖仪式滑向了一个"可笑"的符号世界。

四、荣誉符号的价值检思

纸质化的奖状以其低成本、可复制的特征成为学校荣誉评价体系中最常见的物件。通过文本书写的方式,荣誉授予的过程被持久地保留下来。奖状记录着荣誉授予的日期和原因,标明了荣誉称号的发起者和接受者,将时间性的荣誉授予事件凝聚在文本空间中。颁奖者在奖状上书写着,将关键信息在文本中排布,并辅以抽象性的图像装饰,赋予奖状特定的叙事结构。书写的过程,就是意义生成和保留的过程。奖状文本成为荣誉符号实体化的载体,在不同的群体间进行意义传递。经过文字符号和图像符号的叠加,奖状成为学生成长记录的文本,体现了个体教育事件和社会主流文化相互渗透的精练表达。社会的发展、对人才培养规格的期待、主流文化的变化等都能在奖状中以符号的形式直观反映。奖状因此也获得了一种教育的叙事性,成为可供阅读、解释和价值提取的对象。

奖状以富有意义的文字符号和图像符号填充自身,同时又在与荣誉的意义交换中成为荣誉的符号。"物被掏空了,失去了它的实体存在和历史,被还原为一种差异的标记,以及整个差异体系的缩影。"(鲍德里亚,2009:80)奖状作为物的意义已经不再重要,而是在书写荣誉符号的同时成为荣誉的指代物,成为荣誉评价体系中差异性的符号标记,时刻提醒着学生个体与主流价值之间的差距。学生占有的并不是荣誉本身,而是荣誉的符号。奖状由此成为传递荣誉逻辑和昭示主流意识形态的话语,成为文化资本社会中的"交换价值物"。也正是因为奖状的符号化,追逐奖状的个体陷入了符号交换的图圈,成为象征符号的消费终端。荣誉评价体系营造了符号稀缺的假象,引发了学生和家长对于荣誉符号的狂热。学生对荣誉称号的追逐本质上是对荣誉资本的追逐。在这种混乱的狂热中,奖状将学生带入了荣誉符号交换价值的结构体系。奖状的象征性促使学生遵守荣誉评价的规则,维持社会秩序在学校中的再生产。正如艾柯所言,符号代码"就其由某一社会所接受而言,建立起一种'文化'世界……是某一社会借以思考、讲述,并在讲述的同时,通过其他思想去解释其思想'意旨'的方式"(艾柯,1990:70)。学校荣誉评价体系借助符号的象征性在学校场域中形成了稳定的意义表征,建构起一个文化规训的世界,传递着特定的价值观念和求知秩序。

作为一种历史性的叙事文本,奖状具备了记录的功能,同时也成为被阅读的对象。只有将奖状中的符号转化为具体的实践行动,荣誉符号的影响才能达到最大化。授奖仪式以一种正式集会的方式,在实践行动中直观表达奖状中的符号意义。荣誉授奖仪式向观看者展示了"好学生"的形象,以视觉呈现的方式对社会主流价值的导向进行诠释。授奖仪式是承载着德育功能的学校活动,同时也是促使学生形成一致的价值认同的手段。学校授奖仪式通过特定的空间和时间布局,营造了一个权威的、神圣的场域,主持人、颁奖者和受奖者正是在这个场域中,通过各自的行动和交往,对观看者施以全方位的价值引导。授奖仪式的空间建构了教室空间之外的课堂,以周期性展演的方式向学生传递意识形态的信息,培养学生的社会价值观念。

荣誉评价以其非物质性特征成为教化学生的重要手段。通过奖状和授奖仪式,荣誉提升了受奖者的榜样价值,个体获得了精神上的满足和文化身份的认同。同时,符号化的授奖事件将学校教育的价值标准向观看者展示,扩大了荣誉评价在学生群体中的影响力。这种低成本的教化方式,呼应了当前教育系统中所提倡的素质教育、价值教育、榜样教育等关键词,成为学校管理学生的基本手段。荣誉称号是一种技术手段,是被创造出来维持教育秩序的工具。"物体和意义构成了一个符号,在任何一种文化中,这样的符号被反复组合成有特征的话语形式。"(赫伯迪格,2009:129)通过荣誉的物件载体和事件表征,荣誉的教化功能被组合进荣誉符号之中。符号价值在学校和学生群体之间传递,在学生个体之间流动。

学校通过对荣誉标准的细化,生成了一套评审机制和分类体系。象征性的荣誉称号被现实生活实践所填充,学生在日常化的教育交往中形成对行动价值和社会结构的理解。在某种意义上,荣誉称号的权力结构、社会结构和行政结构具有同构性,荣誉称号的结构是社会结构在学校场域中的反映,体现了鲜明的行政逻辑。社会生活的秩序正是通过学校场域确立了合法性,并在学生荣誉评价中与社会的行政逻辑遥相呼应。荣誉符号成为区分学生类型的标准,成为个体社会化进程中的标记。通过学校生活中的监督和自我监督,学生的行动被符码化,并在与荣誉评价准则的对比中确定了行动的合理性。学生的行动逻辑是社会意识形态在学校场域的投射,个体行动范式与行政化的行动标准之间的相似性成为学生荣誉评价的参照。行政意识在学生荣誉评价体系中无声地传递着社会价值标准。它以荣誉符号为工具,"用一种虚构的关系实践一种具体而真实的征服,用一种简单的形式实践一种庞杂而持久的机制"

（汪民安，2008：169），在对学生进行管理的同时隐秘地促使学生形成持续性的社会认同。

　　学校层面的荣誉标准被分散到年级、班级、小组、个体，分散到连续的时间流中，形成了切实的、具体化的监督网络和完整的、不间断的实践反馈。这种体系化的监督为符号权力的日常化提供了便利，使其成为学生日常生活的自主行动。规训的权力并不通过暴力的手段实施，而是通过监督的形式成为制度本身，在学生日常生活的细微之处发挥作用。荣誉评价制度使"行动—评价"的条件反射机制成为学校德育的常态，"究其本质，奖励不是意图影响、说服和完全解决问题，而是操纵"（艾恩，2006：23）。荣誉试图确证学生的主体性，但是教育行政意志又将学生置于评价客体的对象化地位。在荣誉评价的激励机制下，个体在权力网络中形成了一致的价值认同、行动逻辑和社会身份。获奖者、颁奖者与颁奖单位达成了教育价值的共识，将学校变成进行知识传递和生产进步观念的"工厂"。学生成为学校在统一标准之下生产出的产品，成为价值塑造的对象。

第四章　流动的袖章:班级卫生检查制度

无论是爱国卫生运动、垃圾分类运动还是新冠疫情防控,这些事件都提高了国家与社会对公共卫生治理的重视程度。从实际意义的角度看,对卫生环境的治理的确保障了社会环境整洁与人们的身体健康,有效地抑制了传染疾病的流行。但公共卫生治理的"真正对象并不存在于卫生所赋予自己的目的之中。对污物的整治指的是其所治理内容之外的东西"(拉波特,2016:50)。也就是说,对污物或垃圾的处理,不应简单地将其视为卫生健康学的范畴。公共卫生治理的本质是一个政治学的问题,即对人的治理。

什么是污秽?世界本无污秽与洁净之别。从本质上说,"污秽就是位置不当的东西"(道格拉斯,2018:48)。纸张放在课桌上构不成卫生事件,它是洁净的。纸张一旦落在教室地面上就变成了污秽,会被视作垃圾。显然,这是因为它没有处在该待在的位置上。从分类学的角度看,因为纸张脱离了原来的秩序系统,所以才被归入垃圾的类型。对垃圾的清扫,就是对秩序的重新组织和建构。洁净与污秽的概念是建构起来的,洁净的本质是保持良好的社会秩序。因此,"创卫"是针对城市而言的,城市需要通过"创卫"来建立卫生法则,进而确立相应的社会秩序。相比较而言,"垃圾是城市的产物,乡村是没有垃圾的"(汪民安,2014)。乡村与垃圾或污秽一直保持着暧昧关系。卫生是反乡村与反自然的,卫生只有在城市中才具有意义。卫生治理使城市的垃圾被及时辨认、捡拾、分类、运出,才能保证城市日复一日地运转。学校也具有一套完整的卫生制度,发挥着同样的功效。从卫生标准、卫生行为再到卫生检查,学校的卫生制度保证垃圾不危害到正常教学秩序。教室的卫生检查是维护校园环境整洁的重要环节,推动了校园卫生活动的进行,正是卫生检查,在很大程度上确保了学校的正常秩序。

一、作为卫生检查制度的袖章

(一)袖章:制度的物件化

卫生检查作为一种学校制度,或者被记录在档案的文本中,或者被存储在师生的意识中,或者被表征在教育物件上。时下校园中流行用袖章作为卫生检查制度的表征物。狭义的袖章是军服的配饰,缀于军服的衣袖处。它由不同的元素构成,配合其他如帽章、领章、肩章等军服标识,表示士兵的军衔与身份。广义的袖章是由一段布料缝制而成,呈套筒或短筒状,套挂在衣袖上起到标识身份的作用。袖章不仅是日常生活中的常见物,也已成为学生或教师在进行卫生检查时佩戴的教育物件。物不是纯粹的存在。物的背后缠绕着人际关系,充满象征意义。袖章同教育空间中的其他物件一样具有教化意义。课间经常能看到一两名佩戴袖章的学生穿梭于教室之间,其他学生则迅速地捡拾自己周边的纸屑或者整理桌椅。袖章与绶带、旗帜等教育物件共同构成了学校空间内的象征谱系。袖章首先是一个符号标识,它虽然不像黑板、讲台、课本等能够传递主流知识,但它象征着一种检查权力。权力能够不断地检视学生的身体及教室的环境,让混乱的教室环境归于整洁有序,为知识的传递提供辅助性支持。袖章的不间断在场具有教化价值:只有遵守学校的卫生要求和秩序要求,才能不被批评与记录在案。

袖章是对军装臂章的简单模仿。臂章是军装所有者身份信息的载体,袖章同样也起到标识身份的作用。袖章与臂章的亲缘关系暗示着它与军事活动的密不可分。"革命军举义广州,志士以白巾缠臂,吹螺角为号,足着黑面树胶鞋。"(丁中江,1996:199)缠在手臂上的白巾可被视作袖章的雏形,近代的人民起义战争中都能看到它的身影。例如,南昌起义军是通过"左臂缠白手巾,脖子上系红领巾"(孟昭庚,2017)完成互相识别的。在物资匮乏的时期,手臂上的布条既使用方便简单,又能让人辨认出具有相同身份的群体。白巾或手巾开始脱离其本体功能,体现出它的符号意义。中华人民共和国成立以前,缝制的短筒袖章就已经出现并且取代了需要扎系使用的白巾。"1949 年 5 月 13 日到 15 日……由地下党员柯照文、陈锦明领导一支佩戴红字袖章迎解放的'义勇消防队',上街执勤,维持治安。"(何峰,2006)袖章上印刷的字符让它的指代功能更加具体。此时的袖章与当下生活中常见的袖章在形态上基本无异。

20 世纪六七十年代,袖章变得炙手可热,佩戴一枚红色的袖章成为体面的事情,这一股红色狂潮瞬间席卷全国。袖章与绿军装、武装带等一起成为大多数年轻人追求的对象,同时也成为表征身份的符码。此时的袖章一改之前的面貌,多以红色为底色。红色不仅具有吉祥喜庆的含义,还象征着热情勇敢。在我国的色谱叙事中,红色与无产阶级革命密切相关,成为体现国家意志的颜色。袖章获得了特殊的象征意义,大众也在佩戴袖章的过程中获得了身份认同与生活价值。

20 世纪 80 年代以来,随着技术上的改进,袖章在大小、形态、材质与工艺上都发生了变化。从构型上看,出现了三角连肩形、菱形、护盾形等不同形状的袖章。袖章的工艺也变得繁多,有丝网印刷、电脑刺绣、热转印等复杂的制作工艺。厚绒布、纤维布、聚氯乙烯(PVC)等现代工业品也成为制作袖章的首选材料。从颜色上看,袖章也不拘泥于以刻板单一的红色作为底色,而广泛使用明显的颜色,例如黄色、绿色、黑色。这些外观不同的袖章,"实际上是同一个基因组中派生出来的不同型号的衍生物"(张闳,2012:93)。红底黄字的袖章依然占据袖章群像中的主流形态。这些形状不一的袖章都是短筒状袖章的变形样式,尺寸规格不一。袖章上印制的文字,例如"安检""执勤""巡逻""监督""巡防"等,大都含有"检查"的意味。即使具体职能暧昧的袖章,例如"值日""值周"等,也同样赋予了袖章佩戴者在执行任务时"察看"的权力。时至今日,改革开放前的大多数织造物消失殆尽,袖章仍旧坚守着"红、光、亮"的色彩搭配原则与国家美学风格,以 20 世纪"遗存"的身份,表征着国家权力的在场。

相对于作为军服配饰的袖章,日常生活中所见的袖章在制作与设计上显得粗糙直观,也没有军服袖章区分等级的功能。当下流行的袖章多由布料缝制而成。布质袖章最大的优点是坚韧与耐用,这种特性反映了使用者在任务或身份上对时间性的追求。袖章一般别在衣袖的上臂处,而不采用缝缀的方式与衣袖连接在一起,可以随用随配,不用即摘。由于任务需要或身份转变,布料的持久耐用性与佩戴方式却加速了袖章的消逝。这是材料质地与使用方式同袖章的功能表达之间的悖论。袖章在外观上不同于服装上的其他配饰,没有经过精心设计,不能与其他饰品一样起到美化的作用。作为配饰的袖章尽管不能充当服装的附属艺术品,但它在配饰体系中获得了双重身份。袖章不仅是身份标识物,而且是国家意志在场的符码。如今的袖章与制服相互配合,或把守在各个场所的出入口,或游巡在某条街道上,用深沉冷静的目光认真打量着进进出出的人。

当下日常生活中袖章的身份特征发生了重构。20世纪六七十年代袖章的佩戴主体主要是青年学生。袖章在学生群体中得到疯狂传播后才在社会上迅速流行。进入21世纪,袖章的佩戴主体主要是权力机构的工作人员。除非得到学校的授权,否则学生身上的袖章不具有合法性。从上往下的渗透方向赋予了袖章合法权力,使袖章成为权力的象征物之一。学校空间不仅是师生关系伦理的承载体,更是一个充斥着各种教育物件的空间。教育物件的关系决定了师生关系、生生关系。袖章与值日生表、学生守则、检查手册等物件成为表征学校制度的象征物体系。卫生检查作为学校制度之一,除了体现在文本化的档案文件中,还体现在印刷着"卫生检查"或"环保特使"等的袖章上。佩戴着这类袖章的学生在学校的各个角落不断游走,使袖章及其象征的检查权力时刻处于动态之中。

(二)袖章流动性的表征

1.时间性

学校是一个"制度的综合体",制度构成了学校的内在肌理。时间制度是学校最主要的制度,它是对学校教育活动的安排。教育要发挥功效,必须依靠各种时间制度。例如，以知识传授为目的，学时、学年与学制共同构成了学校中最基本的时间制度。"时间制度的最集中体现就是各行各业中盛行的时间表。"(傅淳华，2009)课程表把学生的在校时间精确切割成若干段，既保障了知识传递的有序进行，又可以严密地管理学生。这是福柯意义上的规训手段，即通过精密的时间划分、序列化、整合技术，从而对学生产生有规律的干预或矫正学生的错误。学校的时间制度是多方面的。以时间制度为基础，课间检、日检、周检、月检等卫生检查活动构成的卫生检查制度，也是学校制度在卫生检查活动领域的应用。佩戴袖章的学生会定时或不定时地出现在任意地点，对学生个体或班集体的卫生情况进行观察与评估。袖章在学校卫生检查活动中来回穿梭体现出其时间性。笔者在调研中小学卫生检查制度的实施情况时发现：

> 两名佩戴着绿色袖章的女生不停地穿梭在 3 年级的楼道中。袖章上印有"纪律特使"的字样。她们每到一个教室门口，就驻足观看几分钟。有发现她们的同学，会马上进教室把自己放歪了的椅子推回课桌下面。两名女生的视线主要落在地面、课桌椅和垃圾桶上，发现教室没有异样后，又朝下一个教室走去。十多分钟，她们视察了六间教室。(观察笔录 XG20191129XQ)

2. 空间性

学校空间构成了教育活动得以正常开展的物态环境。学校空间首先是一个建筑学层面上的物理空间，由教学楼、运动场、宿舍、教室、走廊以及其他硬件设施组成。学校的空间规划目的是让每个学生镶嵌在具体的位置上，以便精准地确定在场者与缺席者，监督每个学生的表现，对每个学生进行评估。"空间是统治和管理手段最重要的一环，是一种有效用的治理技术，空间被应用到政治中，而且产生巨大的实际性的政治效果。权力实践在此依靠的是空间，空间完全被一种检查的权力所布满。"(汪民安，2005：106)透明的窗户、固定的教室、有组织的课桌排列等空间管理方式，都成为检查权力运行的基础。学校空间充斥着检查权力。学校空间就是一个检查场域，其中以教师对学生所掌握知识的检查为主流检查程序。班级卫生检查在一定程度上能够确保知识教学不受扰乱。教师对学生知识的检查具有天然的合法性,卫生检查人员的检查权力则来自学校的赋权:

> 三名同学排成一列从德育处走出来,他们身上都斜挂着一根绿色的绶带,绶带上印刷着"JD 小学环保大队"。站在队列最前的同学手里举着一杆旗子,后面的两名同学左臂衣袖上用别针挂着"环保大队"的袖章,手里拿着用来打分的小卡片。他们巡查了整个教学楼的所有教室,然后又走到教学楼前的小广场处看了几眼,在卡片上打了分数后又回到了德育处。(观察笔录 JG20191105XQ)

可以看出,袖章成为卫生检查人员证明检查身份的象征物。在卫生检查过程中,佩戴袖章的检查人员不断地游走在学校的各个位置,记录着不符合学校卫生标准的情况。学校卫生检查活动如同一个叙事文本,袖章则成为其线索,将教室、校门口、操场、厕所等空间串联起来,出现在学校的各个角落。

3. 关系性

"学校空间既是物质的,也是精神的;既是抽象的,也是实在的。"(石艳,2010a)空间不仅是一个物质存在,也是一个关系结构,其中包括物与物的关系、人与物的关系、人与人的关系。居住空间具有微观政治学的属性,比如"家庭室内的配置是政治性的"(汪民安,2007)。居住空间内的物品摆放决定了家庭的权力结构,它是社会空间权力配置的缩影与观照。在学校中,师生关系与生生关系同样取决于学校空间内物件的配置。依学校或班级的卫生检查制度规定,袖章不属于个人物品,而是一种公共制度的象征性物品,它会轮值性地出现在不同学生身上。这种制度要求使袖章能够在个体之间流动。诸如值日、值周等卫生检查制度决定了袖章的归属。这种佩戴袖章的轮值性的后果是,不但在学生与学生之间形成了一种观看与被观看的权力关系,而且被观看的学生不知道检视目光的来源。巡视并非学生的职能,但袖章赋予他们的合法性,使检视成为学校卫生管理中的一个重要部分。

袖章出现的地点、时间以及佩戴主体的轮值性，决定了袖章的流动特点。袖章所象征的卫生检查的目光，在时间、空间、人际关系等方面罗织了一张严密的监督网络，让学生时刻处于一种无休止的被检查的状态之中。袖章的流动性让佩戴袖章的学生可以"隐匿"自己的行踪，把其他被检查的对象置于一种随时被观看的状态。袖章的流动过程保证了检查权力发挥作用。袖章的流动性就是权力运作的过程，检查的目光处于时刻流动的过程中。袖章成为一个微观权力的"能指"，它的存在本身是检查权力的提示符号，提示检查权力的某种不在场的"在场性"。同时，检查者会记录不符合学校标准的卫生情况、学生做出的破坏教室或学校环境的行为、不符合学生守则的仪表情况等。所有的行为都变成表格上可量化的综合评分，通过归纳、比较、分类、排列等细小的分类技术，造就了一种关于卫生习惯的规范化手段。不仅在学校卫生管理方面，而且在知识管理（比如家庭作业制度）、秩序管理（比如家长群公告制度）以及安全管理（比如摄像头安放制度）等方面，学生都处于无穷尽的被检查状态。因此，对于被检查的学生来说，他们必须时刻保持一种既警惕又迎合检查的心理活动，以确保自己不合规的言行举止不被"发现"。学校空间在一定程度上成为"全景敞视建筑"，各类检查的目光使学生的某些行为由他律转向自律，维护了正常的卫生秩序和正常的教学秩序。

（三）袖章的符号意指

20 世纪初期，索绪尔在语言学上的创新直接影响了西方哲学从认识论到语言学的转向。在《普通语言学教程》中，索绪尔提出了语言学的概念、研究方向与任务，其语言学理论主要包括语言和言语、内部语言学与外部语言学、历时与共时、语言的符号本质、"系统"学说与"价值"理论等，对现代语言学、符号学、精神分析、结构主义等产生了深远的影响。索绪尔语言学的理论建立在符号学的基础上。他的语言学符号观为后来的文学研究、历史研究、文化研究、人类学研究等提供了全新的视角，在人文学科中具有重要的方法论意义。巴特在一定程度上继承并发展了索绪尔的符号学理论。巴特将索绪尔的符号学、社会学、文化研究等学科结合起来，立足于法国社会生活的文化现象，力图揭示大众文化背后的资本主义意识形态特征。巴特的文化符号学"重新让物,让一切意指系统,让一切人工产品进入正统的学术机器,就此而言,符号学几乎是学术机器内部的一场革命"(汪民安,1999:114)。这场革命"拓宽了人文科学研究的疆域,几乎所有可能被赋义或符号化的人工制品都可以成为研究关注的对象,并由此催生了遍及全球的文化研究之大潮"(肖伟胜,2016)。巴特所创建的文化符号学把社会文化现象和流行事物都变成了可分析的符号,从而可以揭示事物的语义机制和意指功能。在他看来,文化内部的事物从来不是单纯的和中立的,而是充斥着社会性和历史性。

袖章与言语、图像、表演等表达形式一样,也是一种信息的载体。按照巴特的符号学的观点,在文化中的几乎所有事物都可以被赋予意义。事物"一具有意义,就成为一种文字:它们就像是文字一样,也导致述说"(巴特,2016:170)。巴特语言符号学扩展到广义符号学,即把一切可以表意的事物看作与语言系统拥有同样结构的符号。从文化符号学的角度看,袖章是一个二级符号系统,具有两个层次的表意系统。袖章的一级符号系统的能指就是其基本的表意符号,包括颜色、材质、形状以及字样等,所指就是袖章这个物件本身。袖章在此作为一个语言学符号是无可置疑的,是一种有规律的符号文本。二级符号系统的能指就是一级符号系统,是袖章这个语言学事实,反映的是袖章本身。袖章这个由自身的能指、所指而形成的符号,相对于深层的文化结构又只是一个能指,其所指就是佩戴者被权力机构赋予的特殊身份与行使某项职能的合法性。学生在佩戴上袖章之后,就成了学校指定的卫生检查者。对于这一结果,没人会去质疑其合法性,因为这是特定的社会文化意义赋予其的。当学生佩戴好袖章之后,袖章的内容就不再重要,便只是一个精神意象符号。它引发了卫生检查者与被检查者头脑中关于卫生检查的认知,即卫生检查是合乎情理的。正是在二级意指系统中,袖章与特定的社会文化联系起来,使卫生检查变成学校内习以为常的行为。

二、班级卫生检查的分工与协作

(一)人员结构及其基本事务

1990年,教育部颁布了《学校卫生工作条例》,该条例明确规定学校卫生的主要任务之一是对学生进行健康教育,培养学生良好的卫生习惯。按照教育部关于学校卫生工作的总体要求,学校需要制定全面的卫生管理制度。系统的卫生管理制度可以给师生提供一个干净整洁的校园环境,保证师生的身体健康,从而保证学生的学习效率。各个学校通常会把卫生管理制度与学校的其他制度(如品德评价制度、三好学生评选制度、班集体综合评价制度)相结合,使其融入学生的日常生活。这些学校制度成为校园管理文化的重要组成部分。其中,班级卫生检查制度是卫生管理制度的重要组成部分。学校会设置相关人员进行卫生检查,涉及从学校的管理层到班主任再到学生等各个层面的人员。当我们问及班级卫生检查的制度建设时,JD小学德育处主任说:

> 我们学校分管德育的副校长会抓大方向。德育处就管理值班老师和环保中队,每天都有值班老师和学生检查学生的安全和卫生。班级里也有自己的检查方式,一般都是班主任自行安排,我们不做特别要求。(访谈笔录 JF20191105ZTF)

一般而言,中小学校的德育处负责学生的安全、纪律、礼仪与卫生等问题。在卫生检查方面,德育处主要负责检查工作的统筹与计划。值班老师与学生组成的"环保中队"按照德育处的安排执行检查任务。我们就值班老师与"环保中队"对学生进行了访谈。

> 访谈者:值班老师的作用是什么?
> 学生2:老师会在上学、放学的时候站在校门口检查。如果发现没戴红领巾的、没穿校服的、衣服不干净的、不排队的学生,都会记下来扣分。
> 访谈者:扣什么分?
> 学生2:班里的分。得分高的能评大拇指班级,最高的是金拇指班级。

访谈者:大拇指和金拇指是什么意思?

学生1:就是两个牌子,大拇指是红色的,金拇指是金色的。它们可以挂在教室的门上。

访谈者:得到大拇指和金拇指就代表你们卫生做得好吗?

学生1:卫生是一方面,还有班里的安保。

访谈者:获得大拇指或者金拇指班级的时候,你们开心吗?

学生(群体):开心!

访谈者:谁会参加环保中队?

学生1:3年级到6年级的同学都会轮到,我们学校的每个同学都能轮一次到两次。

访谈者:他们主要做什么?

学生2:我们会先去看班级里有没有垃圾分类,检查吃完的酸奶和水果皮有没有放到指定的地方。然后就会看看地面拖得干不干净,桌子、凳子和书包柜有没有摆整齐。最后就是看班里的卫生角,看看扫把和拖把放得整齐不整齐。基本上和卫生委员检查相同的地方。

学生1:我们脚底下如果有垃圾,被环保中队看到的话就会扣分。还有就是桌子、椅子如果没有排好要扣分,被他们看到没有把垃圾放进垃圾桶也要扣分。有的班一看就知道打扫得不干净,吃了午饭后地上都是垃圾,垃圾也不分类,香蕉皮或废纸放错了地方,就给他们班扣分。

学生2:环保中队有单子。每个环保中队都有队长,队长管加分。做得好的就加分,做得差的就扣分,然后再送到他们班级里去。

访谈者:这个分数也是为了评大拇指和金拇指的?

学生(群体):点头。(访谈笔录JF20191105XQ)

在JD小学,班级卫生检查的主体是值班教师与"环保中队"。值班老师一般由班主任担任。他们通常会在校门口、楼梯口等学生多的地方当值。"环保中队"采取学生轮流制。也就是说,"环保中队"的人员是不固定的,但总人数保持在3人。在人员选择上,学校要求3年级以上的学生才能参加"环保中队",这些学生一般会佩戴绿色的绶带与袖章,在每日的午餐期间进行各个班级的卫生检查工作。卫生检查期间，"环保中队"的队员在举着绿色旗帜的队长的带领下，对学校的各个班级进行卫生检查。但是由于班级很多、卫生情况繁杂等实际情况，值班教师与"环保中队"并不能持续地发挥监督作用。因此，班主任负责制是德育处主导的卫生检查工作的有效补充。为了解班级内部卫生检查体系，我们针对班级卫生管理的制度建设问题对班主任进行了访谈。

> 班主任：我现在负责2年级。1年级基本上属于老师参与，然后再慢慢地让学生养成习惯。1年级有三件事情：椅子对齐、课桌对齐、地上垃圾捡干净。到了2年级我就逐渐放手了。这学期开始我制定了值日表。值日表在设计的时候会让他们6—8个人一组，分为5组。有的时候根据人数稍微调整一下。我会规定谁负责扫地，谁负责拖地，谁负责分水果，擦黑板是谁，倒垃圾是谁。职责到位了，哪一块没有做好，就盯着那个同学了。问题是现在有的小朋友偷懒。组长也管不了，只能跟我来打报告了。我们班目前一天打扫两次，午餐之后打扫一次，因为学校的环保中队中午要来检查。放学之后没有时间，我就会让值日生辛苦一点，第二天早上8：15之前到班级做好值日。尽管孩子会出现类似迟到这样的问题，但尽量会让他们按照值日表去做。
>
> 访谈者：组长是怎么选出来的？
>
> 班主任：组长都是我从组里挑选出来的。每天都有一组负责班级卫生，我就会在组里选工作能力强的、比较负责的同学。每个组里都有这样的同学，我就让他们自己报名，然后我再挑选，让他们担任组长。12：30左右，他们在环保中队检查之前检查一遍班级的卫生，然后再跟我汇报。
>
> （访谈笔录 JF20191105XQ）

卫生检查制度普遍存在于中小学校，可以说是非常细致。就 JD 小学而言，其有两套典型的卫生检查体系。第一套是按照在校职务的高低确定下来的责任认定系统，主要结构是"副校长—德育处主任—值班教师—环保中队"。第二套是班级内部的卫生自查系统，主要由"班主任—卫生委员—值日组长"三级结构组成。工业社会的教育组织形式普遍采用金字塔结构的层级化管理技术,卫生检查的结构也不例外。因为学校规模日益扩大和卫生环境日益复杂,学生数量增多,教师数量有限,采用层级化管理的技术在维护正常的管理秩序方面发挥了重要作用。层级化管理的技术似乎很简单,但是它的效率目标取向很清晰。层级化管理技术通常采用量化的方法完成检查工作。对学生知识的掌握情况进行量化是学校评估学生学业的最常用手段。在卫生检查方面,学校依旧采用量化技术,把卫生看作日常工作。在 JD 小学,德育处依据《学生一日礼仪评比项目分工及细则说明》,以直观的数据呈现班级的卫生情况。卫生检查得出来的量化分数成为裁决学生道德素质与班级综合水平的重要依据,甚至与学生的期末综合成绩挂钩。JD 小学通过一系列的微观制度与技术,最终把卫生检查与学校德育、学校智育关联起来。

JD 小学实行午餐管理制度。值班教师发放午餐,学生在教室内食用。在教室用餐必定会产生大量的垃圾残渣影响学习环境。因此,午餐后的班级环境成为班级卫生检查工作的重点。午餐文明也纳入该校的德育范畴。值周老师会在午餐时间巡视每个班级的用餐秩序,并将其记录在"学生一周礼仪评比记录本"上。如果未发现违反学校卫生规定的现象,则在记录本相应的班级栏里加 1 分。如果发现有不合规定的情况,如"午餐时间乱跑乱走的学生""用餐吵闹,餐盒回收散乱,果皮、酸奶盒乱扔"等,则扣 1 分。此外,"环保中队"的巡检工作与值周教师的例行检查是同时进行、互为补充的。午餐时间,"环保中队"巡逻整个学校,并将各个班级的卫生情况记录在"礼仪检查反馈单"上。他们会将加分或扣分的原因,如"垃圾不分类""地面不干净""桌面凌乱"等写在反馈单上,在检查结束后统一上交德育处。德育处会把"环保中队"的扣分、加分情况誊抄在"学生一周礼仪评比记录本"上。分数誊抄完成后,德育处会将反馈单下发给班主任。在"学生一周礼仪评比记录本"中,学校的所有班级都被网格化处理。每个班级的综合情况都以"+1"或"-1"的数字呈现。直至周末,德育处再综合统计各个班级的分数,以此作为本周学生个人评价和班级综合评价的依据(见图 4-1 和图 4-2)。

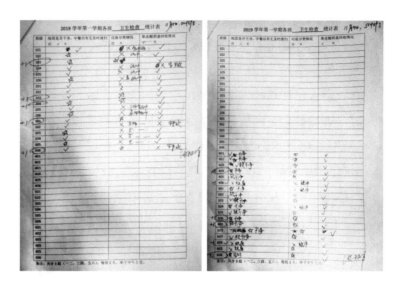

图 4-1　JD 小学卫生检查统计情况

项目	地点	评比细则说明	
仪表规范	校门	加分：进校时黄线处敬礼标准，向家长礼貌再见，向老师礼貌问好； 扣分：红领巾、队标（队徽）、校徽、安全头盔未按规定佩戴；	
勤学早读	校门		
	各班教室	加分：早读自主有序，或在同学带领下整齐诵读； 扣分：随意走动，讲空话、吵闹等；	注：作业在早读前后上交；
三操认真	各班教室	加分：全班同学听广播铃声及时开始，动作准确到位，安静有序； 扣分：不认真、不规范或影响他人，且有 3 人以上被点名；	注：年级组统一标准，以表扬、提醒为主；若发现教师上课未做眼操，检查人员会提醒任课老师：老师，该让学生做眼保健操了；
	通道、操场	加分：两列路队安静有序，广播操、武术操动作准确到位； 扣分：不认真、不规范或影响他人，且有 3 人以上被点名；	
午餐文明	校门	加分：一列路队整齐有序，随带班牌，无滞留拖拉学生； 扣分：路队散乱、打闹；	注：未吃的水果、酸奶由食堂统一收取处理。
	各班教室	加分：用餐安静文明，餐盒回收整齐，果皮、酸奶盒分类处理好； 扣分：用餐吵闹，餐盒回收散乱，果皮、酸奶盒乱丢；	
教室整洁	各班教室	教室卫生 加分：教室、走廊地面干净，无纸屑、纸巾等各种垃圾； 扣分：教室、走廊地面有污渍、纸屑等垃圾，经检查人员提醒仍未清扫； 垃圾分类 加分：准确投放纸质可回收物、塑料瓶可回收物和其他垃圾； 扣分：垃圾桶中垃圾乱扔；	注：两项都好加分，两项都差扣分。
午间安全	走廊、操场	加分：文明有序地开展午间活动，安全方面有一定的意识； 扣分：操场及走廊存在奔跑打闹，尖叫嬉哗、损坏公物等现象，经检查人员提醒不听劝告的；	

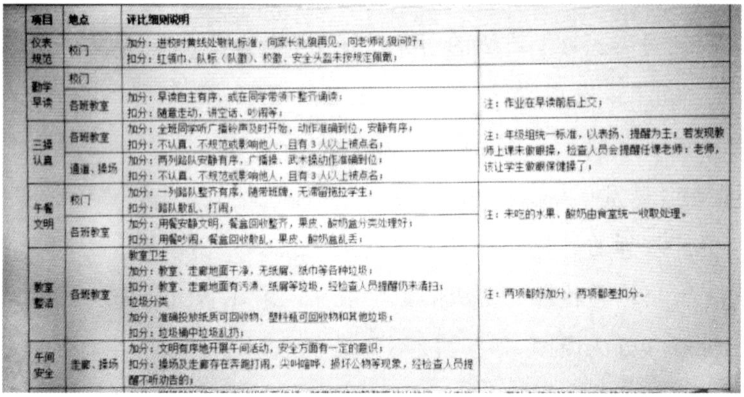

图 4-2　JD 小学检查评比制度

班级内部的“班主任—卫生委员—值日组长”的自查结构是灵活的、软性的卫生层级管理结构。班主任可以在任何时间巡视班级的卫生情况。在班主任进行其他工作的时候，卫生检查的任务就落在了卫生委员与值日组长身上。与班主任相比，卫生委员与值日组长可以发挥持续的监督功能。他们长时间在教室中，可以及时制止或者“告发”不遵守卫生规则的学生，以维持教室的卫生情况。JD 小学的班级内部卫生自查体系能够运行主要依靠以下两点：第一,学校将班级的卫生情况视作班主任工作的重点内容,这直接影响班主任的绩效与评价。第二,班级的卫生是班集体的事情,不仅是某个人或某个卫生值日组的问题。卫生分数的高低关系到班集体的荣誉,关系到班级在下一周是"大拇指"还是"金拇指"的荣誉层次。JD 小学正是通过将卫生问题与班主任绩效和学生的集体荣誉感建立实质性关联,从而保持卫生检查机制在班级里时刻运转。

值周教师、"环保中队"的学生、班主任、卫生委员与值日组长都是卫生检查的主体,但他们不是按照严格的教育卫生学知识遴选出来的。值周老师和"环保中队"的学生由德育处安排轮流担任,卫生委员与值日组长是班主任挑选出来的"工作能力强的、比较负责的同学",因此他们并不具有严格的卫生学知识,无法对班级的卫生做出医学标准上的判别。一般来说,学校卫生室的医生具有公共卫生学的知识与标准,是检查班级卫生的合适人选。他们能够从医学或者卫生学的角度对学校班级的卫生情况做出评判与专业解释。但卫生室的医生仅能够检查学生肉体的健康与器质性的问题,评价环境卫生的工作却落到了知识的传授者与接受者身上。卫生检查的意义脱离了严肃的细菌学与公共卫生标准,受制于德育处规定的总体性的美学标准,其维系健康的本体性功能被搁置在次要的位置。

(二)检查内容及其制度

如果教室内课桌椅凌乱地摆放,教师就无法维持正常的教学秩序,无法掌握学生的课堂表现。如果教室内充斥着各种异味,则很容易引起学生关于气味的遐想,使其无法聚精会神地接受知识。脏乱的学校环境会影响"正常"的教学秩序,因为干净的学校环境被认为能够为知识传授提供辅助作用,也有利于学生的身体健康。为了尽可能避免混乱的学校环境给教学秩序带来的挑战,中小学校仿效社会机构的管理原则与方法,制定了细致的卫生管理制度。中小学生在卫生方面的自觉性与管理能力弱,中小学校必须借助卫生检查制度来确保学校与教室始终处于整洁的状态。通常情况下,教育教学活动不可避免地会产生垃圾或痕迹,校园与班级的环境不可能一直保持干净整洁。学校或教室从某种意义上说是一个"垃圾中转站",因为学生每天都会带来或生产垃圾,通过活动制造出各种不规范的痕迹。因此,卫生管理制度几乎将学校里的人、物与活动痕迹都作为卫生检查的对象。卫生检查是学校卫生工作的最后一环,同时也是新一轮卫生工作的开始。学校制定了若干卫生例检制度,与学校体育、德育、智育等联系起来,成为促进校园卫生工作长久运行的保障。

　　XC 学校是一所实行集团董事会领导下校长负责制的九年一贯制学校,位于东南某沿海城市。该学校分为东西两个校区,东校区是小学部,西校区是中学部。2019 年 11 月,在收到 XC 学校校长的邀请后,笔者在一名 1 年级实习班主任的带领下参观考察了小学部。在考察过程中,当我们问及班级卫生检查的内容时,负责卫生检查的德育处主任呈现了该校小学部的卫生检查内容与标准。XC 学校小学部的卫生检查内容与标准如下:

（一）校园环境卫生

1.卫生区地面平整、清洁,无卫生死角。

2.卫生区内无杂草,无垃圾,无砖头石块,无烟头,无纸屑,无积水。

3.卫生区内绿化部分整洁、清新,无异物,无杂草。

（二）各室室内卫生

1.室内空气清新无异味。

2.门窗玻璃齐全、清洁、干净、明亮。

3.墙壁洁净,无尘土,无污渍,无蛛网。

4.室内灯具干净,地面清洁,无痰渍、无污渍。

5.桌面清洁、干净,课桌洞、椅子篮摆放有条理。

6.内务整齐、书包摆放统一,整齐有序。

7.卫生工具干净,摆放在指定位置,垃圾分类正确。

（三）食堂餐厅卫生

1.桌椅摆放整齐有序。

2.桌面干净,无污物、油污。

3.无蚊虫、鼠蚁等害虫。

4.门窗清洁、干净、明亮。

5.符合相关食品卫生规定。

(四)卫生间卫生

1.无苍蝇、蚊虫等。

2.厕所瓷砖表面、洗漱池内清洁卫生、无污物。

3.垃圾处理及时、干净,无异味。

4.便池内进行消毒除臭处理,无污垢、污物残留。

5.厕所门窗玻璃干净、明亮,地面整洁。

(五)楼道、楼梯卫生

1.楼道、楼梯地面干净、整洁。

2.楼道墙壁无灰尘、无污渍、无乱涂乱画。

3.楼梯扶手干净无灰尘,栏杆清洁无尘土。

4.楼梯间无卫生死角。

出于学校后勤工作社会化的卫生制度改革、小学生的专注力较弱等原因,XC学校小学部的食堂餐厅、卫生间与楼道楼梯的卫生都由保洁阿姨打扫,学校总务处负责检查。小学部的学生只打扫学校环境卫生与教室卫生,中学部的学生则负责打扫除食堂餐厅之外的卫生,德育处负责检查。在对JD小学的考察过程中,当笔者问及卫生检查的内容时,德育处主任告诉我们:

> 现在我们学校的卫生检查主要集中在两个地方,第一是教室卫生,第二是垃圾分类。这些都是值周老师和环保中队去做的。检查教室卫生主要是看教室与走廊的地面有无污渍,有无纸屑、纸巾等垃圾,桌凳有没有排列整齐,有没有学生乱扔垃圾等。垃圾分类主要是看学生有没有准确地把垃圾分类处理。尤其是午餐过后看看学生有没有按照要求把餐盒回收,果皮有没有乱扔。如果发现垃圾桶中垃圾乱扔的,我们的检查人员先提醒,提醒后还不改正的就要扣分了。(访谈笔录JF20191105ZTF)

从对XC学校与JD小学相关人员的访谈中可以看出,两所学校的卫生检查内容可谓是细致入微。课桌椅、地面墙壁、门窗玻璃、卫生工具、学生的个人物品与外表,甚至是教室内的气味,都被纳入卫生检查的范畴。大体来说,卫生检查的对象首先是教室的物件,其次是学生的仪表和行为。对物件与个体行为仪表的检查是对现代车间管理制度的仿效。在工厂管理中,管理者要检查生产工具是否损坏、工人是否偷懒,以确保生产效率与产品质量。在教室中,学生被置于知识生产的流水线上,不断地在灌输、教化、质检的循环中获得知识,成为一个合格的产品。

卫生检查的目光通常聚焦于教室的物件上。首先,教室是一个由混凝土与钢筋等材料构筑的物理空间,是教学实践得以展开的建筑基础。其次,教室还是一个被物件包围的空间。课桌椅、黑板、讲台等物件在教室中有秩序地被排列放置,才使教室与其他社会空间区分开来。在教室中,每个物件都有其固定位置。黑板与讲台一般要置于教室的"前方"与光线中心,由此才能够确定教室的整体布局。从物理学与几何学角度看,教室空间的中心应该是教室平面的对角线交点。但由于教师掌握着知识的绝对解释权,因此他们的位置是知识的可靠来源,黑板与讲台成为教学空间的中心。学生作为知识的接受者,他们必须朝向教师所在的位置。如此的位置安排便规定了知识生产的秩序,即从黑板与讲台流向课桌,从教师传向学生。同时,课桌椅分割了教室空间。学生不能随意走动,只能在自己的位置上学习。他们的身体与姿势必须符合课桌椅空间规定,学习用品也必须放置在固定的位置。整齐排列的课桌椅将整个教室空间网格化与表格化。教师站在讲台上就能把学生的所有情况尽收眼底。假若课桌散于教室四周,卫生工具与纸屑果皮散落一地,势必会解构黑板与讲台的中心位置。这样一来,教室内没有了作用于学生的权力,教师的权威中心也随即瓦解。因此,对教室物件的卫生检查,其目的是维护知识生产与传播的路径。

"乱扔垃圾""乱涂乱画""校服不整洁"等学生行为与表现也是卫生检查的重点关注对象。这些行为或表现与学校卫生管理规定相抵牾。它们不仅是针对学校的"反叛",而且被看作对课堂教学秩序的威胁,因为不遵守卫生规定的学生容易对其他学生产生影响。这样的学生通常会把班级卫生搞乱,甚至隐藏着破坏秩序的危险。危险来自"多动的"身体。"身体的标志是动物性,它是感官体,是一个活的敏锐的感官机器,也是一个奔突不息的欲望机器,它是一个巨大的一体化和有机的能量源泉,它的内部舞蹈着力量和疯狂,这种力量和疯狂为快感而生,也为快感而灭。"(汪民安,2015:69)身体的本能是冲动与欲望。但是在学校中,学生身体的冲动与欲望被假设为犯禁的、不被允许的。因为在应试教育体制下,学习知识与提升成绩是第一位的。活动的身体让学生不能将注意力集中在学习功课上,能够带来危险。由于身体是危险的源头与受害者,权力的眼睛就是要紧紧地盯住这些"不正常的"动来动去的身体。权力一旦捕捉到身体产生的"危险行为",就会立即做出反应。要么将其"记录在案",要么将身体固定起来。基于集体荣誉感的班级管理制度,某个学生个体的行为不仅是自己的事情,而且也是班集体的事情。扣除的道德综合分关乎整个班级的荣辱。做出不被允许的动作或活动是一种不光荣的行为,是一种自私的行为。受到权力目光洞察的学生必须做出忏悔,在灵魂上"洗心革面",等待他们的是疏离与歧视。只有改造后的他们才能赢得共同体内其他成员的掌声与肯定。这种教育策略源自身体与心灵的二元论,即认为身体是学生成长的阻碍,必须用规训的手段使学生的心灵与道德集体化。因此,身体活动检查的背后,是对学生身体的规范与集体荣誉感的道德教化。

中小学校卫生检查的核心机构是德育处而非卫生室。德育处的教师具有校医与教师的双重职责。但在卫生检查的过程中找不到校医的身影,只能看到知识的代言人:教师。教师替代校医成为卫生检查的决策者。教师在卫生检查过程中的重要性似乎在昭示着学生身心健康是次要的,保证知识讲授的高效才是卫生检查的重点。中小学的卫生检查制度仿效了工厂车间里的检查制度。工厂车间的检查对象是工人与机器,车间管理者的检查并非出于对工人与机器的关心,而是关注车间的经济生产的效率。福柯所说的规训权力在中小学校里得到了证实与实践。按照福柯的观点,规训权力旨在使纪律从一种看得见的命令转化为操纵身体活动的无意识结构和内在行为的塑形机制。规训权力的总体目标是使人体变得更加顺从,变得更加有用。这也是中小学校卫生实践的假设。对于中小学校来说,它们的目标就是保证学生能最大限度地获取知识,保证学校的升学率。包括卫生检查制度在内的学校的所有制度性规定,都是为围绕这一目标设置的。因此,所有违背这一制度的现象或行为,都属于"不正常"的内容。为了恢复"正常"以达到提高学习效率这个目标,权力就需要详尽地包围每个器物与身体。权力想要持续地发生作用,权力机器的执行者必须调动一切因素保证权力流程的运行。因此学校中的每个学生与器物都被卷入这个链条。卫生检查制度几乎覆盖了学校的每个器物。德育处将卫生检查的权力下放至部分学生。佩戴"卫生特使"或"卫生检查"袖章的就是被赋予卫生检查权力的学生。这样一来,权力不但提高了效率,扩大了范围,还解决了成本问题。在检查的过程中,进行卫生检查的学生与被检查的学生都自愿成为权力监管体系的成员。权力一旦获得学生个体的支持,就会无处不在。权力就像一张大网笼罩着学校的每个角落,权力的链条时刻不能松懈与断裂,这样才能保证链条一直运行下去。

卫生检查成为校园里司空见惯的教育实践。对学生身体与空间物件的双重检查必须频繁,否则不能支持检查权力流程的持续运作。因此,各个学校制定了多种类型的卫生例检制度。对学生的各种微观的卫生活动做出检视成为学校的日常工作之一。一般来说,卫生检查的例检制度有日检、周检、月检、学期检与随机抽检等。例如,JD小学设置了日检、周检与抽检制度。每天中午12:00—12:30,举"环保中队"旗帜的队长与佩戴袖章的队员对全校所有班级的卫生情况进行检查。值周教师在早上与中午必须对各个班级的情况进行巡视。此外,每个月都举行与卫生活动相关的"主题周"活动,如"爱护环境""垃圾分类""用餐文明""着装文明"等。学校的"儿童电视台"还负责拍摄部分班级的活动情况,并将其投放至学校公共平台,作为班级综合评价的依据。这是一种变相的卫生抽查制度。在XC学校,卫生例检制度除了"环保特使"在"大课间"进行的日检,还制定了由教师进行的周检制度。该校在《卫生管理规定》中规定:除日常的卫生检查外,每月末的周五15:00,由学校成立的"大扫除检查小组"对校园卫生进行全面检查。

实施学校规定的卫生例检制度的主体是一套系统化的卫生检查人员。班级内部的卫生自检系统的检查形式主要是抽查。班主任、卫生委员和值日组长都是抽查的主体。班主任作为班级卫生的直接责任人,是将学校教育政策传递给学生的重要中介。在班主任绩效制度与班级荣誉制度的驱使下,卫生检查通常成为班主任日常工作的重点之一。他们检查卫生的时间很灵活。班主任会在不固定的时间出现在教室里巡视"卫生死角"或"学校检查重点"。对于担任班级卫生委员和值日组长的学生来说,他们需要对自己的职务负责。在班主任不出现在教室的时间,他们就承担起了卫生抽检制度的执行者。对班级卫生的检查已经是学校场域内发生的常态化活动。

如果说对学生身体活动与物件秩序的监督是学校微观权力在空间内的游戏,那么周而复始的卫生例检制度就是学校的权力意志与时间制度的共谋。卫生检查在空间与时间的双重维度上实现了对学生周密的管理。物与物的关系、人与物的关系、人与人的关系确定了空间的基本结构。空间是权力运作的基础。封闭的校园、教室围墙、门窗、走廊以及秧田式的课桌构成了一个隐秘的权力机制,确保了卫生检查的有效性和连续性。卫生检查就是通过在这样的空间内部进行检视和管理,将学生锻造成一种崭新的主体类型。学生从外界带来的"不良习惯"在学校空间内消失不见。学生都是穿着整洁的校服、不乱扔垃圾、按时打扫卫生的具有"良好习惯"的学生。与空间的固定性相比,时间因其更加柔性而被用来控制卫生活动。学校微观权力将学校时间切割成不同的时间段,并精准地体现在学生的作息表上。作息表为教育活动的组织与安排提供了行为结构的基础,即什么时段应该做什么类型的事务。其中,40分钟的课堂时间是"属于教师"的,用来传授知识。也就是说,学生在这段时间内都处于被教师传授的学习活动中。课与课之间的10分钟间隙是"属于学生"的。在这10分钟,学生脱离了教师的监督,进行社交或其他活动。相对于40分钟的课堂时间,在没有教师的监督下,学生在下课时间更容易做出破坏性的"非理性"行为。因此,卫生的例检制度填补了课间没有监督的空白,让学生处于一种几乎无休止被检查的状态下。在对JD小学进行考察时,途经某个教室,发现三名学生未去户外上课(体育课)。当笔者出现在教室门口的时候,两名正在交流的男同学迅速把自己的课桌摆正,另外一名女生悄悄地走向垃圾桶,确定垃圾桶里没有垃圾才坐回自己的座位。他们把笔者误认为学校的卫生检查人员。当知道了笔者的真实身份后,三名同学才"松了口气"。由此可见,卫生检查不仅是对物件秩序的治理,而且是对学生行为习惯的治理。

(三)袖章的行政功能

学生是中小学校卫生检查的主体。在班级授课制的教学组织形式下,教师少、学生多是影响教师精准管理班级秩序的客观因素。"忙不过来"或"照顾不周"是教师或班主任的工作常态。班主任除了负责班级的管理,还肩负着学科教学工作。德育处的工作也不仅涉及学校或班级的卫生检查,还包括安全教育、文明教育等内容。因此,教师把卫生检查的权力下放给学生。学生承担起日常的卫生检查工作的优势在于:第一,学生数量多,可以在较短的时间内完成卫生检查;第二,学生可以随时进行卫生检查;第三,负责卫生检查的学生也可以作为其他学生的榜样。这些值日生或检查人员佩戴"卫生检查""卫生特使""中队长"之类的袖章或绶带,以表明自己的身份。当佩戴袖章的学生出现在教室门口或走廊上时,也就是开始了卫生检查。

在经过学校的认可后,佩戴袖章对校园空间的卫生巡检行为才具有一定的合法性。袖章的出现代表了卫生检查制度的在场。"从流水线上下来的产品是一种客体物质,本身不表示任何意义,通过一定的方式赋予某种社会意义后才成为符号。"(陈月明,2006)从文化符号学的角度看,袖章并非一个功能之物,因为它不像衣物一样具有使用价值,也不像其他配饰一样具有装饰功能。在得到学校的正式认定后,袖章被赋予了卫生检查的意义。袖章只有佩戴在学生手臂上,处于卫生检查的情境中,才显示出其符号功能。在其他时间——安静地躺在德育处的储物柜时——袖章只是一块布料。袖章符号的象征功能远远超越了其作为自在之物的本体意义。

卫生检查也是对教室物件与学生身体的凝视。凝视是一种目光的投射,是一种视觉行为。正是通过对事物外在表象的观看,观看者在感觉世界里形成对被观看者的判断。"凝视是政治性的,因为绝不仅仅是看得见,同时也是知识和权力。"(毛晓钰,2019)在凝视的背后是知识与权力的运作。从学校的空间结构,到师生关系与生生关系,无不充斥着凝视权力。凝视的权力布满了整个学校空间。教室内的空间布局,如秧田式座位排列方式,为凝视权力提供了合法的观看机制。凝视权力也在学校的人际关系中发挥作用。在卫生检查层面,学校运用分类学与公共卫生学的概念,对检查对象进行整理和排斥,赋予可被观察之物以秩序。秩序被建构为一种制度,体现在学校的各种规章文本中,如《卫生检查标准》《卫生检查细则》等。由此一来,学校确立了一种关于卫生检查的话语。佩戴袖章的学生被假定为掌握卫生检查知识的人,同时又有着学校赋予的政治性身份。因此,在检查的学生与被检查的学生之间形成了一种微妙的权力关系。检查卫生的学生观看、分析、记录着"正常"与"不正常",并使之呈现于制度的表格里。被检查的学生想要确定自己的卫生习惯是否"达标",必须接受检查卫生的学生的凝视。在这个过程中,凝视与规范化手段共谋,致力于促进学生的"学校化""空间化",打造出"标准学生"。

凝视与可见性有关。福柯在对"全景敞视建筑"的研究中认为,凝视权力应该是可见的但又不能是确知的。"所谓'可见的',即被囚禁者应不断地目睹着窥视他的中心瞭望塔的高大轮廓。所谓'无法确知的',即被囚禁者应该在任何时候都不知道自己是否被窥视。"(福柯,2012:226)。在现代社会,全景敞视管理被广泛地应用在医院、学校、商场、监狱、精神病院等社会机构中,成为一种社会普遍采用的视察模式。这些社会机构只不过是一个关于"监视社会"的隐喻。从某种程度上说,学校是"全景敞视建筑"模型的同构物。在学校这座"全景敞视建筑"之中,袖章所象征着的卫生检查制度是一种既可见又无法确知的权力机制。

袖章以红色或绿色等鲜艳绚丽的外表彰显着制度的在场。学生能随时看到正在凝视他们的袖章,同时也进行着卫生习惯的自我凝视。这是一种不平等、不对称、失衡的观察机制。它像中心瞭望塔一般,不在乎谁行使权力,不在乎谁佩戴袖章。但相对于中心瞭望塔,袖章是流动的、不固定的、去中心的。处于环形建筑中心的瞭望塔是固定的。只要被监视者离开了环形建筑的边缘,逃脱了瞭望塔的监视范围,瞭望塔就形同虚设。瞭望塔是固定的,它指称了实体性的权力,而袖章则不同,它是流动的,它在无形中扩大了监视的范围与监视的时长。袖章的流动性象征了监视权力的轮值性:一种群体内部的权力分享机制与监管的互动互查机制。佩戴袖章的学生可以在校园内随意穿梭,成为一个"行走着的瞭望塔",不断地打量其他学生,同时也在时刻反观着自己。这是一种更加全面细致的"相互瞭望"制度。

凝视对象必须具有可见性。凝视不仅是对可见物的凝视,也是对不可见物的凝视。因为不可见物也有可见性。充足的光线是保证被观察物可见性的首要条件。玻璃与白色墙壁尽最大可能投射与反射光线,这既保证了师生良好的学习环境与健康的身体,又保证了被凝视对象时刻处于光照之下。在《临床医学的诞生》中,福柯认为医学的诞生经历了三次空间化的过程。原本不可见的疾病、身体与医疗空间都变成了可见之物。病人成为医生探查的对象。空间化是除光线外把被观察之物可见化的另一常用手段。教室内部的不可见物要变成可见物,最典型的做法就是按照秩序摆放教室内的课桌椅等物件。每张课桌都规规整整地排列,使课桌本身与使用课桌的学生能够被随时观看和一眼辨认。权力在它的对象身上强加了一种被迫的可见性。"他们的可见性确保了权力对他们的统治。正是被规训的人经常被看见和能够被随时看见这一事实,使他们总是处于受支配地位。"(福柯,2012:211)袖章并不持续在场,检查的目光也不是时刻出现在校园内。如果说全景敞视建筑运用了光学知识与建筑知识,巧妙地隐蔽了监视的目光,那么袖章也因其流动性与微缩的体型,不容易被观察者发现。实际上,学生并非全天候检查学校的卫生,这种实践是断断续续的。即便袖章不在场,也能够持续地在学生的心里发挥作用,因为被检查者不知道什么时候自己就会被窥视、被记录。因此,教室里不再出现乱扔垃圾的现象,桌椅也时刻保持整齐,黑板会在课间立即被擦干净。

卫生检查的单向度凝视所产生的效用从外表渗入了学生心理内部。被检查的学生承担了履行制度的责任,并且主动地将自己置于一种制度关系中。他们认为自己被观察是一种自然而然的现象。因此,被凝视的学生不仅是他人的观察对象,还是自己的观察对象。学生成为征服自己的本源。卫生检查制度不动声色地作用于学生的精神世界,被凝视的学生可能产生相应的自我监督和对自己的道德审判。

在卫生检查关系中,观看者与被观看者是不可能产生对话的。观看者如同医院的医生,是理性、秩序与道德的代表;被观看者则像是病人,几乎无条件地服从来自观看者的裁决。观看者要用他们的眼睛识别混乱,然后记录以提供相应的"治疗"方案,因此观看者投射的目光大多数是单向的,是以矫正混乱与道德的名义进行的。在某个特定的检查时间,对于被观看者来说,他能够被观看,但不能观看,被观看者可以在他人的目光下产生对自己的道德审判。从这个意义上说,被观看者在他人的目光下发现了自己的存在,在他人的目光与注视下,被观看者完成了主体身份的建构。

三、班级卫生检查的事件化

近代以来,人类的思维方式经历了从实体思维到关系思维的转向,这是由于人类看待事物的视角发生了从实体哲学向关系哲学的转变。哲学偏好追问世界的本原是什么,这个主题从古希腊的自然哲学家泰勒斯的追寻一直贯穿至黑格尔的哲学研究中。所谓"本原""实体""存在"的概念基本就是事物或现象的终极原因或本质规定。"这种实体存在观使人类总是以实体思维看待事物并诠释一切,将事物视为封闭、孤立、不假外求的存在。"(魏善春,李如密,2017)在实体哲学的影响下,人类强调客观性与普遍性,因此与自然逐渐形成一种主客、物我的对立关系。

现代的思想家逐渐认识到实体哲学的狭隘性,纷纷批判那种不变的、孤立的、形而上的实体观,促使哲学开始转向对关系、过程、整体的研究。例如,20世纪初兴起的结构主义运动,就是在索绪尔语言学的影响下,研究社会文化现象的整体结构的思潮。结构主义不是一个学派,甚至不是一个运动,而是"关于社会文化的一种思维模式,一种分析方法,它表明社会文化现象是人无意识地构造的自足的系统"(杨大春,1998:35)。结构主义者普遍认为"世界是由关系而非事物构成"(霍克斯,2018:9)。西方传统思想中的那种固定不变的、静止的、形而上学的实体观逐渐被一种动态的、关系性的整体观取代。正如怀特海(Whitehead)所说:"根据现代概念,我们称之为物质的缠绕群已融入其环境中。分离的、自身包含的局部的存在是不可能有的。环境关系到每一事物的本性。"(怀特海,2004:122)因此,"不存在那样的'除自己以外不需要任何其他的东西便可存在'的实有"(怀特海,2007:36),每个"实有"都是集群性的、能动性的、关系性的。

从实体思维向关系思维的转变带来了一种新的宇宙观，即世界不再被一个终极本体规定，而是由各种关系构成的有机整体。就像怀特海在《自然的概念》中提出的"事件"理论那样，他认为世界是由不断流动的、相互关联的、瞬时性的"事件"连接构成的，而不是附庸于实体的运动产生的。"自然在我们的经验中被认为是流变事件的复合体。"（怀特海，2001：157）世界的"流变"体现在事件的更迭联系之中，即"自然的连续性是事件的连续性。"（怀特海，2001：73）世界是以"事件流"的形态展开的。"宇宙之所有终极的构成是事件和过程，它产生于先前事件的因果影响，出现在其自身的当下性之中，并接着导致了在未来显现出其特点的后继事件。"（许锋华，2008）事件思维在 20 世纪后期被许多后结构主义者重新阐发，如德勒兹（Deleuze）、巴迪欧（Badiou）与齐泽克（Žižek）等思想家都不否认事件的本体性。教育是学校开展的过程性的实践活动，因此它"无法脱离事件而存在，甚而，事件是教育的本质性特征"（肖绍明，2020）。在"哪里与何时"发生的"事情"问题就是事件，这关涉着空间与时间，空间与时间是事件的外在抽象形式。事件"以其时间的延续性与空间的存在性促成了教学生活的延展"（魏善春，李如密，2017）。

从事件哲学的角度看，任何两个事件 A 和事件 B 存在以下四种关系："（1）A 可能扩延到 B 之上；（2）B 可能扩延到 A 之上；（3）A 和 B 两者都扩延到第三个事件 C 之上；（4）A 和 B 是完全分离的。"（怀特海，2007：73）事件之间存在普遍的联系，每一事件都是其他事件的组成部分，同时每一事件内部又包含着其他事件。学校生活是一个连续性的过程，其中的一切事物和发生的所有活动都是事件或事件的组成部分。

卫生事件是由多个事件，如卫生行动、卫生监督、卫生检查等组成的事件集合。组成卫生事件的每个事件同时又是由一个个更小的事件组成的集合。如果用一种静态的思维审视学校的卫生事件，那么它只能是可以被认识的对象或事实。若按照事件思维分析卫生事件，那么它不仅是教育活动的一个组成事件，而且是由诸多事件构成的"事件流"。来自不同的价值或声音发生了耦合，组成了"事件流"。"流"是动态的。正是这种不断"流动"的特点，使卫生事件从单个的、独立的事实，成为有机的、变动的、生成性的事件。因此，创造性就是事件的价值。在各种声音和价值的冲撞耦合下,"各种突发事件、外部干扰、错误都有可能转化为教育的最好契机"(许锋华,2008)。按照事件的运行逻辑,卫生检查被事件化了(见图 4-3)。

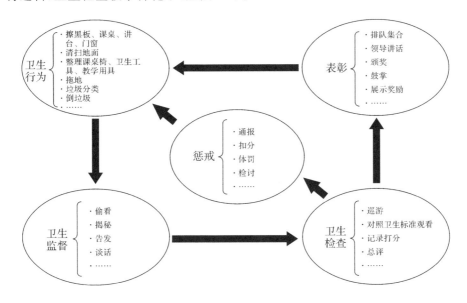

图 4-3 卫生事件行动流示意

(一)多维视点

班级卫生检查的整个程序都伴随着"观看"这一视觉行为。正是观看的行为把人或物的不可见状态转化为一种可见状态,保证了权力的运行。观看的对象不仅是学生身体,还有校园物件。但是现代化学校在空间上的不断扩张导致了学校内的物件数量与学生数量的膨胀。以本书的调研学校 JD 小学为例,该校建筑面积约 1.4 万平方米,拥有教室 40 余间,36 个行政班级的建制,整所学校学生总数近 2000 名,教学物件不计其数。由于校园里学生情况与物件类型复杂,即使学校采取了卫生的层级检查体系,卫生情况也不能被详细地记录。学校的主要功能还是传递教学知识,卫生检查是辅助性的次要工作。卫生检查不采用总体描述的记录方式,而是通过总结、归纳等技巧,把学生和物件的卫生特征归纳为一种简单化的微观话语。这样一来,真实的卫生情况就成了一个可描述、可分析的对象。一般来说，中小学校的卫生检查标准把物件或个人卫生的总体特征同质化为整齐度、洁净度与亮度三个方面。因此，负责卫生检查的学生也是从这三个维度出发，对班级的卫生展开巡检。

1. 整齐度

从整齐度出发的卫生检查，主要涉及对教室内物件摆放秩序的检查。教室是个被物包围的空间。门窗、黑板、讲台、桌椅、卫生工具等基本设施与书包、课本、作业本等学生的私人物品共同构成了教室的物体系。教室内的每个物品都有它的位置。讲台和黑板是知识的"发源地"，一般位于教室的前端，影射了它们在教室权力关系中的主导地位。学生的桌椅排布在教室的中前区域，占据了教室的绝大部分面积。教室的边角则用于摆放与知识学习无关的物品，如卫生工具、水杯、制度文本等。教育的主要目的是培养知识型人才，校内的实践活动主要是为了传授知识。大部分中小学教室物件的陈列方式都受到教育目的的引领。因此，维护教室内物件的秩序，也就是维护主流的教育目的。中小学一般制定了针对物件的卫生检查制度。当笔者问及作为"环保中队"的一位巡视员卫生检查要注意哪些方面时，他说：

> 我们会先去看班级里有没有垃圾分类，检查吃完的酸奶和水果皮有没有放到指定的地方。然后就会看看地面干不干净，桌子、凳子和书包柜有没有摆整齐。最后就是看班里的卫生角，看看扫把和拖把放得整齐不整齐。基本上和卫生委员检查相同的地方。（访谈笔录 JF20191105XQ）

在整齐度上，卫生检查人员的目光通常聚焦于学生使用的教育物件，如课桌椅、书包柜、卫生橱等。在学校管理制度的总体要求下，教室内的人口密度有一定的要求，课桌椅的数量也是相对固定的。但是对学生来说，他们一般没有课桌椅的空间选择权，仅有使用权。座位的更改权也掌握在教师手中。教师按照教学公平的原则把学生安置在一定的空间范围内，这种安排保证了师生在教室内有序流动而不产生混乱，在一定程度上维护了主流意识下的正常教学秩序，也体现了教师的权威性。因此课桌椅的混乱状态是对道德感与教学秩序的冒犯。书包柜一般位于教室的后方区域，是学生放书包的"蜂巢"式橱柜。在 JD 小学的随机采访中,被采访的学生告知了笔者书包柜的存放规则。班级的书包柜"只允许放书包。校服与其他私人物品不准放在橱柜中,只能放进书包里。书包的两条肩带不能留在书包柜的外面,否则要扣分"。书包柜采取集中化、编码化、格栅化的管理方式,是集体主义在教育领域的微观体现。书包是属于学生的私人物品,具有私人属性。它除了用来装课本文具,也会隐藏学生的秘密。但书包柜是一个公共区域,学生把书包等私人物品放置其中,教师和检查人员可以随时对其进行检查。学生在书包柜面前没有隐私。如果某个书包没有按照标准摆放,那么书包的所有者很快就会被定位追责。这名学生也会与集体责任感的缺失联系起来,受到道德谴责与批判。卫生橱是摆放卫生工具的地方。班级里的拖把、扫把、水桶等卫生工具要按照一种视觉美学的原则摆放整齐。整齐摆放的卫生工具具有教室空间干净整洁的象征意义,一旦卫生橱里的卫生工具被发现是混乱的,这个班级就会被烙印上"没有纪律和秩序"的印象。

教室空间内物件的关系是互为寄托的。教育物件的组合方式形成了教育空间,教育空间是教育物件存在的几何学基础。在教室中,所有的教育物件都不是纯粹的自在物。它们的功能各异,紧紧围绕着讲台—课桌排列放置,并且在空间秩序的基础上建构了一种道德秩序与审美惯习。就如同布希亚在《物体系》中对典型的布尔乔亚式室内布局的描述一般:"所有的家具,功能各异,但能紧密地融合于整体中,分别以大餐橱(buffet)和[位于房中央的]大床为中心……在这个私人空间里,每一件家具、每一个房间,又在它各自的层次内化其功能——如此,整座房子便圆满完成家庭这个半封闭团体中的人际关系整合。"(布希亚,2001:13)布尔乔亚式房间内其他的家具围绕着"大床"和"大餐橱"展开了有机的关联。家庭空间是有中心的,有焦点的,有稳定的结构,有基本的几何学原理做支撑。布尔乔亚式的家具部署象征了一种父权体制的物件摆放原理。大床是属于父母的,大餐橱是属于母亲的。物与人的关系是紧密的,人与人的关系经由物体系紧密地联系在一起。也就是说,物与物之间的组合体现出一种人际秩序。同理,传统的教室形象由位于视觉焦点的讲台、整齐陈列的课桌以及散落在角落里的其他教育物件构成。教师掌握着课程标准规定的知识,因此有着传授"真理"的权力。在卫生例行检查的"整齐度"的观照下,教学的秩序、教师与学生的空间定位与空间身份都一目了然。教师是知识的"布道者",学生是知识的"倾听者"。教室内物件的陈列都是围绕着象征知识权威的讲台展开的,其背后隐藏着意识形态影响下知识的传递方向。因此,对物件摆放的整齐度的检查,就是对课堂知识秩序的检查。

2.洁净度

班级卫生检查的另一重要着力点在于教室空间与教育物件的外观。例如,XC 学校小学部在《卫生检查标准》中要求卫生工作要做到"墙壁洁净,无尘土,无污渍";"室内灯具干净,地面清洁,无痰渍、无污渍";"桌面清洁干净"。这是对教室或物体的表面的外观要求在制度文本上的体现。对于洁净度的要求是基于文明班级建设制度及其"创卫"理念上的考量。一般认为,地面、桌面与物件表面如果不经常保持清洁,就会聚积垃圾和污垢。以教室地面为例,它是教室物件的承载物和师生身体的活动空间,地面与教室物件的接触时间最长,物件与人在教室地面上移动,教室地面理所当然地成为垃圾和污秽的集散地。现代医学认为,污秽与垃圾是细菌的培养皿和传播源,威胁着师生的身体健康。在现代医学的知识话语下,教室空间和物件表面成为班级卫生工作的重点。对教室空间和物件表面进行擦拭之后,教室内的卫生环境产生了一种视觉美观:洁净、光滑、透视。但是,不管是卫生打扫人员还是卫生检查人员,他们的身份是学生或教师,并不是掌握现代医学知识的医生。因此他们对清洁的分析与判断,主要依赖"查看"这一视觉行为。人们能看到物体主要依赖视觉。视觉是视觉系统与神经系统共同参与的,对外界物体表面做出反应的复杂过程。所以说,对教室空间和物件表面的卫生检查,其实是对视觉景观做出的一种美学上的主观判断。

污秽是理性的卫生秩序的产物。"如果把关于污秽观念中病原学和卫生学因素去掉,我们就会得到对于污秽的古老定义,污秽就是位置不当的东西。"(道格拉斯,2018:48)人类学家道格拉斯(Douglas)认为,造成污秽或者不洁的原因是事物闯入了一个预设的分类系统。正如泥土待在田野里是正常的,它不构成污秽,但在教室地面上就会被视为肮脏的东西。泥土的意义不在于它本身,在于它所处的分类体系中。"正如医学知识的进展带来了现代的医院规划一样,学校卫生学的介入也使得自身在现代学校空间经历新旧转变之时,成为学校空间设计的基础。"(石艳,2010b)教室首先作为一个物理性的空间,它的空间形态是在学校卫生学和西方医学观念的介入下构筑起来的。学校卫生学对教室的地面、墙壁、采光等设计作了一系列的要求。教室又是一个教育性的功能空间,它容纳了课桌椅、书本以及教学辅助用具等教育物件。泥土、零食包装袋、果皮纸屑等附属物既不属于学校卫生学的知识框架,也不属于教育物件的范畴。"垃圾"以及制造"垃圾"的行为,在教室里是被视为"不洁净"的,必须予以清除。所以说,肮脏不是卫生学意义上的不卫生,而是对既定分类秩序的违背,保持洁净是对原有秩序的恢复。清洁、整理、打扫等卫生事件,都是重新安排或恢复秩序的行为。班级的卫生检查就是对恢复秩序的反复确认。

3.亮度

从空间形成的建筑原理来看,教学楼的主体是墙。坚硬墙垣的合围创造了一个密闭的空间。墙构成了教室空间的行政基础,它造成了内与外、隐私与公共、遮蔽与开放的区隔。窗户的发明是对墙的革命。墙切割了光线与声音,制造了隐蔽与阴暗。窗户则允许光线和空气进出,改变了墙的强硬态度。"窗是建筑中具有原始和古风特征的重要原型建筑要素,也是一个处于独特地位的建筑元素。它是光明与黑暗、冷与热、内与外、自然与人造、异域与家园、混沌与秩序之间的二元统一体。它虽然具有隔离的作用,但主要还是起沟通二元世界的中介作用。"(沈克宁,2010)窗墙面积比的大小决定了光线渗入空间的多少,决定了空间的通透性。尤其是玻璃的发明,加强了窗户的媒介作用。玻璃几乎是无杂质、全透明的,使阳光进入空间。在玻璃进入大规模生产的阶段,电灯也出现了。电灯的出现让白昼与黑夜达成了和解。白天太阳光线透过透明的玻璃照射进密闭的空间,电灯则静默地守在一隅。黑暗降临之后,玻璃的功能暂时消失了,它退居幕后,把照亮空间的任务传递给可以与太阳抗衡的现代照明体系。

教室作为现代教学楼的一部分,同样是由墙和窗等建筑元素构成。墙营造了一个密闭性的知识授受空间,阻隔了外界的一切干扰因素。墙阻挡光线进入教室产生了阴影。阴影通常与未知、模糊和黑暗联系在一起。在教室里,阴影是危险的。阴影可能是非学习因素的藏匿处。玻璃窗强化了教室内与教室外的联系,尤其是加强了光线的投射率。光线透过玻璃窗照射进教室,不断驱赶着墙壁留下的阴影。光与影在窗户和墙壁的关系中反复游戏。在没有人工照明体系之前,教学活动受限于自然规律。灯具的使用让人造光成为自然光线的替补。即使在黑夜里,教室也可以是白昼的状态。这无疑延长了学生的学习时间。在应试化的教育体制下,知识学习的首要前提是时间。足够的时间能保证学生学到足够的知识。这种教育理念支配着学校的亮度管理,学校被要求应尽可能保证教室空间有充足、适宜的光线。

教室光线的充足保证了学习时间。因此,国家明确规定中小学教室的采光和照明卫生要符合国家标准,对教室空间的墙窗比、窗玻比、灯具规模等都作了原则性的规定。从医学的角度看,强调教室内应该有适宜的光线能够保护师生的视力健康。中小学校普遍把亮度也纳入卫生检查范畴,例如,XC学校的《卫生检查标准》要求"室内灯具干净";"门窗玻璃齐全、清洁、干净、明亮"。"干净""明亮""透明无尘"是中小学校对教室亮度检查的普遍要求。卫生检查人员通常采用俯身细看、触摸、闻嗅等微小动作,判断每个班级的卫生情况。正如有教师所描述的那样:"一日早上,轮到笔者值日,便悄悄跟在学校两位少先队员的后面,发现他们正在检查班级的卫生情况。只见一位少先队员往窗台上一抹,说道:'你瞅瞅,还有灰尘,扣掉1分!'"(袁军辉,2006)卫生检查人员正是通过对教室门窗、玻璃的"眼观""抹除""擦拭"等细微动作,来判断门窗或玻璃是否符合卫生标准,将亮度纳入卫生检查视点的指标体系。也正是这些微小的动作,构成了卫生检查事件的基础。

教室规定了学生身体的运动方式,把学生安排在固定的位置上,让他们按照固定的路线行走,以固定的姿势学习。玻璃窗和灯具为监视者提供了充足的光线,保证了空间的规训功能。光线和空间的配合,让学生在教室里无可逃遁。灯具和玻璃窗上覆盖着的灰尘不但遮挡住了监视者的视线,更遮盖住了为监视创造条件的光线。所以,班级卫生检查将目光锁定在门窗玻璃与灯具的亮度上,不单是为学生身体健康考量,更是为监视的目光清除障碍。身处一个随时可见的环境中,学生才能把隐秘排除在教学秩序之外。

(二)惩戒方式

在 JD 小学与 XC 学校等中小学校,佩戴袖章的学生每天都在校园里穿梭巡视,他们出入各个班级已然成为常态。一般来说,不会有学生去阻止佩戴袖章的学生进入自己的教室巡视。大多数学生也能够自觉遵守学校的卫生管理准则。当然,检查的过程中也会发现个别不遵守卫生规则的学生。这些学生大致可以分为两种:一种是卫生规则的反抗者,如不按时或不打扫教室的学生,他们通常被老师形容为"不负责任者"或"懒惰者";另一种是"无心犯错者",如有的学生忘记垃圾需要分类或者不清楚垃圾分类的规则等。但不管是故意违犯还是无心犯错,对付违反学校卫生规定的学生通常有通报、扣分、体罚和检讨四种做法。本书将通过对 JD 小学的观察记录与访谈记录,分析这四种惩戒方式。

1.通报

通报是对班级或学生个人公开批评或表扬的策略。这是惩戒的第一步。笔者在观察过程中注意到,JD 小学的每个教室里,在靠近门口的一侧墙壁上都镶挂着一块被称为"班级信息栏"的木质合板。合板上除了张贴着班级的课程表、作息时间表、德育处行事历,还张贴了反映班级一周内卫生和安全情况的"礼仪检查反馈单"。当"环保中队"发现有不符合学校卫生规则的学生或班级,便以"下单"的方式把"礼仪检查反馈单"送到该班级。"礼仪检查反馈单"是一张简易纸片,其上有统一印刷的通知类文件的话术,"今天,你们班(_____同学),由于_____的原因,使得班级礼仪分数被(扣、加)_____分"。反馈单中需要填写的内容有班级、姓名、下单的原因、扣分或加分的分值、下单日期与下单负责人的姓名。反馈单一般会由"环保中队"上交至德育处,德育处做好记录统计后再下达至班主任,最后由班主任把反馈单张贴在"班级信息栏"。

2.扣分

在收到"礼仪检查反馈单"前，德育处已经执行了班级综合分评价制度。根据学校制定的卫生管理制度安排，如果发现某班同学违反卫生规则，就要扣该班级的综合评价分。每个班级在一周内扣的分数会记录在"学生一周礼仪评比记录本"上。德育处会在每周五下午将分数汇总。以下是笔者问及班级综合分数的用途时的集体访谈记录节选。

> 访谈者：如果你们班被扣分了怎么办？
>
> 学生1：就得不到大拇指了。
>
> 学生2：班主任会生气，她就会批评那天的值日生。
>
> 学生3：我记得有一次上课之前，有一个值日组没有把黑板擦干净，下一堂课的老师没法做笔记了，老师就会罚这天的值日生擦一个礼拜的黑板。
>
> 访谈者：如果没有得到金拇指或者大拇指，你们什么心情？
>
> 学生1：不甘心。
>
> 学生2：嗯，有点羞耻。因为我们班都得过金拇指。
>
> 学生3：假如我们的金拇指被别的班级抢走了，我们就会暗暗努力，把卫生打扫好，争取下周夺回来。（访谈笔录JF20191105XQ）

从以上访谈记录可以看出，班级综合评价的扣分制度与班级的集体荣誉和学生的个人荣誉有关。JD小学实行"金拇指中队"与"大拇指中队"的荣誉制度。在每周的综合评分中，前三名班级获得"金拇指中队"的称号，评分第四名至第十名的班级获得"大拇指中队"的称号。"金拇指中队"与"大拇指中队"都是按照伸出大拇指的动作制作的塑料标牌，可以悬挂在教室的门外。两者的不同之处在于外观颜色："金拇指中队"的标牌是金色的，"大拇指中队"的标牌是红色的。

班级的卫生情况被量化为分值，学校也制定了一种计算方法。通过量化和计算，学校排列出班级的等级顺序。"由此，一种无休止惩罚的微观管理就造成了一种分殊化。这种分殊化不仅是对行为的区分，而且是对人员本身及其种类、潜力、水准或价值的区分。"(福柯,2012:204)在学生的心中,获得"金拇指中队"的班级是优秀班级,他们也因此是优秀学生。没有获得任何拇指标牌的班级则是一个平庸的班级,该班级的学生也会感觉到"耻辱"。"金拇指中队"或"大拇指中队"的荣誉制度本质是一种基于集体荣誉感的道德教化制度。班级荣誉综合评价制度是周期性的。不管是"大拇指"还是"金拇指"都不是某个班级能一直占有的。因此,当学生们为消除"耻辱"保持良好的表现时,他们就可以重新进入较高等级。分数、排名、"大拇指"、"金拇指"成为学生争相追逐的荣誉符号。在这个过程中,学生成为权力运行的支点。学生为了追逐荣誉符号,会主动遵守学校制定的卫生准则,学会如何学习、服从与遵守卫生纪律,并在行为上变得相差无几。

3. 体罚

JD 小学的班主任告诉我们,当被"环保中队"扣分后,她的做法是"第一次批评扣分我会提醒他一次,第二次的话就罚值日了"。如果扣分都没有引起学生的重视,教师通常会采取体罚的策略。当问及如何对再犯的学生进行体罚时,受访班主任说:

> 反馈单上有名字的。要是被环保中队具体抓到某个同学,那么他就负责这个事情一周。昨天有个男生吃了酸奶,直接把酸奶包装袋扔在地上被环保中队发现了,我就让他跟着值日生打扫一周,今天刚开始扫。如果被人家扣了分反馈单上又没有名字,我会找出原因,那么今天的值日生整个组都要罚的。比如说因为垃圾桶没有及时清理被扣分了,这个值日组全体轮流倒一个星期的垃圾。(访谈笔录 JF20191105BQ)

当学生第一次违反学校卫生准则的时候,班主任会采取人性化的管理策略,仅作提醒而不采取其他措施。如果学生再犯,班主任就会采取体罚的策略。体罚,就是对身体的惩罚,一般包括罚犯错学生做值日或者罚站。教师通常认为学生再次犯错的原因是缺乏"责任心"和"荣誉感"。在学校里,违反卫生准则被认为是没有道德的表现。因此,教师希望对学生身体展开惩罚。一般认为,罚站可以让学生暴露在其他人的视野中,由此激发他们的羞耻心,而罚做值日既能培养学生的道德品质,又能让学生获得卫生习惯。有的教师甚至将体罚与劳动教育等同。劳动教育是让学生参与劳动活动,在劳动中体验到个人的存在与精神的成长。无论是罚站还是罚做重复性的值日劳动,都是行为主义心理学应用在教育领域的体现。行为主义心理学理论的基本观点是学习是通过条件反射建立起来的刺激和反应的联结。这种学习理论不仅体现在通过重复性劳动培养学生的道德品质上,也对知识教育领域产生了深刻的影响。反复的训练机制,不仅产生了忏悔和赎罪的效果,而且加倍地对学生重申了卫生准则与卫生习惯。

4. 检讨

"写检查"或"作检讨"也是教师进行卫生管理的重要惩戒手段。学生做出检讨后就认为他们已经彻底认识到错误并改正。检讨文化是中国特有的文化景观,曾一度盛行于 20 世纪 50 年代。现代意义上的检讨就是自我批评,承认自己犯下的错误或罪责。20 世纪 50 年代,自我检讨形成了一股自我反省的文化。检讨文化迅速从政治领域传播到包括学校在内的社会其他层面,至今仍发挥着重要作用。在普通中小学中,让学生检讨自己的行为是教育管理的重要手段之一。让学生检讨有利于教师的日常班级管理,方便教师掌握学生的思想动态。但是有学者认为,检讨是对人的精神和尊严的漠视。"当你的精神被无数次的检讨反复折磨和彻底摧毁之后,那么检讨的最终目的也就达到了,就是要你放弃自我、放弃思考、放弃检验、放弃批判。"(沙叶新,2004)

学校是制定卫生准则的行政主体。卫生准则彰显了一种官方的卫生观念。任何违背主流卫生观念的行为都是被禁止的。假若卫生检查人员识别出不符合学校卫生规定的学生,那么教师必须承担起改造学生的责任。在主流的教育秩序面前,教师与学生是二元化的。在行为主义学习理论的基础上,让学生反复操练卫生行为就能让他们养成卫生习惯。但如何巩固学生已经养成的卫生习惯,或者说如何确定学生被改造成功了? 通常的手段是让学生写检讨。检讨可以反映出学生隐秘的思想状态。学生的观念发生了改变,他的行为也就随之被重新塑造。检讨被认为是学生对主流的教育秩序顺从的有力证明。在检讨中,学生个人的话语和行为都要以学校确定的秩序目标为旨归。

犯错学生作检讨,才会成为一个"良好"的学生,才会被主流秩序重新接纳。

在学校中,通报、扣分、体罚和检讨这四种惩戒方式是基于学生的"耻感"唤醒其"自尊"的教育行动。通过惩罚措施,犯错的学生被置于一种可见状态之下。在公共空间中,学生会因为他们的"过错"体验到"羞耻"的感觉。教师寄希望于通过惩罚纠正学生的错误观念,以实现从观念秩序自觉到行为秩序自觉的转变。羞耻是一种心理感觉。"人们之所以会有羞耻感,是因为他们的行为受到了外在社会权威的裁定,即代表社会习俗权威的他人之眼(the eye of others)的评判。"(赵锋,2016)在学校中,卫生规则已经被教师和学生认可,并且通过日常的交往互动进行维护。当有学生破坏了共同体所承认的规范时,共同体中的其他人就会起"他人之眼"的作用,对破坏者进行裁决。被惩罚的学生大多会感到"没有面子"。"面子的本质就是个体对其有别于他人的、自身独有的生命存在性的感发,是其自我内在的、不可见的历险。"(林凡,2019)面子是人的存在的外在物。当学生暴露在班级其他人的目光检视下,即所谓的"丢脸"的时候,会激发学生内心强烈的情感波动。"丢面子"的外在表现有一系列的生理反应,如脸红、局促、心跳加速等。"为了避免羞耻引发的畏惧和焦虑,人们努力在日常交往中满足社会期许和自我期许,这时,羞耻感就成为实现有序的日常交往的自我控制机制。"(赵锋,2016)当学生的行为导致班级或自己丧失了荣誉称号,没有满足公众期待和自我期待,羞耻引发的焦虑和不安就会成为内心的惩罚手段。基于"面子"和"尊严"的惩罚本质是通过荣誉的层级化,确立荣誉与尊严的自我规训机制。这个机制通过频繁地编排各个班级的荣誉等级,让学生为荣誉、为尊严、为体面,不断地要求自己符合卫生标准。学生的行为会因此变得大同小异,如出一辙,进而造就出同质化的人才规格。

(三)表彰及其仪式

按照福柯的社会学观点,学校就是一个典型的规训系统。学校"在一切规训系统的核心都有一个小型处罚机制。它享有某种司法特权,有自己的法律、自己规定的罪行、特殊的审判形式"(福柯,2012:201)。学校制定了一系列规范化的纪律,因此拥有内部处罚与奖励的权力。换言之,学校是一个具有自主性的审判机构,可以根据自行制定的纪律要求实行一整套微观处罚制度。在街道上乱扔垃圾构不成法律事件,在校园里乱扔垃圾按规定是要受到惩罚的。在学校制定的规范中,惩罚只是"奖—惩"二元体制的一个因素。奖惩制度是激励与约束学生的常用手段,常见于对学生的知识管理中。

在学校里,纪律确定标准,检查与度量划定差距和等级。等级较低的学生被给予惩罚,表现突出的学生被给予奖励。在卫生管理方面,学校制定了精细的学校卫生标准。卫生检查人员依据标准对各个班级的卫生情况和学生的卫生行为进行"审判"。"审判"的过程涉及一种计算方法,它可以对卫生情况进行量化,可以排列出"优秀""良好""合格""不合格"的等级序列,并据此做出相应的惩罚和奖励。在中小学里,与奖惩制度相联系的是荣誉评价体系,例如,JD 小学就制定了"金拇指中队"和"大拇指中队"荣誉评价体系。被授予"金拇指中队"或"大拇指中队"的荣誉称号则证明该班级的卫生检查情况得到了学校的认可。

荣誉是一种精神奖励,代表着学校的教育价值取向与教育理想。卫生荣誉称号隐含了学校想要传递的价值,只要学生的行为遵守卫生制度就能获得相应的荣誉。卫生管理的规章制度是学校建构起来的一种价值规范,不是约定俗成的习惯或习俗。它需要以学校为后盾,依靠宣传才能获得学生的理解以达成共识。学校宣传主流教育价值观的有效手段就是表彰。表彰是一种以公开的方式展示荣誉的事件性活动。一般来说,表彰活动包括以下流程:主持人先依据评比结果宣布荣誉称号的获得者,然后由荣誉授予主体给荣誉获得者颁授荣誉,再由荣誉授予主体作总结性发言,最后由获得荣誉称号的代表发表获奖感言。这已经形成了一套成熟的荣誉授予仪式表演体系,并有相应的时间制度与空间制度作仪式表演的制度性支撑。以 JD 小学为例,该学校的卫生评比荣誉的表彰活动一般在每周一上午在操场举行的、全体成员参加的升旗仪式中进行。主持人先依据上周的卫生检查评比结果宣布获得荣誉的班级,然后各个班级的代表上前领取荣誉标牌,最后校领导针对卫生检查情况作总结发言。

表彰活动是一个仪式化的过程。"仪式既不是物质范畴的事物,也不是存在于人脑中的观念,而是付诸实践的一种行为,是一种特定的行为方式。"(薛艺兵,2003b)仪式活动不同于日常的实践活动,它通常没有实用性的功效,只是表达了某种意义或情感。仪式研究源于19世纪末至20世纪初人类学派对神话仪式的诠释,后来社会人类学家不满足于对宗教仪式的阐释,更加注重宗教仪式在社会结构与社会变迁中的作用。随着各种研究方法与视角渗入仪式研究中,仪式的意义呈现出复杂的态势。尽管人类学家没有在仪式定义上达成共识,但并不意味着进行仪式研究没有一个共同的认知基础。仪式是发生在特定的情境与场域中的模式化的象征性行为。仪式具有戏剧表演的性质。关于卫生荣誉的表彰活动就是发生在学校场域的一场表演。表彰活动具有仪式表演的典型特征,如超常态化的行为模式、程序化的流程结构。在教室中上课是学生的日常活动情境,但表彰活动让学生从教室中走出来,让学生在操场上排布成整齐的队列方阵,肃穆安静地观看颁授荣誉者与受奖者的互动。通过教师与被表彰班级代表在"前台"的表演,作为观众的学生重新接受了学校制定的卫生价值规范。

无论是在传统的人类学视野中,还是在现代符号理论的框架中,象征一直是仪式研究的核心。仪式行为是由它所发生的语境、场域与氛围所限定的,因此仪式具有某种更深层次的象征意义。象征总是和权力发生关联。"象征活动的标准化、制度化过程通过生产象征符号而不断生成着象征权力,参加者对象征符号的争夺本质上是争夺其背后所蕴含的象征权力。"(张斌,2012)卫生荣誉称号的表彰活动就是发生在教育场域中的仪式。在表彰的过程中,卫生情况良好的班级被授予某种象征性物件,诸如"流动红旗"与"大拇指中队"标牌,这些物件就是荣誉的象征符号。班级争夺象征符号的过程其实质是生产与再生产一种象征权力。象征权力通过象征符号的运用掩盖了学校对学生进行监察,隐匿了这层流转在学校与学生之间的权力关系。一次次重复的表彰仪式又再生产了象征权力。因此,学校制定的卫生管理规则能够在表彰活动中实现合法化,成为"天经地义"的教育法则。学生并不清楚经过具有表演性的权力运行的强迫性,自动地把自己规训成象征权力的实施对象,并最终完成了对自我的规训,形成具有文化观念意义上的集体无意识。

在表彰仪式中，学校领导会出席表彰活动并发言，这是外在行政管理逻辑应用在教育领域的表现。代表行政权力的学校领导以象征符号的形象出现在师生面前，学校权力通过学校领导的讲话、行动与身份彰显其权威与力量，赋予了卫生荣誉称号的合法性，也强化了学生对学校卫生规则的认可。把获得荣誉称号的班级展示在公众面前，有助于发挥榜样与模范的作用。表彰活动的本意在于激励学生融入学校的日常教育活动。但是随着荣誉称号的符号化，表彰活动也越来越成为一种制度化的方式，对学生进行教化和管理。表彰，就是对遵循学校规章制度的公开奖励与肯定。一种微妙隐匿的权力关系支配着表彰活动的运作。权力通过一种制度化的安排，无声地教化学生，学生也心甘情愿地被权力驯服。学校赋予了这些荣誉称号特定的价值与意义，学生的行为也逐渐趋向这些价值与意义。

表彰是卫生检查的最后一个环节。表彰活动的结束是上一次卫生检查的结束与下一次卫生检查的开始。卫生检查只在表彰活动中得到意义的确证，否则卫生检查就是"徒劳的"。吉登斯认为："人的行动是作为一种绵延而发生的，是一种持续不断的行为流。"（吉登斯，1998：62）卫生检查也是由一系列连续的行为，如检查、裁决以及表彰等构成的"行为流"。学校整体的卫生检查程序正是通过"行为流"的特性运作的事件。在卫生检查的过程中，被检查的学生、作为检查者的学生、作为检查者的教师，甚至是作为研究卫生检查制度的研究者（通常是校本研究人员）的不同意志与不同声音都被整合在一起，卫生检查因此具有事件性。卫生检查的事件性就隐藏在多方主体的"对话"与"互动"之中。但吊诡的是，在卫生检查的多主体的"对话"与"互动"关系中，学生成为学校认识的客体与对象，学校的价值与规则成为主导。学校的卫生检查更加关注"刻画"学生的形象，隐匿了学生自身的思想与想法。学生不仅是教学知识论的客体，而且也是卫生政治学的客体，是改造的对象，而改造的方式就是从事打扫卫生的日常活动。从卫生检查活动到日常教育实践，都是在认识论的框架下思考问题，即把卫生活动及其检查视作一种科学事实，而忽略它们的事件性，忽视了卫生活动的价值论意蕴及其政治学意义。知识与规则取代教师与学生成为教育活动的核心，人依附于某种规则及其价值论的预设。

卫生检查的目的不仅在于让学生习得卫生习惯,更在于保障一种教学秩序。其本质是认知主义教育理念在学校场域的显现,并重构教育场域中控制与被控制、中心与边缘的关系。由此招致的后果就是平等自由的"对话"与"互动"关系消失了,教师与学生都成为"习得性沉默者"与"规则操演者"。

四、班级"创卫"中的袖章及卫生习惯再生产

班级卫生检查制度是国家宏观卫生体制的一个缩影。在城市日常卫生治理的过程中,尤其是在全国范围兴起的"创建卫生城市运动"(简称"创卫"运动)中,流动的袖章体现了特定的制度价值。我国已经建设了一套较为完整的城市卫生管理行政制度与法规体系,国家承担环境卫生的治理工作与主要责任。城市环境卫生整治的结果无疑是成功的,但其成功的原因不仅是居民拥有良好的卫生观念或习惯,更在于建立了一张庞大的卫生监管网络,建立了完备的基层卫生管理系统。这张网络涉及城市每条街道、每个社区,甚至每个角落。佩戴着袖章的环卫工人、物业管理处的保安、街道办的志愿者等,都是这张网络的末梢神经,是网络的结点。他们佩戴着袖章,就显示出了自己的身份,即卫生制度的"代言人"。这些"代言人"采用劝导、监督、宣传、举报、罚款等不同形式的手段,支持着宏大而持久的"创卫"运动,从而让整个城市的卫生状况呈现出一幅无懈可击的防御景象。

几乎每个城市的街道都有佩戴袖章的环卫工人,他们在打扫街道垃圾的同时,观察并提醒路人要遵守公共卫生规则。由于社区工作社会化的改革,社区事务都由物业处进行管理,物业处要求工作人员也佩戴着袖章巡视社区垃圾桶的卫生状况,监视每个家庭的公共卫生行为及其动向。从经济学的角度看,袖章以微小的制度代价,换来了巨大的卫生管理成效。例如,物业处的工作人员卫生管理成本只是源自社区的"管理费用",他们只需佩戴袖章,便承接了卫生检视的工作。从微观政治学的角度看,社会治理完成了毛细血管层面的渗透。袖章并非以强硬的态度进行卫生管理的运作,而是以流动的、柔性的、隐秘的姿态出现在周围人的身边,周密地渗透进城市的每个空间。为避开卫生管理人员监视的眼光,避免违反卫生制度带来的麻烦后果,路人或居民在

卫生规则面前几乎都表现出合作性顺从,表现出对卫生制度的默认。正是这样,没人会破坏卫生规则,从而建构了一定的社会秩序。人们的卫生惯习也在日复一日地遵守卫生规则过程中培养起来,最终达成了卫生的社会价值共识。

　　班级"创卫"活动是城市"创卫"运动的一个缩影。学校里的袖章代表了一种微观的卫生检查制度。佩戴袖章的学生来回穿梭在各个教室之间,他们的目光不断地打量教室的每个角落与物件,时刻关注着学生的卫生行为。袖章已经成为卫生检查制度的一个符号。学校的卫生检查确实能够在一定程度上使学生养成良好的卫生习惯,推动学生打扫卫生,让校园能够时刻保持整洁。但是从上文的分析来看,我们不能把班级卫生检查仅看作卫生学意义上的活动,它更是学校场域中的微观政治实践。班级卫生检查制度结合了层级监督、量化裁决与表彰惩罚等多种柔性的技术,旨在把外在的卫生纪律与准则转化成学生内心的道德,使学生成为道德践行的主体。卫生检查是一种学校管理学手段,它的最终目的是让学生达到自我治理,养成一种自觉践行卫生行为的惯习。在佩戴袖章的卫生检查者与被检查者之间,存在一种隐匿的权力关系。权力不是镇压的、暴力的、炫耀的,而是谦卑的、温和的、内在的。与使用惩罚才能让学生保持良好的教室卫生相比,检查权力的行使更加简单有效。卫生检查权力用虚拟的关系建立了真实的征服,用简单的形式实现了复杂持续的控制,用无足轻重的人和简单的机制实现了有效的监视。

　　卫生检查的权力让学生变得驯服,同时它也是生产性的,它生产某种特定的卫生习惯与卫生检查的校园文化。20世纪在欧洲及其殖民地出现了两种卫生政治的策略。第一种策略是关注外部卫生问题以改变个人的卫生习惯,提高个人的身体健康水平。通过"家庭与学校的机器,把身心健康的卫生习惯灌输给每个人",其中涉及的手段如"对学生的健康检查"等(Rose,2001)。学校的卫生检查手段既针对学生个体,又针对全体;既让学生之间保持距离,又让他们保持可见性;既建立关于学生的成长档案,又能通过惩罚手段矫正他们的恶习;既使学生保持一定的身体规范,又能锻炼他们遵守纪律的习惯。这正是学校施加在学生身上的一种卫生政治的策略。卫生检查首先是对学生有目的、有计划、有方向的锻造,它要学生变成一个遵循学校的卫生纪律、保持良好

卫生习惯、拥有健康体魄的个体。只有这样,学校的整体力量才能增强,社会
的公共道德水平才能提高。规训权力与卫生政治在学校领域发生了交融。正
如福柯对未来社会的预言一般,类似于卫生检查的监视机制已经扩散于社会
机体。从社区到街道,到处都能见到流动的袖章,用一种警惕的目光把每个人
编织进社会秩序中,让每个人成为自己的监视者,让每个人成为整体力量的一
部分。

第五章　应用题的叙事学探究

　　在教室的物体系中,存在作业册、练习本、试题集、参考资料等课堂教学活动的辅助性文本。它们参与了教室物态文化的整体性建构。对于数学学科来说,作为试题集的数学应用题属于制度性物体系的文本类型。数学教师通常关注的是数学应用题的知识讲授价值,即知识论层面的价值,而忽视了它们的叙事文本价值,即教学文化层面的价值。应用题试题集具有特定时代的数理生活史的档案意义,以及重要的数学教育文化与学科德育的文献价值。诚然,类似练习本、精编集、题库之类的文本化的学科知识并非数学学科特有,语文、外语、科学等其他学科都有,但数理生活叙事则是应用题所独有的特质。对于学生来说,做数学应用题,是"读者"与"文本"之间的价值审阅、接受与互动的行为。应用题是数理叙事与文学叙事的结合体,具有跨学科性,通常被称为数学中的语文或语文中的数学。对 40 多年来数学应用题的叙事模式变化的叙事学探究,有助于把握数学应用题创作机制及其变迁的大体历程。

一、作为公益广告的应用题

　　伯明翰学派的早期学术兴趣从文学研究转向了文化研究,这一转向意味着文学研究向着大众化审美或泛文学的方向发展,这使得电影、电视、广告等大众媒介成为文化研究的探察对象。在当代学校教育领域,存在作业册、练习本、精编题库等大量的印刷品,它们既作为课堂文化景观又作为一种知识媒介充斥着教室与校外培训机构,成为一种可供教育文化研究的学术对象。拿数学应用题试题集来说,应用题的精心编撰,与城市公益广告的设计具有极其相似的特点。我国的城市公益广告及其语像体系的价值立场显而易见,"基本上是对社会主义核心价值观的践行,因此对于引领社会文明具有非常重要的意义"(陈鹿鸣,2020)。同样,应用题也充当了数学叙事价值的公益广告的角色。应用题的教学,就是在传播某种特定的数理生活理念,引领着作为受众的教师与学生的数理生活的时代方向。

具体来说,应用题与公益广告的相似之处在于:传播公共价值,实现社会动员。在 20 世纪 80 年代"教育面向现代化"的口号下,应用题叙事的基本主题是"工程类""里程类"等,数学应用题里充满了工业数学的价值教化。20 世纪 90 年代以后,应用题的叙事基调转向了"金融类""环保类"等,经济数学取代了工业数学成为数理叙事的基本母题。这种公益广告式的应用题的价值传播,是对作为新生一代学生受众的数理生活行为的课堂总动员。相比之下,公益广告的传播本质是其立足于公益意义上的社会动员。从传播策略看,公益广告的"社会动员"是以公益主题诉求实现情感共鸣与意义共享;公益广告的"社会动员"这一传播使命的完成得益于传播主体的行动自觉(李雪枫,王时羽,2020)。从行政化的数学(学科)教研室的应用题创作,到作为传播主体的数学教师,再到作为学生(包括家长)的传播终端的受众,应用题叙事价值的传播机制与公益广告的创作与传播的各个环节近乎雷同。如今,在新课程改革与基于学科核心素养背景下的数学教育改革及其相关的研究,很少从叙事学与数理教育文化的视角进行系统思考。

应用题教学是联系数学教育与社会实践的一种基于数理生活经验的叙事性教学。当前我国中小学数学应用题研究主要有两种倾向。第一种倾向是来自数学教育理论工作者的数学哲学及其对数学教育的影响研究。比如,在谈到课程改革如何落实数学核心素养时,张奠宙和马文杰认为,未来公民应具备的数学核心素养为"量化精准"的意识、"数据十算法"的思维以及"数学文明"的信念(张奠宙,马文杰,2018)。郑毓信在论及数学方法论和数学教育哲学时曾经主张,"应该发挥数学哲学对于实际数学活动(包括数学研究和数学教学)的指导意义"(郑毓信,1995)。除此之外,郑毓信和肖红还从活动论、文化论与实践论等方面提出,数学教育需要围绕数学活动论、数学的文化观念与数学哲学的实践转向,重视数学哲学现代发展的教育含义(郑毓信,肖红,2010)。这些观点为数学应用题的设计与编撰提供了数学教育方法论的指导。另外,有不少学者从社会建构主义的数学哲学出发,认为"数学从令人敬畏的象牙之塔重新回到了平凡而生动的社会生活当中,数学的社会含义、文化含义也重新得到重视。由此,社会建构主义的数学哲学为数学教育规划出一幅崭新的图景"(李建华,2000)。这些观点为数学应用题的研究提供了数学教育的文化哲学参照。

第二种研究倾向主要来自一线的数学教育实践工作者,他们在研究数学应用题时,主要研究针对应用题的设计、编撰与解题思路(word problems solving)的创新。比如,有人认为,"在数学教学中,联系生活,寻找数学题材,把数学教学与生活结合起来,使学生产生成就感,以此来激发学生的学习兴趣,培养学生的自主探究能力,引导学生在生活中发现数学、接近数学、应用数学"(宋厚清,2016)。这是一种把数学应用题研究与数理生活实践联系起来的典型观点。还有人认为,"小学生的数学知识结构和心理认识结构是在与生活、教材、教师的互相作用过程中构建的。学生的知识不仅来自课堂,还来自生活"(钱维娜,2012)。可见,数学应用题生活化,生活经验数学化,是应用题研究的一种趋势。有人认为,"新课改"背景下,中小学数学教学需要创设"生活情境"的数学问题,或"数学好玩""综合应用"等一些类似于数学应用题的单元板块(林志娜,2018)。数学教学尤其是应用题教学,亟待与当代社会的突出问题联系起来,应用题的叙事主题需要与社会生活实际联系更加密切。比如,有许多数学教师认为,应用题的创作与编写,需要适当结合当前我国的环境教育,确立学生的环保意识,"巧设应用题并在教学过程中渗透保护环境的思想,最后升华到保护祖国美好家园环境的教育"(蔡映霞,2016)。诸如此类的研究思路与观点,体现了"新课改"以来,加强数学学科德育以及培养学生的数学核心素养的新使命。

上述两种数学应用题研究的倾向,要么侧重于数学教育研究的方法论反思与重建,要么集中于应用题编撰的主题创新或者解题技巧与方法。数学教育学界对应用题的叙事学及其叙事史还鲜有关注与深入研究。实际上,数学应用题的叙事具有语文性的一面,它不仅是数理逻辑的教学,而且也是通过数理逻辑教学而生发的社会生活经验的建构。应用题叙事具有文学性的一面,理应当作数学文学现象来看待与研究。

有趣的是,20世纪90年代以来,叙事学领域发生了颇具戏剧性的变化,出现了一种冠名为新叙事学(neonarratology)或称后经典叙事学的研究。它不像经典叙事学那样属于结构主义文学理论的一个分支,而是对小说、电影、摄影、广告、民俗等各种形式的叙事现象开展理论反思和重新阐释。新叙事学不仅跨越了经典叙事学坚持文本内部分析的结构主义藩篱,"并使跨学科与跨文类的研究倾向在叙事学逐渐兴盛的当下日益明显"(郑文杰,2020)。当然,这并不意味着叙事学出现了断裂,相反,叙事学迎来了全面发展的契机(张继军,2007)。经典叙事学逐渐被各种形式的"新"叙事学(new narratologies)取代。新叙事学不是铁板一块,它是修辞性叙事学、认知叙事学、历史文化叙事学、女性主义叙事学等诸多叙事理论的"杂合"(尚必武,2008)。新叙事学超越了文学文本的内部,超越了语言的共时性与结构性,在与社会、历史、文化等的联系方面,展示了其独到的话语批评优势。有学者认为,结合文化研究的语境,新叙事学着重论述了当下成为热点问题的大众文化、消费文化、日常生活审美化等概念,这对叙事学理论的发展有深远影响(陈溪,2006)。新叙事学从叙事语法走向叙事语用,从"解释"到"理解",从注重解释叙事是如何表达意义,到注重理解叙事表达了什么意义,体现了从偏重科学方法到偏重人文方法的转向(倪爱珍,2013)。在作为"复数"的新叙事学体系中,认知叙事学和修辞叙事学是两个重要分支。一方面,认知叙事学是叙事学理论与认知科学交叉产生的新学科,是21世纪新叙事学理论中的重要流派。叙事学家研究叙事进程与世界建构之间的互动关系,在普适认知模式研究、认知地图研究、实证心理学、人工智能与虚拟现实等方面做出了大量前沿理论的推进(陈礼珍,2020)。认知叙事学对于我国数学教育研究进一步梳理数理认知的叙事方法与基本概念以及在数理逻辑和生活叙事的交叉处发掘具有数学教育研究的理论生长点,具有方法论意义。另一方面,修辞叙事学在研究文本时,通常在审美、伦理以及叙事形式之间循环进行,这种动态性、开放性和多样性的特征,平衡了经典叙事学与新叙事学之间的特殊关系(顾琳,2017)。修辞不是为了叙事,修辞本身就具有叙事的功能。费伦是修辞叙事学的代表人物,"他以对叙事做出的修辞性且个性化的理解为逻辑起点,企图建构一种凸显作者、文本和读者交互协同作用的、以文本为中心的动力学话语体系"(王杰红,2004)。这种思路对于研究应用题叙事中的人物关系及其时代变迁,读者(学生)、文本(试题集)和作者(编题者)之间的叙事动力学,以及所形成的话语体系有着深刻的启示意义。如果说,修辞叙事学主要考察叙事中读者、文本和作者之间的多层次交流关系,那么,认知叙事理论则试图揭示读者对叙事的认知理解过程(唐伟胜,2008)。换言之,修辞叙事学强调的是读者对叙事的阐释和反应,认知叙事学强调的是读者理解叙事的认知过程。

应用题教学主要是通过数理叙事的方式,加强数学与生活的联系,引领学生对于数学知识的日常应用习惯与观念;通过教学过程把数理关系融入日常生活情境,达到让学生活学活用的目的。认知叙事学的代表人物赫尔曼(Herman)认为:"只要有叙事的地方,就会有叙事学,可以在大街上,也可以在图书馆,可以在日常的谈话中,也可以在著名的小说里。"(赫尔曼,2002:149)相对于小说、戏剧、散文、史诗、传记、舞蹈、电影等鸿篇叙事,应用题叙事是一种篇幅精短的微叙事,它就像人们日常生活中使用的短信、微信、留言、广告、电邮、笑话、谜语、俚语等,具有微叙事的特征。类似泛文学领域的"日常话语"已经成为新叙事学跨文类研究的一个新对象。无疑,这些新式的研究对象及其主题学参照对于研究中小学的数学应用题叙事具有方法论价值。

应用题叙事教学与学生的社会数理经验的建构有密不可分的关系。诚然,单个的应用题还不足以构成叙事学的研究对象,但是特定时期的应用题试题集构成了特定的生活情境与叙事范式。这种集合性的应用题微叙事通常由三个层面组成:基于数理逻辑关系的语义结构、基于生活情境的话语结构、基于数学观与数学教育观的深层结构。"对数学核心素养理解的一个基本观念就是把它放在问题情境这一场域中,构建起内部的深层意义。"(武小鹏,张怡,2018)我们主要对20世纪70年代末以来有代表性的应用题试题集进行举例分析,重点剖析数理经验、社会文化与数学教育原理之间的复杂关联与深层意义。从方法论层面上讲,我们从新叙事学角度,解读 40 多年来中小学应用题在编题策略中的叙事学关切,包括应用题叙事中人物关系、空间文化、知识争斗、数理经验的哲学基础等变迁过程及其对学生接受应用题叙事所产生的教育效果。

二、应用题叙事的人物关系

中小学的学科教学,无论是语文、外语、社会或品德等课程,还是数学、科学、体艺等课程,除了基本的知识与技能,也或多或少含有叙事教学的内容。叙事教学是学科德育的途径之一,数学教学的叙事部分集中体现在应用题的教学方面。所谓应用,简单地说,就是将数学知识教学与具体的生活实际相结合,让学生灵活运用数学知识来理解并解决日常生活中的问题。在我国常见的应用题叙事中,"小明"是重要的主人公,他是不老的传奇,贯穿了自中华人民共和国成立以来的中小学数学教学的叙事史。对于不同年代的人们来说,小明成为应用题叙事史中难以磨灭的集体记忆。比如,关于"小明"的应用题叙事的典型题样有:

①小明从学校图书馆借来一本书,每天看 6 页,8 天就看完这本书的一半,以后他每天多看 2 页,正好在借期内把书看完。问这本书的借期是多少天?

②小明家有一个水池,上面装有一个进水管和一个出水管。单独开进水管 30 分钟能把空池注满,单独开出水管 20 分钟可以把满池的水放完。如果先把进水管打开几分钟,然后再把出水管打开,10 分钟可以把水池里的水放完,进水管先打开了几分钟?

③小明参加数学竞赛,共有 10 道题,每做对一道得 8 分,每做错一道倒扣 5 分,小明最后得 41 分。他做对了多少题?

作为一种微叙事,应用题通过简短的故事来表述特定时代背景下的数理生活。不同的时代背景下,生活形态在总体上是不同的。数理知识的应用,需要结合特定时代的生活状况,比如农业生产状况、工业生产形势或者后工业社会的消费生活的面貌等。数学应用题的编题者，是应用题叙事的作者。应用题对于编题者来说，不仅需要其在数学教学中创设问题情境的编题技巧，而且还需要为学生提供一种数学生活的话语形式，他们受制于一种学校教育话语的宏观结构。编题就像写微型小说，编题者对生活的摹写来自精心的叙述、讲究的章法和大量细节的拼贴。如此一来，应用题的"叙事结构最初是在虚构的大锅里熬成的，后来变成了现实的符号兼证明"（赫尔曼，2002：179）。从这个意义上说，应用题是数学教学叙事史的符号系统，见证了数学教育生活化的发展历程。

在应用题的叙事结构中，"小明"是男一号主人公，从构词法上看，它是并列结构，由"日"和"月"合并而成，象征着学校教育给儿童带来的"光明"未来。"小明"这一名号的教育学隐喻，是它频繁地出现在应用题叙事中的重要原因。应用题中的配角有很多，比如"小华""小红""小英""小勇""小李"等，它们共同组成了基于应用题的叙事符号学的人物群像。从叙事学上说，作为叙事文本的应用题，除了"小明"，还有"小明"的创作者即编题者，通常是不同行政层级系统的教研员，他们也是应用题故事的作者；有关"小明"故事的读者，他们是叙事作品的接受者。在集体性叙事人物关系中，教师的身份是多元的，既是应用题的读者，又是阐释者，偶尔也充当作者。数学教师的多重叙事学身份源于我国独特的统一考试体制，即由教育考试院与教研室组成的行政化的考试体制。应用题的叙事人物关系如表 5-1 所示。

表 5-1　应用题的叙事人物关系

体制性身份	学科教育身份	叙事学身份	社会机构
数学教研员	编题者	叙事者/作者	教育考试院/教研室
数学教师	讲题者	阐释者/作者/读者	学校/培训机构
学生	答题者	接受者/读者	学校/培训机构
"小明"	虚拟人物	受叙者	无

上述不同层面的人物，无论是学科体制层面的真实人物，还是叙事学意义的虚构人物，他们与应用题叙事中的时空、物件及其相应的数理情境，共同建

构了数学教育的生活状态。通过叙事,数学教育的德育功能得以产生,并形成了应用题文本的接受与传播机制。

1.作为叙事者的数学教研员

教研室是中小学学科教学的管理机构,它们参与学科教学的行政运作,在教研室的统筹管理下,学科知识被行政化了。数学学科教研室的教研员是数学教育考试文本的集体作者,负责应用题及其叙事方式的总体设计。他们熟稔社会、数学与生活的时代关系,把数学教学与大众生活经验联系起来,通过应用题的方式让学生熟记数学生活世界的逻辑。作为叙事者的教研员,心中预设有一个理想的读者(学生)的角色与形象,并通过对应用题数理情节的精心安排,告诉解题者应该如何去适应数学化的生活。数学的编题活动,实际上是一种数学教育的修辞活动,编题者通过创作数学故事,告诉作为读者的教师与学生数学生活的价值方向,就像修辞叙事学家费伦提到的:"担当表述对象的角色意味着我们进入了理想叙事的读者角色——叙述者告诉我们应该相信什么、思考什么、感觉什么、做什么。"(费伦,2002:115)

2.作为阐释者的数学教师

在应用题从"创作"到"接受"的整个叙事链条中,数学教师主要充当了阐释者的角色——一种中介性的叙事环节。他们领会来自教育考试院与教研室的叙事主旨,然后用思考题、模拟题与练习题的方式给学生讲解关于数学生活的故事。教师作为阐释者的叙事功能来自他们的社会身份。教师首先是一种职业,他是体制性的,有作为从业者的特定的职业规范。中小学教学的制度环境,决定了数学教师是数学教育价值的传播者,阐释活动是对"数学教育精神"的精细解读,因为"对特定事件的阐释也依赖感知事件时的周边环境,即该事件前后遭遇的一系列事件"(赫尔曼,2002:4)。也就是说,数学教育并非纯粹学科性的,并非纯数学性的,而是掺杂着来自教育考试院与教研室的教学行政意志、社会化的数学生活以及民众的数学教育诉求等周边环境的影响。

3.作为接受者的学生

与教研员、教师一样,学生也是体制性的,他们拥有明确的学籍与身份档案。来自数学教研员的价值引领、数学教师的价值阐释，总归要落实到具体的数学课堂，学生充当了应用题叙事价值传导的课堂终端。在数学教育的行政语义里，学生并非"接受数学"的主体，而是一个客体，尽管数学教育改革一直在强调"以学生为主体"，让学生自主建构数学教育的意义，但在体制性的身份框架中，对于应用题的叙事价值，学生既要接受来自数学教育的形式逻辑，又要接受来自社会生活的价值预设。在标准化考试体制面前，接受意味着领会与遵从。学校教育试图在总体上建构一种行政意志所期待的生活方式，让学生走出校园能够成为"合格""先进""优秀"的人才，并被特定的人才市场与社会主流价值所检视。

4. 作为受叙者的"小明"

尽管数学试卷中孤立的应用题叙事并不能被称为文学性的作品，但从作为试题集的应用题来看，足以支撑数学叙事的"作品性"。叙事作品是叙事者和读者进行交流的中介，而作品中的被叙事者，则体现了数学教育的符号价值。"小明"充当了这种特定的数理价值符号，是叙事者（编题者或教师）传递给读者（应试者或学生）的数学教育行为的综合体。"小明"是学生，但他不拥有体制性身份，他是应用题的"受叙者"，是纸面上的人物。"小明"是数学生活叙事的人物镜像，其身份的合法性源自政治教育学，源自"教育目的"的总体预设。在应用题叙事人物的谱系中，"小明"并不孤独，而是有一组叙事配角的关系支撑，他与上学的同伴"小华""小红""小英""小勇""小李"以及"农民伯伯""工人叔叔""售货员阿姨""工程师""科学家"等社会职业分工的脸谱，一起成为应用题叙事的政治符号学的群像。

三、受叙者身份的变迁

应用题既是学生进行数学知识应用的基本题型，又是基于社会数理生活的微型文学创作的一种形式，具有一定的语文教育的特性。应用题的叙事素材来自实际生活，反映了特定时期数学教育的人文价值导向和社会生产生活的拟态。在叙事作品中，人物及其身份定位是构成应用题故事性的基本元素，是叙事发展的行为者，也是应用题编撰者的叙事意志的集中体现。"叙事主体的叙述操作过程并不是一个封闭结构,它总是需要以生活作为参照,以一定的叙事客体为依据。"(徐岱,2010:86)40 多年以来,我国中小学数学应用题中的叙事人物的变更在一定程度上表征了社会数理经验的变迁,体现了基于国家现代化的发展对人才培养规格的期待。因此,通过考察数学应用题中受叙者的身份变迁,分析社会发展对数学应用题编撰机制的影响,可以探索数学德育的变化规律。

应用题主要通过教育叙事的形式,将数学知识融入学生对社会现实的理解,引导学生进入生活中的数理世界。作为数理叙事的一种形式,应用题遵循一般的叙事结构,由叙事空间、叙事情节、叙事主体(作者)、受叙者(人物)等组成。作为叙事主体的应用题编撰者收集生活中的各类题材并进行分类和筛选,兼顾结构性、单元化的数学知识,建构起文本中的数理生活世界。"各种文学体裁中的人物,既是叙事中的符号,更是具有叙事生命力的表现者,和作家一起讲述着故事,他们的行为(功能)是故事叙述发展的内在动力。"(卢普玲,2011)对我国中小学数学教育来说,作为受叙者的主人公"小明"频繁地出现在中华人民共和国成立以来的各种类型的应用题中,成为学生在数学文本世界中最亲密的伙伴。"小明"活跃在不同时代的各类应用题叙事中,是各类社会身份在应用题叙事中的微观符号。不同特征的"小明"在应用题叙事空间中思考、行动、计算,成为推进叙事情节发展的原动力。正如《故事与话语》一书的作者查特曼所说,"人物是情节的产物,人物的地位是功能性的。简而言之,人物是参与者或行动者"(卢普玲,2014)。在单个人物的叙事中,"小明"参与了各式各样的数理生活,成为数学文学叙事中无所不及的"英雄"人物。比如:

①小明买了 2 支铅笔,每支 6 分钱,又买了 3 本练习本,每本 8 分钱,小明共用了多少钱?

②一袋开心果重 500 克,小明吃去 20%后,又装进余下的 20%。这时这袋开心果重多少克?

③小华每天读 24 页书,12 天读完了《红岩》一书。小明每天读 36 页书,几天可以读完《红岩》?

　　诸如此类的应用题，在中小学生的课本、作业本、练习册与试卷中比比皆是。

　　"小明"是代表学生群体形象的一种昵称。"明"有日月交辉而前程似锦之意，象征数学教育指引着学生迈向光明的未来。除此之外，由光明引申出来的其他含义如照亮、活力、光鲜等均为正能量的词汇，给予读者以生活清新、前途辉煌的暗示。"小明"名称背后的这些教育隐喻，成为他长期占据应用题叙事男一号主人公地位的关键原因。当然，"小明"并不是应用题叙事中的孤单个体，他与"小华""小红""小英""小勇""小强"等人物一起，构成了应用题中叙事人物的群像，在文本中向学生模拟了理想的社会身份。"华"是中华民族的简称，是民族精神在应用题中的象征符号；"红"是对革命精神和中华优秀传统文化的色彩表征，含有激情、奋斗、忠诚之意；"英"有杰出、出众的意思，应用题中的"小英"暗含着对学生成为有出众才能的人的热切期望；"勇"与"强"有勇敢、强大、强壮的意思，暗示着学生应有一种自强不息的顽强精神。应用题的编撰者通过选取"小明""小华""小红""小英""小勇""小强"等名称，在应用题中塑造了一系列具有优秀品质和教育隐喻的人物，引导学生的价值方向，以期培养既具有良好数理才能又具备优秀品德的合格人才。

　　在应用题主人公的选取中，除了参考学生形象设定的"小明"等，还有很多参考了社会代表性群体形象的人物，比如"工人叔叔""农民伯伯""售票员阿姨""售货员阿姨""工程师""科学家""老师"等，他们是"小明"身边的成年人，带有某一类工作群体或阶级群体的职业特征。比起以社会预备成员身份活动在各类社会生产中的"小明"，"农民伯伯""工人叔叔""售货员阿姨"等显然具有较为固定的身份特征，也更能与相应的应用题叙事空间和叙事情节融为一体，成为某类专业性的象征。"人物观念的形成，依赖多方面的因素。譬如一定社会的人的性格精神和风貌，以及人在社会生活中的地位和作用。"（段崇轩，2019）在不同的社会发展主旋律之下，应用题叙事中的人物身份也呈现出不同的职业类型导向。

　　20 世纪 80 年代前后，数学教科书与应用题中大量出现的"农民伯伯"和"工人叔叔"，来自政治意识中最普遍的人民形象，也是学生现实生活中最常接触到的群体。在国家公共伦理秩序与社会分工体系的编排中,农民是"伯伯",工人是"叔叔",售票员或售货员通常都是"阿姨",他们在应用题叙事中的伦理与性别角色,体现了编撰者对阶级身份符号与性别文化观念的再生产。通过阶级身份和社会关系身份的并列结合,编撰者借用"叔叔""伯伯""阿姨"等命名,组成应用题叙事中祖国大家庭的亲属关系网络,并将学生置于这样的人际关系环境的价值预设中。"农民伯伯""工人叔叔""售货员阿姨""售票员阿姨"是符号性的身份标识,与对应的叙事空间,比如"农场""工厂""百货商店""公交车站"等,一起建构文本中的身份互指系统。在教学过程中,数学教师通过给学生布置作业、练习题、考试等,加强他们对数理知识的吸收和应用。同时,学生不断被置入"职业—伦理"关系的人物网络中,参与虚拟人物的数理生活。在与应用题叙事人物的高频率虚拟交往中,学生进行带有特定阶级属性与职业性别期待的身份符号认同,为日后成为工农阶级的新生力量做好数理经验的充分准备。相关应用题的题样有:

①中华人民共和国成立前,张大伯租种地主 5 亩地,被迫每亩交租 200 斤。地主在收租时用大斗计量,使得张大伯实际上要用 130 斤粮食才能抵租 100 斤。张大伯全家辛勤劳动一年,共打下粮食 1400 斤,问交租后还剩下多少斤?

②中华人民共和国成立前,贫农李大伯租种地主一块平行四边形的地,底 18 丈,高 10 丈,狠心的地主硬把这块地的面积说成是 3.5 亩。问地主所说的面积比实际面积多了几亩?

③王伯伯文具店新采购了一些钢笔,每支钢笔买入价为 5 元。若王伯伯每支按 7 元销售,则利润是多少?如果王伯伯调整价格,使每支钢笔的利润是 3 元,那么王伯伯应该按照多少钱定价?

20 世纪 90 年代以来,随着社会主义市场经济体制的确立与发展,我国的经济结构发生了转型,以工农业为主的经济格局转向多种经济形态的全面发展。大量的农民开始进城打工,变成了农民工,而传统意义上的工人面临下岗,经过就业"再培训"之后成为市场经济体制中的人力资源。他们作为阶层和职业的混合符号逐渐转化为单一的职业符号。商店变成了超市以后，"售货员阿姨"同样经历了失业与身份转型。工农阶级群体规模逐渐缩减。与之对应的，应用题叙事中的阶级价值导向逐渐消退，"农民伯伯""工人叔叔""售货员阿姨"等人物形象也不再频繁出现。但是应用题中受叙者的身份特征仍然存在，原来的阶级身份、国有企业的岗位身份，被资本力量拆解为多维度的职业身份。伯伯、叔叔、阿姨等祖国大家庭的伦理身份隐喻被弱化，他们的主人公身份被各类职业人物形象所替代。诸如"科学家""企业家""承包人""经理""清洁工"等作为各类职业的象征性人物，共同组成了应用题叙事的新型人物群像。应用题叙事的人物身份向着市场经济以及消费主义的话语方式（包括语义、语用与语境等）急速转变。

进入 21 世纪以后，市场经济体制、城市化运动带来的不只是经济结构的转型和生产技术的提高，也带来了产能过剩、资本过剩、垃圾成堆、环境破坏等问题。物质资源过剩使生产不再成为经济发展的主旋律，"多买""多卖""多消费"以及"盈利""借贷""促销"等作为消费性的象征话语进入生活实践，并在中小学应用题叙事中有直接的体现。不同学段的应用题示例如下。

小学：一件衣服，第一天按 80% 的利润定价，无人来买，第二天在此基础上打九折，还是无人来买，第三天再降价 96 元，终于卖出，已知卖出的价格是进价的 1.3 倍，求这件衣服的进价？

初中：某商店从某公司批发部购 100 件 A 种产品，80 件 B 种产品，共花去 2800 元，在商店零售时，每件 A 种产品加价 15%，每件 B 种产品加价 10%，这样全部售出后共收入 3140 元，问 A、B 两种商品的买入价各为多少？

高中：某商品每件成本 9 元，售价 30 元，每星期卖出 432 件，如果降低价格，销售量可增加，且每星期多卖出的商品件数与商品价格的降低值 x（单位：元，$0 \leqslant x \leqslant 30$）的平方成正比。已知商品单价降低 2 元时，一星期多卖出 24 件。(1)将一个星期的商品销售利润表示成 x 的函数；(2)如何定价才能使一个星期的商品销售利润最大？

通过诸如此类的应用题不难看出，消费逐渐成为社会数理生活的主要话语，数学教育的目的也转向培养有强烈消费欲望和计算能力的新生一代（见图 5-1）。

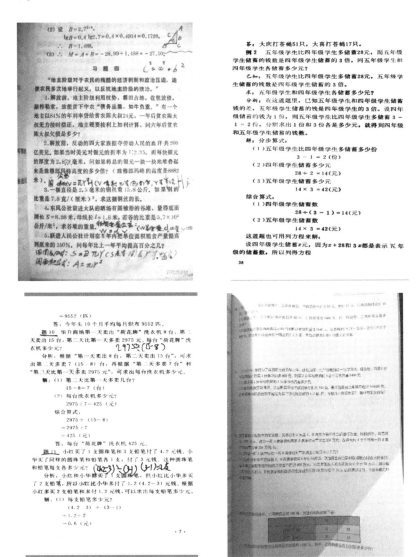

图 5-1　不同年代应用题示例

此外，社会经济的增长方式与企业生产方式的转型促使传统工人不断"下岗"与"再就业"，应用题的叙事空间也发生了相应的变迁。超市、景区、酒店以及银行等新兴空间大量出现在应用题叙事中，催生了新型数学微型文学的创作手法。"经理""推销人员""环保人员""快递小哥"等作为应用题叙事的主人公，成为经济数学与消费数学的形象代言人。"小明"在消费性经济话语中与具有消费性象征的角色进行交往，实践着消费语境下的新型数理活动，提供了学生学习数理生活方式的新型模板。学生在这样的叙事语境中预演数理生活实践、计算买卖盈亏问题、规划消费最优方案问题、盘算投资收益问题，力争成为适应社会发展的合格消费者。社会空间转型带来大量消费型空间的出现，一方面，这成为加快社会资源消费的空间性隐喻，将学生对自身的身份定位由生产者转向消费者；另一方面，随着社会的进步和物质资料的满足，消费空间的出现暗示着人们开始由基础性的物质消费转向精神消费，以"景区""科技馆""博物馆"等为代表的数理叙事空间的出现正是社会文化更替与进步的体现。

学校教育具有教书育人的双重使命，不只是通过课程与教学传授给学生知识，同时还肩负对学生进行道德教化的职责。应用题作为数学学科的道德教育形式，由数学符号和社会语码组成，通过数理生活在叙事文本中的呈现，为学生进入社会生活提供了数学的文学经验。学生在与应用题的符号交流中逐渐走向社会，走向实际的数理生活。应用题作为一种微叙事形式，其本身的话语选择成为学校教育意志发挥作用的载体。应用题的编撰者作为叙事文本的作者，构造出各种社会生产生活空间和虚拟人物，模拟了社会生活的人物群像及其关系。但是，从叙事伦理与正义的视角看，作者在叙事过程中的人物选择同时也意味着对某些社会群体的身份排斥。作为国家文化和教育意志的代言人，应用题的编撰者通过有意识地选择叙事空间和叙事人物的符号体系，遮蔽部分被边缘化的社会空间和人物，建构起所谓的理想化的社会数理生活场景。应用题叙事人物身份的变迁，直观地反映了社会实践和经济发展的不同需求。有人认为，"中小学数学教育（与人的行为有关）的终极目标就在于，会用数学的眼光观察现实世界、会用数学的思维思考现实世界、会用数学的语言表达现实世界"（孔凡哲，史宁中，2017）。这也是数学教育需要不断进步、不断贴近实际生活的原因所在。

四、应用题的空间叙事

一般来说,应用题是数学知识教学与实际生活情境相结合的基本题型。学生在接受应用题叙事价值的过程中逐渐提高数学知识应用的熟练程度,与此同时完成个体对社会数理生活的感知和话语表达方式的建构。数学叙事教学的目的不仅在于形成学生对数学知识的社会认同,更是在叙事文本中建构与时代背景相契合的社会观念和社会身份。在应用题中,叙事空间是实体空间的符号表征,通过与特定时代的生活背景相结合,呈现出特定的社会生产生活状况。

在文学作品中,时间、空间以及人物都是不可或缺的叙事要素,在早期叙事学的研究中,研究者大多聚焦叙事的时间与人物等维度,但随着叙事学从现代向后现代的转型,在福柯、列斐伏尔、哈维等学者对社会空间研究的推动下,叙事学的空间问题开始凸显。叙事空间是故事发生的地点和叙事情节阐述过程中必不可少的要素,为叙事情节预设了场所背景,而一些文学作品还会利用叙事空间的转换代替时间线索来推进叙事的发展。在叙事文本中,叙事空间被赋予某些符号化的特性,成为构成叙事语境的关键要素,将文学作品的主旨通过空间意象来表达。

应用题通过对实际生活情境的模拟陈述来创设问题、引导学生解答并最终指向社会数理生活。其中,应用题叙事空间作为社会空间的直观反映,与特定的时代背景相结合,建立起与社会生产生活的紧密联系。应用题的作者通过铺设叙事空间,拟构叙事背景,呈现出社会数理生活特有的空间话语形式。近 40 年来,我国的社会生活方式和经济生产方式发生了巨大变化,社会空间的命名和其所承载的社会活动的性质也发生了相应的变化。在这种背景下,不同时代的应用题叙事空间可以视为社会空间体制变迁的一种缩影。

在 20 世纪 80 年代之前,应用题的叙事空间除了学生熟悉的校园环境,大多集中在"生产大队""村庄""公社""工厂""农场""粮站""小组"等体制性空间,它们构成了社会数理叙事的空间背景。比如:

①一个农场收割水稻,第一天收割 424 亩,第二天比第一天多收割

148亩，第三天比前两天的总数少250亩，三天一共收割多少亩？

②光明生产队原有旱地60亩，水田108亩，为了提高产量，要将一部分旱地改为水田，使水田面积是旱地面积的5倍，问需将多少亩旱地面积改为水田？

③东方红发电厂职工，为实现新时期总任务，大干快上，产值月月上升，四月份产值是三月份的110%，五月份在四月份的基础上又增加了15%。问五月份产值是三月份的百分之几？

这些应用题中出现的"农场""生产队""发电厂"等都属于叙事空间，是社会生产生活的空间背景，应用题通过对空间元素的描述，引导学生关注劳动实践的场所。诸如"红旗""光明""东方红"等叙事空间的政治性命名，是特定的意识形态下数学应用题作者对社会生产方式与劳动成果分配方式的表征，在应用题空间叙事的背景下，使学生接受出题者意指的价值取向。在中小学应用题的试题集与练习册中，不难发现，食堂是人们集体用餐的地方；公社是社员共同生产和生活的组织形式；生产大队是劳动组织与劳动成果分配的基本单位；农场是包括农业、林业、畜牧业等的大型劳动组织场所，是对劳动空间进行片区划分的农业生产单位。这些由生产组织方式形成的空间话语，是集体型经济运作及其生活方式在应用题叙事中的表现，反映了计划经济模式下的空间形态。人们在生产大队里劳作、在工厂中劳动、在公社里生活、在食堂里吃饭等，构成了空间生活的基本场面。工厂、农场、粮站和食堂等成为社会集体生活的缩影，构成了应用题叙事的大背景，也是学生认知数理空间的社会基础。

20世纪80年代以后的20年，我国的经济体制逐渐由计划经济向有计划的商品经济与市场经济过渡，社会空间体制发生了巨变，人们生产生活的空间经验也随之转变。这一点同样体现在中小学数学应用题叙事主题及其空间维度上。叙事情节淡化了惯常的劳动主题，开始向"储蓄""存款""购买方案""排座位"等转变。社会主义市场经济的确立与完善使劳动空间发生了转变，市政建设与空间改造成为新的时代主题。由此，应用题中涌现出了大量的"铁路""公路""里程"等空间话语，"生产大队""农场""粮站"等传统的空间话语逐渐

消失,而"影院""商店""建筑工地"等空间形式开始大量出现。比如:

　　①人民电影院原有座位 35 排,每排 34 个座位。改建后,座位增加到 45 排,每排增加了 6 个座位。改建后,增加了多少个座位?

　　②一个筑路队原计划 20 天修完一条公路,实际每天比原计划多修 25 米,结果提前 5 天完成任务。原计划每天修多少米?

　　③铁路局包运 3000 块玻璃,每块运费 0.50 元。如果损坏一块赔偿 1.75 元,而且不能得到运费,货物运到后,实际得运费 1491 元。问路上损坏多少块玻璃?

应用题叙事所虚构的社会生活已经不局限于集体主义的劳动场景,还关注到了城市建设以及个体劳动及消费场所。劳动空间逐渐由工农业生产转向综合性的社会建设与消费空间,劳动者的身份也由生产者转为建设者。在"实现四个现代化""以经济建设为中心"等时代口号的推动下,城市建设与经济发展成为应用题叙事空间的主要话语。城市建设者也代替了工农业劳动者,成为中小学数理教育中学生身份认同的主要对象。

21 世纪以来,我国的现代化建设进入了城市化的新阶段。社会主义市场经济给人们的生活方式带来的转变在应用题叙事中被呈现出来。应用题叙事在完成从"劳动叙事"到"建设叙事"的转向后,开始向城市化的"消费叙事"和"金融叙事"转变。"生产大队""公社""农场"等体制性的空间话语完全消失,取而代之的是银行、超市、酒店等消费性的空间话语。叙事主题也由"播种""收成""收入分配"等问题转向了"修路""运输""零件加工"等问题,再逐渐转向"购买方案""盈亏结算""利率计算""收支平衡"等问题。个人的社会角色不再局限于劳动者,而是劳动者、建设者与消费者等多重身份并存。学生在应用题叙事中接触到更加多样化的空间话语,有了更多的空间价值和社会角色的选择。

　　①某商品的销售价格每件 900 元,为了参加市场竞争,商店按售价的九折再让利 40 元销售,此时仍可获利 10%,此时商品的进价是多少?

　　②公园在高大的门楼上安装彩灯,从同一盏灯的位置起每隔 0.8 米

装一盏绿灯,每隔 0.6 米装一盏红灯,当数到 46 盏绿灯的地方,红灯中有多少盏与绿灯在同一位置?

③李老师贷款买套新房,原计划有两种方法偿还:第一种第一年还 28 万,以后一年还 4 万;第二种是前面一半时间每年还 8 万,后面一半时间每年还 6 万,现在一次还清,可免去 4.8 万元,如果一次还清需要多少钱?

从应用题叙事主题的变化来看,这一时期的叙事空间倾向定位于"超市""游乐园""银行""博物馆"等满足物质和精神生活的消费空间。叙事空间越来越多样化,叙事情节也越来越贴近经济生活。正如后现代地理学家哈维所言:"对时间和空间的象征性有序化,为通过我们得知在社会中是谁或者是什么而进行体验提供了一个框架。"(哈维,2013:270)应用题叙事空间通过对社会空间和时间的有序化,建构起了学生个体进行社会生活的预先体验的框架。结合应用题的情节、人物和推理等叙事因素,学生对社会活动的身份以及空间认同逐渐形成了一套文学性的认知。这些由应用题的作者所创作的符号空间通过微型叙事话语来实现对学生的教化,体现了数学教育的德育价值。应用题叙事一方面展现了社会发展过程中的空间流变,另一方面也通过虚拟的数理经验试图引导学生主动迎合不同时代的空间文化的变迁。

"每一个社会,每个生产模式,每个特定的生产关系都会生产出自身的独特空间。"(汪民安,2006)空间不仅是建筑的力学构造,也并非价值中立的社会关系发生的场所,空间是社会运作的产物,是一定的生产关系呈现的载体。不同社会力量之间的角逐必然会作用于空间的支配和部署。新的空间并不是凭空出现的,社会生产关系将空间作为改造对象,在物理层面上对空间进行规划和设计,将空间塑造成权力的象征,成为特定价值的表达形式。除此之外,空间也是意识形态的产物,随着一定时期生产关系的变化而变化,既是手段,又是目的。

20 世纪 50 年代到 80 年代,计划经济所形成的体制性空间成为工农业资料生产的重要场所,同时也表征了社会主义的生产关系。"农场""工厂""生产队"等是劳动者进行生产实践的主要场所,"粮站""食堂""文化宫"等是生产实践的附属性空间,它们共同构成了劳动者集体生活的空间结构。数学应用题将生产的叙事空间和生活的叙事空间相互交叉或衔接,建构起叙事情节中社会生活最具代表性的情景,为把学生培养成为特定规格的劳动者给予了空间性的身份暗示。通过符号化的数学教育,应用题叙事中的劳动空间、劳动者以及劳动实践之间实现了内在含义的相互指认。应用题的作者对社会生产生活方式进行文本设计,通过叙事的方式,将社会生产意志细化为数学教育主题。社会生产空间通过应用题叙事空间的文学性转换,成为学生数理知识应用的常态背景。

20世纪90年代以后,由于社会主义市场经济体制的实行,原来以工农阶级为劳动主体的集体性生产结构受到了冲击。这也导致"金钱、时间和空间的相互控制形成了我们无法忽视的社会力量的一种实质性的连接系列"(哈维,2013:282)。经济发展的方式与时间、空间紧密联系,相互影响。在不同社会阶层的力量博弈中,空间成为焦点。空间在资本的力量下进行重构,并逐渐渗透到学校的学科教育话语体系之中。资本的力量助推了我国的城市化运动。应用题的叙事空间中出现了城市主题的空间意象,以及"超市""影院""酒店"等与城市生活相匹配的带有消费主义色彩的空间话语。传统的劳动叙事空间从应用题中被抽离以后,城市叙事空间通过向学生展现经济社会的话语,引导学生进入城市的劳动和建设,积极融入城市化生活,相关的题例有:

①有一批客人入住某宾馆客房,若每间住4人,则正好多出2间客房,若每间住3人,则还有12人没有住处,问这批客人有多少人? 该宾馆客房有多少间?

②宾馆大厅安装了一扇旋转门,门是一个长方形,宽2米,高2.5米。旋转轴安装在门的正中(宽的正中)。这个大门旋转半周,扫过的空间是多少立方米?

③为了抓住上海世博会商机,某商店决定购进A、B两种世博会纪念品,若购进A种纪念品10件,B种纪念品5件,需要1000元;若购进A种纪念品5件,B种纪念品3件,需要550元。求购进A、B两种纪念品每件需要多少元?

21世纪以来，随着城市化建设的步伐加快，社会生产关系有了较大的调整。劳动与建设在使经济快速发展的同时也出现了产能过剩以及资本过剩的问题，空间价值观的导向逐渐由生产型转向消费型。学校教育的培养目标也从单一的劳动者转向了劳动者、建设者和消费者多重身份并存的局面。数学教育也不例外。应用题叙事中开始出现了"银行""保险公司""证券公司"等金融性元素，甚至出现了"花呗""借呗""发红包"等互联网消费性概念。应用题空间叙事的转换通过新型的符号系统进入学生的数理生活。并且，随着人们对精神消费的关注，应用题中大量出现了"酒店""景区""游乐园"等娱乐性空间。劳动、建设与消费一起在应用题教学中组构了城市空间的话语系统。

①某人存款2400元，存期3年，月利率为10.2%，三年到期后，本利合共是多少钱？

②过大年，给红包是我国传统习俗。2013年的春节，王大伯的孙子们给他拜年，王大伯拿出了事先准备好的压岁钱，如果每人50元，还剩50元；如果前面的每人60元，那么最后一人得到的压岁钱少于50元，但至少得20元。王大伯至少有多少个孙子？最多有多少个孙子？

③一辆旅游车在一段下坡路上行了2小时，每小时行53千米，然后行驶上坡路，又行驶了5小时，每小时行30千米，最后以每小时40千米的速度经过一段平路，又行驶了1小时到达目的地。求旅游车从出发到抵达目的地平均每小时行多少千米？

从社会学意义上说，不同的空间对应着不同的社会阶层及其社会活动，并安排了社会活动的时间结构，成为生产生活方式的重要表征。"日常生活及其话语倾向于被安置在一个空间中，这个空间拥有对时间性的优先权。"（郑震，2010）近40年来，应用题的叙事空间由生产型空间向消费型空间的转化，来自应用题作者对社会空间变迁及其历史力量的理解。"叙事本身不是语像；它的任务就是描写历史记录中的事件，告诉读者可以把什么当作事件的语像。"（怀特，2003：181）在时间维度上，作者充当了历史学家的角色，参与时代价值的生产过程并试图让读者分享并铭记历史事件变迁的过程。这意味着，作者需要站在适当的角度去揣度社会活动是如何构型的,并通过应用题叙事将其传递给学生。应用题叙事中的空间符号体系,并不只是对空间事件进行直接描述,而是提出了一种对待数理生活的情感与态度,把叙事空间变为文本规训的形式。应用题叙事成为社会意识形态在数学教育话语中的投射,成为让学生接受主流价值的手段。叙事空间的变迁及其动力通过一代代的应用题作者的文学性创作,持续性地进入教科书、练习册与试题集,转变为学生在数学教育过程中所必须接受的数理经验。

应用题作为数学教学的微型经验叙事,包含了社会数理生活的价值取向。社会意识形态通过应用题作者的文学性表达转化成教学文本信息,进入学校的学科德育范畴。"数学知识的基础是语言知识、约定和规则,而语言知识是一种社会建构。"(李建华,2000)教师与学生之间数学知识的交往以及应用题作者与读者之间的叙事交往,成为学生理解数理生活世界的基础。空间并非与价值无涉,它是社会意识与文化观念的重要组成部分。应用题叙事通过对叙事情境的营造和场景预设,将特定的社会空间凸显出来,从而使社会意识进入数学教育领域。在数学教学中,应用题中的价值取向通过叙事情节、叙事空间、叙事主题、叙事内容等的交叉作用使学生形成特定的数学知识观、数理生活的技能与态度。

数学教师通过对应用题的叙事空间进行分类和解释,再辅之以作业、练习、考试等形式进行强化,使学生接受特定的社会空间存在的合法性。"空间是任何公共生活形式的基础。空间是任何权力运作的基础。"(包亚明,2001:13)权力是社会力量的关系,是不可见的、分享性的,但权力谱系中的象征关系可以通过社会空间来呈现,从而使权力运作可视化。教材中社会空间的合法性,意味着社会空间背后权力运作的合法性。对于数学教学来说,应用题的作者通过生活叙事模拟出特定形态的数理空间,将数理知识生活化,进而引导学生的社会空间认同。考试作为评价、选拔学生的手段,成为学生形成空间认同的有效方式。学生为了取得理想的分数而不断地背诵和刷题,将应用题的叙事空间内化为常识性的社会秩序空间。学生正是通过对空间的教育性的理解,逐渐明确个体社会化的发展方向,最终形成特定的空间话语惯习。在应用题中,空间成为叙事的背景,不同时代对空间形式的要求不同,而不同的空间也成为不同类型社会活动甚至是经济发展模式的符号。农场必然会有"劳作"与"收获",工厂必然会有"加工"与"运输",超市必然会有"价格"与"购买","这些相互指涉的社会空间与活动过程构成了'解释的循环',最后产生了理解"(赫尔曼,2002:121)。叙事空间和叙事情节之间的相互解释是社会活动的缩影,成为社会活动的有效注解,也成为数学教育对学生进行空间规训的手段。

应用题叙事是学生将数理逻辑情景化的文学方式,是"知识世界"和"生活世界"之间的桥梁。应用题的叙事空间源于社会生产生活话语的总体结构。话语产生于实践,与社会关系和社会分工紧密相连。近40年来,从社会主义计划经济到市场经济,处于主导地位的政治经济体制的不同,直接导致了应用题空间话语的选择标准的不同。应用题的试题集是学校生活史研究中不常为人关注的文献资料,但它忠实地记录了社会空间变迁的过程。应用题的作者,可被视为社会数理社会的记录者和代理人,他们将社会意识形态植入数学课堂教学,传递和表达数学教育意志。应用题所建构的叙事空间本质上是由"直接的话语转变为间接的、虚构的、想象的话语"(伯恩斯坦,2016:36)。作者将社会空间话语重组之后,置于文学性的拟态语境中,对空间的意义按照数学教学的标准和要求进行重新分配。据此,社会空间改造的现实力量借助应用题作者的教育身份对空间进行符号化编排,并把考试制度作为空间教育的助推力量,使学生对社会空间的认知与情感保持相对稳定。

应用题叙事空间传递的价值取向作为学生适应社会空间文化的基础,塑造了学生参与社会活动的空间观念。应用题的作者筛选合适的社会空间和社会身份(主人公)进入试题集,建构起数学教育叙事的理想模式,并通过制定一系列的评价目标规制学生的发展取向。叙事空间是真实社会空间的完美化再现,"每一个社会,就如它的历史所展现的,可使既存的差异性空间以非常不同的方式运作"(周旻,侯怀银,2016)。这些差异性空间都有其特定的功能并以其精准的方式运作,构成真实社会空间的一部分,并且在共时性上,对真实社会空间产生了种种影响。应用题的空间叙事通过描绘社会空间以及社会成员活动,从而在学生脑海中建构自我身份和社会空间之间的关联。从"劳动者"

到"建设者"再到"消费者",在应用题中反复出现的主人公"小明"的空间身份与空间经验发生了巨大的变化。而应用题的作者试图以价值中立或"知识正确"的姿态阐释叙事空间,遮蔽虚构的教育空间与真实的社会空间之间的冲突,以此实现数学教育中的德育目标,完成对学生的数理教化。

从维特根斯坦的数学哲学看来,数学并不神秘,数学不仅是对逻辑世界的描述,而且是人类的一种生活形式,有着特定的语言规则。数学本质上是一种语言学,数学教育与人类的社会经验密切相关。正是语言的社会性决定了数学的社会性,数学教育同样具有文学性的维度。这给数学教育及应用题创作的启示是:数学教育必须面向社会生活,弱化形式逻辑的灌输与强制训练。数学教师在尊重学生创造性冲动的同时,需要让数学教育向生活实践转变。正如怀特海所言:"对学生来说,几何学与力学的知识,必须辅以车间工厂的实践,否则,数学就成为冗长的废话。"(怀特海,2002:85)数学教育只有重视社会建构主义的观点,才能从数学社会学的高度去揭示数学教育的"认识活动"的社会本质。只有把数学教育与生活实践、文化实践、人格特征等联系起来,才能避免现代数学教育强人所难的先验形式。从这个意义上说,中小学数学教育亟待重视数学的文学性维度,重视应用题的叙事教学对学生的数理经验形成的关键作用。

五、应用题叙事的教育学之维

任何社会改革都不同程度地涉及对不同社会阶层的价值立场的博弈与利益关系的调整。社会改革也必将影响学校教育领域,具体涉及教育目的、学制系统与课程设置等诸多方面。学校教育改革通常是对新型的社会生产方式与生产关系的回应,并集中体现在课程制度改革等方面。学校教育改革的过程也是关于课程内容、求知方式、考试制度等方面的教育学知识的生产过程。"学校考试内容往往是一面镜子,可以反映出学校课程与教学的情况"(吕达,1999:56)。而数学应用题的出题方式、内容及其叙事方式,也可以反映特定时期的课程与教学改革的情况。

19 世纪 60 年代以后,中国开始出现使用机器生产的工厂,而且数量逐步增加、规模不断扩大。在机器生产方式替代手工作坊生产方式的过程中,同时也出现了新型的生产关系。当时,洋务派意识到急需洋务人才,需要大量的洋务教育,中学课程开始出现"西文"与"西艺"的课程设置。洋务派认识到,"中国不贫于财,而贫于人才"(朱有瓛,1989:89)。洋务设备被购进来之后,苦于没有洋务操作之人才,于是洋务派开始进行学堂改革、学制改革与课程改革——在"中体西用"的教育改革理念下,"西文"与"西艺"成为课程设置的重要考量。京师同文馆创建以后,时任总教习丁韪良在为学生拟定的课程时序中提道,"六年:讲求机器、微分积分、航海测算、练习译书;七年:讲求化学、天文测算、万国公法、练习译书;八年:天文测算、地理金石、富国策、练习译书"(朱有瓛,1989:71)。课程内容厘定以后,为了使学生勤于学业,往往通过考试来强化课程改革的理念,因此考试就成为落实新课程内容的重要手段。譬如,1872年京师同文馆岁科的"算学题"与"格物题"(兼及几何)有如下两题,涉及当时兴起的矿务与水运产业。

①某处有路过山顶,两边均各二十五里,其两边及地平成交四十五度,若随地平凿山而过,试推路长若何?

②有船底为三角,前后宽窄为一,长十丈,于水面量之,阔丈五,吃水八丈,试推其船货共重几何?(朱有瓛,1989:83)

从以上的课程设置与数学应用题来看,京师同文馆属于"普通中学"的学段。"京师同文馆增设的天文、算学馆,标志着我国这所最早的近代学校在办学方向和体制上取得了重要突破。"(朱有瓛,1989:791)算学的开设逐渐进入科举考试的试题之中,尽管受到了保守派的抵制,但这是我国改革科举,甚至废除科举的一个信号。数学应用题的生活化,代表了编题者特定的生活价值指向。在洋务运动中,算学、矿务、机械等代表了民族与买办资产阶级群体对日常生活的知识要求与人才规格的锻造。

在欧洲,16世纪至19世纪的法国发动过一场旷日持久的城市卫生运动,涉及街道污秽的清理与家庭厕所的改革,细化到城市清洁工劳动量的计算与家家户户处理粪便的节水方式。这实际上是通过卫生运动来树立市民的新型的卫生意识。为了巩固城市卫生运动与厕所改革的成果,卫生学家把节水、除污与清理街道的关系转化为小学生的算术题。正如法国历史学家拉波特在《屎的历史》中描述:"这也是何以卫生学家给后世的小学生提供了数目可观的算术问题,水龙头水量与排水差额在这些复杂性问题中总是相同的,也许有一天人们会用算术粪便学课本的形式来汇集这些卫生学家出神入化的计算。"(拉波特,2016:119-120)例如,如下两道典型的数学应用题就是通过数学教育来让儿童适应城市卫生运动之后的新生活。

①如果一个人的粪便每天可达 750 克,即每年 275 千克。请问一个五口之家每年产生大约多少千克粪便?

②一个农夫清理粪便每 1000 千克收费 10 法郎,他几年之内就能很快发财?(拉波特,2016:119-120)

20 世纪 60 年代至 80 年代,我国也存在类似的粪便类应用题。不过,我国中小学应用题中的"粪便题"不像近代法国巴黎那样基于城市卫生运动,而是出于集聚有机肥料的考量。农家把家畜的粪便收集起来作为肥料,这也体现了在化肥工业不够发达的年代,应用题叙事具有生态农耕的教化功能。比如:

一头猪一年平均产粪尿 4000 斤,已知每 1000 斤猪粪尿的肥效相当于 20 斤硫酸铵的肥效。如果施用一斤硫酸铵可以增产 3 斤粮食,问施用一头猪一年的粪尿可以增产多少斤粮食?

上述中外历史上的应用题样例表明,数学应用题的出题方式与内容,是当时国家宏观教育改革的一种缩影,它们本身是知识社会学领域的价值博弈与妥协的产物。应用题的叙事方式、叙事门类构成了对社会生活的模拟,编题者试图通过应用题来建构新式的数学生活,让新生一代去熟记与适应。数学教师所要做的工作是:"在建构公理式模型的基础上尽可能接近演绎程序。做此选择的理由是我们面对几乎无以计数的叙述方式和叙述门类。"(利科,2003:47)在应用题叙事总体框架下,数学教师通过构建一个数学生活的描述模型,并从中衍化出几个基本的亚门类,比如矿务题、水运题、工程题、卫生题、环保题等,让新生一代适应社会改革之后所要面临的新生活。

改革开放以来,数学应用题的叙事方式的变革也伴随着叙事主题的变化,尽管这种变化不是急剧式的,而是渐进式的。作为数学学科教学层面的应用题叙事,从叙事主题、叙事内容,到叙事场景与方式,都离不开特定时代背景下的宏观叙事结构。试题则是宏观教育叙事的最后环节,通过"教育方针—教育目的—人才规格—学校教育目标—课堂教学目标—学科教学活动—考试评价"的叙事线索,经历了教育政策、教育理论、课程设置、学科教学、考试要求等不同层面的叙事方式的转换,最后落实到数学生活化的应用题叙事上。不难看出,主人公"小明"从 20 世纪 80 年代的劳动者,到 20 世纪 90 年代的建设者,再到 21 世纪以来的消费者,他及其同伴的叙事身份在稳定中也发生了相应的改变。所谓"稳定",意味着他的政治身份没变,即社会主义事业的劳动者与接班人;所谓"改变",即从劳动者到建设者再到消费者的身份累加过程(见表 5-2)。

应用题的叙事主题与我国的教育目的的表述方式的变化基本上是趋于一致的。20 世纪 80 年代,从 1981 年的《关于建国以来党的若干历史问题的决议》《1981 年政府工作报告》,到 1982 年公布施行的《中华人民共和国宪法》,再到 1985 年的《中共中央关于教育体制改革的决定》、1986 年公布施行的《中华人民共和国义务教育法》,其中关于教育目的的表述,"与毛泽东同志 1957 年关于教育方针的表述其精神实质是一致的"(扈中平,2010:132)。

表 5-2　经济体制、培养目标与应用题叙事主题关系变化

时期	经济体制	培养目标	应用题叙事主题
改革开放前	计划经济	劳动者	工农业生产、阶级斗争
改革开放初期	有计划的商品经济向市场经济过渡	劳动者、建设者、接班人	现代化建设、经济增长
21 世纪至今	中国特色的市场经济	劳动者、建设者、消费者、接班人	后工业社会的生产与消费、金融生活

20 世纪 90 年代以后,随着社会主义市场经济的确立与逐步完善,应用题叙事主题发生了改变,即由"劳动叙事"逐步转向"建设叙事"。"小明"与"农民伯伯""工人叔叔""纺织女工""售货员阿姨"等传统的劳动者角色一起

介入了新型的经济体制及其相应的数学生活场景。这种应用题叙事形象的整体变迁,是国家经济体制转型在数学考试方面的微观显现。在城市化浪潮的影响下,人们的数理生活方式发生了巨变。"小明"作为建设者的身份更加突出,"农民伯伯"变成了"农民工","工人叔叔""售货员阿姨""纺织女工"等下岗以后变成了劳动力市场的人力资源,他们一起被新的经济体制赶进了新型的数理生活场景,比如土地被转让与承包之后变成了开发区,商店变成了超市,村庄变成了社区,建筑工地及工人数量越来越多等。在小学数学应用题编题过程中,有的数学老师让小学生认识人民币时创设了如下数学生活情境:

> 在教学这一课时,为了巩固学生对人民币的认识,我创设了一个"逛小超市"的情景,再现"买卖商品"的生活片段,将讲台模拟成一个小商店,摆上吃的和用的商品,让学生动手购买商品。(罗克华,2006)

虽然"劳动叙事"仍然在应用题中存在,但劳动的数理性质发生了变化;尽管数学公式在形式逻辑上没有发生什么变化,但应用题的叙事门类发生了改变,集中体现在从农民与工人的劳动主题变成了市场经济的建设主题。数学模型根据市场经济的定义被重新建构。"小明"作为接班人的政治身份没有变化,但他在应用题叙事中的行为方式发生了显著变化。这种变化同样与国家关于教育的宏观政策是一致的。1995 年 9 月 1 日起施行的《中华人民共和国教育法》第五条规定:"教育必须为社会主义现代化建设服务,必须与生产劳动相结合,培养德、智、体等方面全面发展的社会主义事业的建设者和接班人。"两个"必须"与两种"身份"构成了应用题叙事的形式结构,它们共同演绎出各种应用题的叙事门类与叙事场景。因为,"劳动者或建设者是指受教育者要成为和承担的社会角色,即对所要培养的人做出价值规定"(王道俊,郭文安,2009:86)。数学教育也不例外,它不得不受制于数学的政治哲学与知识社会学。

21 世纪以来,劳动与建设促使经济快速发展的同时,也带来了产能过剩、资本过剩与环境破坏等问题。人们的数理生活方式发生了更改,这也可以从应用题叙事中看出。数学教研室的编题者开始编撰新的叙事门类与类型学，以便让学生适应新式的数理生活。于是，应用题叙事继从"劳动叙事"转向"建设叙事"之后，又转向了"消费叙事"与"金融叙事"。"利润率题""购买题""环保题"等，与"动车题""旅游题""酒店题"等叙事逻辑成为学生不得不接受的卷面教化，中小学不同学段典型的应用题如下。

小学：食堂运来一批蔬菜，原计划每天吃 50 千克，30 天慢慢消费完这批蔬菜。后来根据大家的意见，每天比原计划多吃 10 千克，这批蔬菜可以吃多少天？

初中：王大伯承包了 25 亩土地，今年春天改种茄子和西红柿两种大棚蔬菜，用去了 44000 元，其中种茄子每亩用去了 1700 元，获纯利 2600元；种西红柿每亩用去了 1800 元，获纯利 2600 元，问王大伯一共获纯利多少元？

高中：某种商品每件进价 12 元，售价 20 元，每天可卖出 48 件。若售价降低，销售量可以增加，且售价降低 $x(0 \leqslant x \leqslant 8)$ 元时，每天多卖出的件数与 $x^2 + x$ 成正比。已知商品售价降低 3 元时，一天可多卖出 36 件。(1)试将该商品一天的销售利润表示成 x 的函数；(2)该商品售价为多少元时一天的销售利润最大？

从上述应用题的叙事价值可以看出，"多吃""多买""多生产""多消费""多销售""多获利"暗含了新时代数学教育生活化过程中的消费性旨趣。数学教育的人才培养规格发生了一定程度的变化，即从社会主义的劳动者＋建设者转变为劳动者＋建设者＋消费者的多重角色。与此同时，20 世纪 90 年代以后，劳动的方式也发生了现代化的转型，劳动与建设的边界模糊了，生产资料、市场资本介入了劳动过程与收入分配过程，劳动、建设与教育等社会活动建构了一种基于市场经济的话语逻辑与数学生活方式。从经济学上看，应用题的编题者意识到，没有新生一代坚定的消费意识与充分的消费能力，劳动与建设只会形成社会生产的"产能过剩"，并造成新时代不充分的社会就业的窘境。数学教育的政治哲学基础逐渐让位于数学的经济哲学基础，教育目的与人才规格发生了相应的改变,即在"合格""优秀""综合""德才兼备"的人才标准基础上增添了"消费指数"的维度。尽管消费思维给经济发展带来活力,但过度消费也将带来"物欲主义"以及环境破坏的风险,因此社会发展的"环保意识""责任意识"也是应用题叙事必须予以关切的。这就形成了编题类型的"折扣题""俭省题"与"环保题"等。例如,有的数学老师在编题过程中提及,周末带领学生一起统计一个时段游客丢垃圾的次数,统计一个时段进出古港的汽车的数量等,并把这些数据记录到电脑中。无论是 7 年级、8 年级还是 9 年级,均可从这些资料中构造合适的应用题(蔡映霞,2016)。应用题的叙事情节从偏重"劳动、建设与教育"的关系,转向了偏重"建设、消费与教育"的关系。这种数学教育价值的转变旨在为学生确立一种消费主义的数学教育观与数学生活观。

六、应用题叙事的数学哲学转向

19 世纪后期至 20 世纪初期,数学家仍然在为柏拉图主义做注脚,寻找数学知识的可靠基础。基础主义是现代数学哲学的表现形式,其中包括以罗素(Russell)为代表的逻辑主义[①]、以希尔伯特(Hilbert)为代表的形式主义、以布劳威尔(Brouwer)为代表的直觉主义。他们把数学哲学的研究推向了一个高潮(克莱因,1981:289-324)。"逻辑""形式""直觉"是现代数学的理论核心,它们都强调数学知识的先天性基础。基础主义是现代哲学(牛顿、卢梭与康德等)的产物,它的根源仍是柏拉图主义,只不过从古典哲学的"理念"的基础、"神"的基础转变为现代哲学的"人"的基础。柏拉图主义把数学看成是有先验的逻辑规则的,数学的任务就是用先验逻辑来推演世界的秩序。数学是发现性的,而不是发明性的。数学家不是在创造世界,而是在发现实存的客观世

---

① 逻辑主义学派从一开始就没有彻底解决数学的真理性问题,以至于罗素最终心灰意冷地说:"数学是这样一门学科,在其中我们永远不会知道我们所讲的是什么,也不会知道我们所说的是不是真的。"(斯鲁格.弗雷格[M].江怡,译.北京:中国社会科学出版社,1989:中文版序言.)逻辑主义的问题是,逻辑分析只适用于算术与简单代数分析的领域,并不适用于几何、拓扑数学与抽象代数。因此逻辑主义学派很难彻底解决数学的真理性问题。数学好像一种语言的形式逻辑,数学的分析很难说是不是真的。但是,逻辑主义的贡献在于使逻辑分析公理化,并使数理逻辑成为一门独立的逻辑学科,这一点对当代的数理统计及其政治修辞都有明显影响。

界。在基础主义看来，数是世界的本源，数学是对世界的描述，数学公式是对世界秩序的模拟，因此可以用演绎的方式来推测。

现代数学的弊端在于，"任何一个想要建立完全确定的数学基础的尝试，都需要依赖某个假设体系，而这个假设的确实性和可靠性又必须求助于某一个更为基本的假设，这样就必然产生无穷回归"（黄秦安，2007）。无穷回归与循环论证是现代数学无法根除的问题。20世纪以来，随着过程思维、证伪理论、测不准定律、不完备性原理等后现代科学方法论的兴起，数学发展逐渐进入了一个所谓的"后基础主义"时代。波普尔认为，在数学中没有完全确定的东西，即使是作为数学理论演绎结构的逻辑起点也是如此。公理不能再被当作是直觉上自明和可以免于被怀疑的。它们可以被看作一种约定或是一种经验和科学的假设（黄秦安，2007）。波普尔总能找到数学公式的"反例"来证伪数学中其实没有完全确定的知识。所谓的数学公式，只不过是一种约定，它不是神的意志，而是人类学的符号痕迹。数学理论中演绎结构的逻辑起点是值得怀疑的。演绎论假设，数学理论存在一个逻辑起点，找到逻辑的起点就可以推演并描绘出数学世界的整体图景。然而，通过证伪理论，波普尔宣称数学世界并没有所谓的公理，公理只不过是一种对经验和科学的假设。波普尔为数学社会学与数学人类学开创了理论可能性，也为数学叙事学奠定了基础。波普尔把数学从神坛上拉下来，数学只有与具体的、特定的现实问题建立联系，数学研究与数学教育才是有意义的。

拉卡托斯（Lakatos）也认为，任何确定性数学理论，比如柏拉图主义，都必须事先拟定一个"假值"——可以通过先知的直观或判定来确知。拉卡托斯提出了数学理性的重建必须澄明基础主义的问题，然后找到重建的方向；必须承认在经验科学中，通过反驳不断发现向上循环的"假值"。数学不是先验的逻辑，而是"拟经验的"。"前形式化的数学知识无论在实际上还是在逻辑上都比公理化和形式化的要优越。一个形式化的理论如果不能充分紧扣在非形式理论中的拟经验内容，就不能令人满意。"（Glas，1999）拉卡托斯对数学的理性重建，为后现代数学开辟了方向，即一种不确定的、可误的、基于经验的数学的理论方向。这后来在哥德尔那里得到了证实。以不完备性原理的诞生为标志的数学知识的新进展从方法论层面表明了,追求永恒不变的数学基础只是一种梦幻。拉卡托斯主张基于生活世界的数学是前形式化的数学,远比逻辑上被公理化与形式化的数学要优越。基础主义热衷于数学知识体系的"体例"建设,并试图列出看似一劳永逸的公理、引理和定义的清单,用以证明一切人类的数学现象。这种理论企图掩盖数学现象的复杂性、动态性与过程性,以及数学知识社会学的斗争性。因此,拉卡托斯提出了用"启发性"替代"演绎性",用"可误性"替代"真理性",用"证明与反驳"来重新阐释数学知识的生产机制,并将数学知识置于"历史性"语境之中。

维特根斯坦从日常语言哲学出发认为,数学不是对理念世界的描述,而是人类的一种生活形式,它是由特定的语言规则约定的。数学本质上是一种语言学,它与理念世界的关系不大。有学者认为,"把维特根斯坦的数学思想诠释成数学哲学的社会建构主义更合适"(樊岳红,魏屹东,2012)。语言的社会性决定了数学的社会性。数学不是一种自然科学——发现与描述自然运作的规律。数学的基础不是先验逻辑,而是心理结构、社会事实与经验事实,任何逻辑的判断都必须经过经验事实的检验才是可靠与科学的。因此,数学也不能为自然科学提供客观的基础。数学与逻辑学是两个并行的知识领域,但都是人类的语言游戏。数学的描述性特征不在于逻辑的演绎,而是人类学现象。社会建构主义的数学哲学否定了数学知识的真理性,转向了数学知识的生成性。这对数学教育的影响是,"也就必然要求数学教学从重视知识的静态结果转向重视知识发展的动态过程"(李建华,2000)。数学知识的社会建构主义确立了一种动态的数学观,并为数学教育提供了广阔的解释学空间。尽管数学应用题带有逻辑性,但这不是数学知识的本质,叙事性才是应用题的根本特性,并体现数学教育的本质属性。逻辑性关注数学知识形式化的一面,叙事性则把数学知识融入生活的具体场景,使形式逻辑融入生活经验。只有当形式逻辑被生活经验证实时,数学教育才是有意义的。动态的数学观具有重要的数学教育哲学意涵,"数学教育的目标应当包括培养学习者创造自己的数学知识的能力;数学的学习环境对于学习者来说应当是有意义的和相关的,包括他们的语言、文化、日常生活及由学校获得的经验"(郑毓信,1995)。也就是说,数学教育改革首先需要对数学与数学教育做哲学分析，"作为数学教育的哲学分析，我们在此并不是要为数学教育制定出具体的教育目标，而应从更高的层次为这种具体的研究提供某些基本的准则"（郑毓信，1995）。进而言之，如果数学教育改革只是为数学教育确立具体且精细的教育目标，那么数学教育实践可能会是无效的，因为这样一来忽视了生活经验对数学教育的关键性影响。一方面，基本准则比具体目标更重要，它为数学知识的社会建构（社会组织或行政机构）、个体建构（教师与学生）预留了数学解释学的阐释空间；另一方面，对于数学教育基本准则的确定，先是社会学家的事务，然后才涉及数学家的教育本分。因此，数学教育只有重视社会建构主义的观点，才能从认识论的高度去揭示数学教育的"认识活动"的社会本质。正如怀特海所言："如果在比较小的年纪被反复灌输精确的科学知识，就会扼杀学生的首创精神和求知兴趣，使学生不可能理解科学题目的丰富内容。"（怀特海，2002：67）这给数学教育及应用题编撰的启示是，数学教育必须面向社会生活，弱化对形式逻辑的灌输与强制训练。数学教师在尊重学生创造性冲动的同时，需要让数学教育向生活实践转变。

七、应用题叙事的知识争夺

20世纪上半叶，数学哲学逐渐从基础主义转向了后基础主义，数学从确定性的、真理性的知识论地位中退却下来以后，从逻辑神话学转向了知识人类学。数学成为面向"生活世界"的学问，是社会建构机制的产物，而不是"生活世界"的稳定基础。这种后现代的数学观使数学成为社会学的特殊门类，具有语言符号学的特质。既然数学是可误的、解释性的，那么在数学教育过程中也就存在对数学价值的争夺与分类。数学的真理性只有经过生活经验的检验才具有合理性，数学教育的合法性则需要经过学校教育的民主程序才具有课程的正当性。数学知识论的演化及其对数学教育观念变革的影响，正如库恩所言，分为常态时期与革命时期。在常态时期，数学教育是特定共同体约定的一种知识教化体系，而慢慢通过发展与协商，常态时期最终将走向变态过程，直到新的数学教育范式出现。新常态的出现会伴随着新的数学教育生活话语系统的形成。数学教育的知识社会学性质使应用题教学成为日常数理生活的镜像,从中可以反映数学教育理念的变迁以及基于数学核心素养的育人目标的变化。①

自从经济合作与发展组织(OECD)在制定国际学生评估项目(PISA)框架中首次对数学素养②做出界定以来(OECD,2010),中小学数学教育逐步进入了一种以经济合作与发展为基础的全球化语境。数学教育必须为全球资本运作奠定日常数理生活的基础,并为新生一代塑造经济数学的文化实践方式。数学教育必须为全球经济合作与发展服务,数学教育改革者"要求回归到'基础',回归到'适当的'价值观,回归到'效益与责任'以及学校和处于危机中的经济的一种密切关系"(阿普尔,2004:121)。这就不难理解,从当前我国中小学数学应用题的空间语境来说,农庄、工厂、工地、商场、超市、酒店等是社会生产与消费的产业链条,让学生熟悉它们的经济逻辑及其生活价值指向,是应用题编撰者的初衷。应用题由此获得了它的经济学教化功能。从应用题微叙事的语汇与词频来看,进价、售价、折扣、利润、模型等及其数量关系,构建了学生的日常生活场景的话语体系。当诸如此类的数理生活语境进入数学课堂教学、数学培训课程、试题集的时候,社会学家的质询也随之而来:"谁选择了社会传递的这些基本价值? 人们真的一致赞同这些价值了吗? 谁决定了社会分工? 谁制定了不同专业(课程)的教学大纲? 社会等级是由某一主导性情境暂时中止某一社会冲突而产生的结果。"(杜里-柏拉,让丹,2001:63)这里所指的主导型语境无疑是经济合作与发展组织所倡导的资本全球化的生活模式,它试图排斥数学教育的本土化与全球化发生文化冲突的现实。如果结合近40年的数学教育中应用题的叙事门类及其变迁,就不禁会追问:"为什么教师会处于更强的控制和政府干预之下,这种管辖又会产生怎样的结果? 问题就是,到底是谁在从事教学工作?"(阿普尔,2004:124)

---

① 自中华人民共和国成立以后,我国的学科教育目标有三次较大的调整,分别是1952年《中学暂行规程(草案)》的"双基"教学,2001年《基础教育课程改革纲要(试行)》的"三维目标",2017年《普通高中课程标准》的"学科核心素养"。

② 具体地说,数学素养是"个人在不同环境下制定、使用和解释数学的能力,包括使用数学概念、程序、事实和工具来描述、解释和预测现象"。这是关于数学素养的最原始的定义。但国际学生评估项目(PISA)框架中的数学素养突出了经济全球化背景下以自由资本主义为价值导向的数理生活方式。

核心素养并没有稳定的语义，它是一个历史性、空间性的概念，其内涵、外延与结构是制定者根据特定的理论基础与实践经验进行逻辑演绎的结果。参与核心素养制定的专家至少有三种话语的博弈力量：一是来自政府召集的教育专家团队，二是来自学科知识的专家群体，三是从事中小学学科教育的富有经验的教师。正是因为理论基础与经验支撑的多元性，使核心素养自进入行政文本以后，就充满了争议甚至是不满与反抗。就数学教育的核心素养而言，雅布隆卡（Jablonka）所主张的数学素养（mathematical literacy）与经济合作与发展组织的学科核心素养（key competencies in mathematics）有明显不同，前者更重视数学素养的知识社会学性质，而不是政治经济学属性。他认为，"数学素养是一种社会和文化嵌套的实践经验，并且其概念随着对促进它的利益相关者的文化价值观的不同而有差异"（Jablonka，2015）。雅布隆卡并非否认数学素养的科学性，而是更重视它的文化性、实践性。数学教育的概念、判断与话语特征因为利益相关者的不同文化立场而表现出差异。数学素养没有稳定的先验性基础，"它的内涵都已从特定的范畴，逐步过渡到个体的现实生活，数学素养是个体、数学和社会生活三者相结合的综合体"（黄友初，2014）。也就是说，被行政化的数学素养在课程实施过程中，可能会形成基于个体经验的"意外"结果。教育行政文本中的核心素养与课程实施过程中学生自我生成的核心素养存在很大差异，这是行政化的数学教学所不能控制的。

中小学数学教育与其他学科教育一样，遵从着课程标准—课程设置—教材编订—试题考核—升学成绩的知识传播操作逻辑。应用题教学的叙事性，相比于基础知识教学的逻辑性，更具有文化事件的特性，它的德育教化意义更强。20世纪50年代以后，应用题的叙事主题经历了从农业数学、政治数学，到工业数学、现代化数学，再到经济数学、消费数学①的螺旋式转变过程。应用题

---

① 在20世纪90年代之前，应用题叙事中的"利率""利润""折扣"等不太常见，因为在马克思主义政治经济学的语义中，利润与剩余价值通常被诋毁成"肮脏的词汇"，它们与阶级对抗、剥削有着密切联系。这种情况在20世纪90年代之后，随着新的经济生活方式的形成渐渐消失了。21世纪以来，投资、出口与消费（住房、汽车等）成为国内生产总值（GDP）增长的三大主要方式。但当基础设施投资处于饱和状态，外贸出口遇阻的时候，应用题叙事也将转向国内刺激消费的主题，这从一个侧面体现了数学应用题应景性的教化功能。

叙事母题的转换,体现了不同时期数学教育核心素养的变迁,以及相应的数学教育质量观与数学人才的规格(政治素养与知识素养)的变化。应用题的叙事教学与学科语文中的文学篇目的叙事教学具有雷同的知识社会学性质,即通过筛选生活经验的文本结构来达到特定的叙事教化功能。正如有学者认为,"只要认真地进行大量案例的筛选,并使之进入课程标准、推广使用,就会'润物细无声'地发展为一种可持续发展的数学教育传统"(张奠宙,马文杰,2018)。什么样的应用题可以进入数学教学单元的"思考题"以及作业本的"练习题"? 在经过学科教学行政组织的筛选之后,这些应用题方可合法地进入考卷的测试程序。应用题教学的目标主要是让学生在掌握解题的技巧之后领会其中的叙事价值。"优秀"人才结构性的评价框架是预先设定好的,对学生来说,解题与刷题的过程就是熟悉叙事语境的过程,是适应特定时代背景下生产生活经验的过程。在当前我国中小学新课程标准下,"将学生的理论知识运用到实际的生活和生产过程中,可培养更多具备综合能力的优秀人才"(郑佳欣,2016)。显然,"优秀"源于具体的评价指标(项目测试),一旦标准被确立下来,"优秀"便可在评价符号系统的结构中生产与再生产。数学教师所要从事的工作是"让学生的思维集中到一定的方向,特别是学习能力弱的学生可以按一定的模式分析问题,利于大面积提高教学质量"(陈明兰,2017)。对于那些数理生活经验欠缺或先天不足的学生,为化解他们对数理逻辑学习的"厌学情绪",在应用题的教学中,教师会通过尽可能创设问题情境、分解解决问题的梯度、建立分析模型等方法让学生建立计算情境的长时记忆,从而确立编题者预先设置好的逻辑思维与生活方式的惯习。

无论是数学教材中每个单元后面的复习题,还是不同层面的试卷中的考试题,应用题的编撰过程意味着叙事选择与价值关切。选择的同时意味着确认与排斥——同一过程的两个不同的方面,即什么样的数学知识及其叙述价值可以进入各类文本,并排斥主流意识形态不愿接纳的数学教育价值。这就是应用题叙事选择的"空无"与"遮蔽"。艾斯纳(Eisner)从"空无课程"(null-curriculum)①的视角认为,"学校没有教什么与学校教了什么同样重要"(艾斯纳,2008:101)。这就是说,"没教的内容"不是不重要,而是因为应用题编撰者出于共同体的价值立场而刻意地回避某些内容。尽管教材倡导"价值中立""知识平等",但实际上以"知识正确"的方式暗自输送特定价值观和利益追求,这种行为表面上是公益性的,背后却是为了实现自己的私益(张艳丽,2013)。数学教材中的一些"空无"内容往往是被特定"安排"与"设计"的结果,这种"空无课程"实质上具有社会控制的意涵。而课程资源在教材中的"空无"与"调适"也恰恰反映了社会阶层之间利益冲突与博弈背后的社会因素。比如在当前中小学数学应用题的经济叙事与消费叙事的转向过程中,通胀或滞胀的经济现象以及房价、药价、物价、学费(高等教育领域)等叙事题材没有被选入应用题的试题集与考卷。诸如此类被编撰者"空无化"的应用题通常涉及敏感的社会民生问题,编撰者并非不知道"空无化"的内容是数理生活的基本内容,而是通过回避这些内容来隐藏其中的叙事秘密。作为应用题叙事的读者的学生,"他在阅读过程中的一定时刻对事件的了解,不仅依赖叙述者的知情程度,还要看叙述者讲了多少"(赫尔曼,2002:5)。数学应用题的叙事语境及其课程教化价值,一般不采用公开的宣传形式,而是更为巧妙地采用一种逐步塑造关系的形式,"在学习相当具体的'内容'的时候,儿童也在学习道德法则和阅读现实的方式"(杜里-柏拉,让丹,2001:77)。这也是数学课程的"隐秘性",这种传播方式被认为是卓有成效的。应用题的题库与试题集建立了一种基于特定叙事价值范式的数学教育社会学的知识体系,这种体系不能与它们得以建立的历史和社会条件分离开来。"任何把知识场域的状态进行共时性研究而提出的命题视为基本的、跨历史的、跨文化的宏大叙事或真理的企图因此会受到指责。"(扬,2002:204)通过把局部的共同体的价值立场擢升为"整体性""同质性""必然性"的叙事高度,进而遮蔽"冲突性""异质性""或然性"的社会经验的

---

① 美国课程论专家艾斯纳于 1979 年在其著作《教育想象:学校课程的设计与评价》一书中首次提出"空无课程"的概念。照此逻辑,应用题教学中存在大量的"空无叙事",即被编题者刻意回避的叙事主题及其相关的数理生活的事实。

做法,这背后所反映的应用题叙事伦理的正当性,是值得怀疑的。其中的秘密在于,叙事者通过应用题故事的建构,来达成一种"富有成效"的数学教育的德育功能,试图通过数理生活情节的教学从叙事学效果转化为一种科学认识论效果,最终否定了应用题叙事的知识社会学性质以及叙事文本的阐释空间与互动协商的对话机制。

八、应用题的创作机制

应用题是数学考试中的常见题型。应用题通过模拟数理生活情境而具备了一定的叙事性,除了人物关系,叙事性还体现在修辞方式、时空条件与符码体系等方面。应用题不仅是关于数理逻辑的故事,而且是关于生活逻辑的叙述,带有编题者的主题学、修辞学与认知习惯的偏好。应用题的叙事主题不仅表现在故事的"中心思想",还表现在空间体制、制度文化与人物伦理关系上。数理修辞则表现在数字、图形、图表等方面,不仅是语义层面的,而且具有文本学的话语特质。从叙事学上看,它构成了文本分析的对象。"作为修辞的叙事"不仅意味着叙事使用修辞或具有一个修辞维度,而且,"它意味着叙事不仅仅是故事,而且也是行动,某人在某个场合出于某种目的对某人讲一个故事"(费伦,2002:前言14)。换言之,应用题通过数理的生活主题与逻辑关系告诉读者(解题状态的学生)应该如何在日常生活中按照编题者的思路展开生活的行动,"编题—解题"的过程,也就是有目的、有组织、有计划的数理教化行为。

近40年来,中小学数学应用题叙事范式的变化,包括叙事主题、叙事空间、受叙人物与情节等,折射了当代社会数理生活实践方式的变革。面向现实"生活世界"的数学教育既是对社会变革的一种感应,又是数学知识社会建构的产物。数学教育的改革,其核心是观念的转变,包括数学观与数学教育观的转变(郑毓信,1995)。时空是叙事的常见元素,但时空并不构成叙事的主要线索,时空与人物、物件、制度等共同建构数理事件及其叙事性。通常,时间也不以钟表的方式呈现,而是通过特定时代的空间感、物件类型、社会制度等呈现。"蓄水池问题"中进出水量的计算象征着早期工业化生产的叙事语境;"里程问题"中的"动车"就是21世纪之后交通变革的产物。正如法国解释学家利科所言，叙事中的"人物面对的官方时间不仅有钟表时间，还有一切与该时间串通一气的东西"（利科，2003：190）。所谓的"串通一气的东西"就是应用题叙事的时代语境。物件与事件通常构成了"小明"这个虚拟人物的时代性，或者说时间性，由此形成了应用题的基本话语特征。通过火车、火箭、汽车、铁路、公路、煤矿、蓄水池、酒店、农场等符号性的物件或地理类、工程类事件，应用题的叙事者在编题的时候，不一定会提及时间的直接条件，但通过这些体制性的物态话语，凸显了数学教育的时间印记与历史经验。

中小学数学应用题叙事空间的变迁，是社会空间流变的一个缩影，也体现了政治经济体制改革对数学教育的要求。空间不仅是教育活动的物态条件，从文化属性来看，空间即教育。新时代基于数学核心素养的课堂教学改革，只有关注不同层面的全景化、多元化的社会空间经验，改革数学应用题行政化、刻板化的创作机制，才能丰富学生的社会空间与数理生活的想象力，才能使数学教育真正发挥全面育人的作用。

数学教育的语言包括数学符号语言与数学生活语言，但两者都具有不确定性，即数学教育的语言可以成为话语分析的对象。把数学教育看成话语陈述事件，意味着结构主义方法论在数学教育方面并不总是有效的。结构主义认识论通常需要创设认识世界的诸多二元关系，并烘托出一个叙事学的"中心思想"，也就是意义的锚地，它是实体性哲学所坚守的意义的可靠来源。但在解构主义看来，语言及其建构的语境，经过读者的个性化"解读"，意义变得不稳定，甚至是相互矛盾的。正是从解构主义的视角，读者才广泛接受这样的原则，"语言本来就是不稳定的，不存在固定文本意义的超验锚地，文本意义完全可能是相互矛盾的"（费伦，2002：前言14）。意义的不稳定性，使数学教育的教化成为一种社会建构的过程。标准答案在既定的意义与符号体系里可能是有效的、正确的，但只要超越了"既定的条件"，意义与标准就可能被颠覆，甚至是错误的。后期的维特根斯坦就否认数学的客观性，认为数学的一致性源于语言游戏及生活形式上的一致性。"进行一种数学计算可以被看成是进行一种新的语言游戏，一旦约定好了游戏规则，那么游戏就不再是随意进行的，而必须按照规则进行了。"（樊岳红，魏屹东，2012）对于数学客观性的怀疑，意味着数学规则所宣称的"真理性"完全依赖语言规则的"合法性"以及由此产生的话语形式。数学计算就是在进行特定的语言游戏,游戏规则一旦被确定,就必须被遵守。如何遵守并进行运作,这是数学教育的行政使命。从这层意义上说,数学教育无非是一种基于特定规则的强制性教育,数学规则的可靠性并不来自数学本身,而是数学教师的指导以及对学生的系统培训。

对于应用题而言,数字、符号和故事性的生活语言是叙事者规划出来的,它们共同建构了应用题的生活语境与价值结构。应用题的符码体系一旦被规定下来,就试图通过数学教育语言系统地构建出一种"理想的"数学模型及其相应的课程标准与学科核心素养。数学建模的目的,就是通过符码的集合、简约的公式来表征数学逻辑与数学生活的模型,最后让学生去诵记、刷题、掌握并领会数学教育的基本精神。21 世纪以来,在新课程改革理念以及数学核心素养的引领下,当前我国中小学数学教育改革亟待在方法论层面上澄清数学是什么、生活是什么。在此基础上,只有尊重数学与生活的多样性关系,通过改革数学应用题叙事的创作机制,培养学生反思性的日常数理生活的方式,才能提高他们解决现实问题的能力、培养其创新精神。

应用题是表征社会数理生活方式的窗口,也是学生建立"社会与教育"以及"数学与生活"之间关联的媒介,更是学生理解社会、适应生活的预备环境。学生在应用题中将数学知识与模拟经验不断内化,逐渐学会用数学的眼光和思维去探索现实世界。学校教育的目的在于培养社会主义合格的接班人与建设者,在社会发展的不同阶段,对合格人才的定义和要求也不尽相同。随着"互联网＋"、大数据和人工智能技术的飞速发展,未来社会对年轻一代提出了更高的数学核心素养的要求,因为"人与机器打交道,需要一种新的数学思维、新的数学语言和新的数学鉴赏能力"(张奠宙,马文杰,2018)。只有不断创新数学应用题叙事的编撰机制,平衡知识世界和生活世界在应用题中的叙事表达,才能形成学生与时共进的数理生活的现实经验与价值关怀。

参考文献

阿普尔,2004.官方知识:保守时代的民主教育[M].曲囡囡,刘明堂,译.上海:华东师范大学出版社.

艾恩,2006.奖励的惩罚[M].程寅,艾斐,译.上海:上海三联书店.

艾柯,1990.符号学理论[M].卢德平,译.北京:中国人民大学出版社.

艾斯纳,2008.教育想象:学校课程设计与评价[M].李雁冰,译.北京:教育科学出版社.

巴什拉,2009.空间的诗学[M].张逸婧,译.上海:上海译文出版社.

巴特,2016.神话修辞术[M].屠友祥,译.上海:上海人民出版社.

包亚明,2001.后现代性与地理学的政治[M].上海:上海教育出版社.

鲍德里亚,2009.符号政治经济学批判[M].夏莹,译.南京:南京大学出版社.

波德里亚,2006.象征交换与死亡[M].车槿山,译.南京:译林出版社.

伯恩斯坦,2016.教育、符号控制与认同[M].王小凤,王聪聪,李京,等译.北京:中国人民大学出版社.

伯格,卢克曼,2019.现实的社会建构:知识社会学论纲[M].吴肃然,译.北京:北京大学出版社.

博尔诺夫,1999.教育人类学[M].李其龙,等译.上海:华东师范大学出版社.

布尔迪约,帕斯隆,2002.再生产:一种教育系统理论的要点[M].邢克超,译.北京:商务印书馆.

布希亚,2001.物体系[M].林志明,译.上海:上海人民出版社.

蔡映霞,2016.数学应用题教学中渗透黄埔古港环境保护教育[J].科教导刊(下旬),(12):149-150.

曹长德,2008.教育学案例教学[M].合肥:中国科学技术大学出版社.

陈广春,熊和平,2015.书包的形制与教育规训[J].教育理论与实践,(34):12-15.

陈礼珍,2020.当代西方认知叙事学研究的最新走向与远景展望[J].解放军外国语学院学报,(1):51-58.

陈鹿鸣,2020.公益广告的发展现状、问题及策略[J].中外企业家,(5):238.

陈明兰,2017.初中数学应用题教学中思维能力的培养[J].宁德师范学院学报(自然科学版),(1):108-112.

陈溪,2006.文化研究语境下的后经典叙事[J].世界文学评论,(2):229-233.

陈新汉,1992.关于评价活动的认识论机制[J].哲学研究,(2):28-34.

陈一,曹圣琪,王彤,2013.透视弹幕网站与弹幕族:一个青年亚文化的视角[J].青年探索,(6):19-24.

陈月明,2006.商品符号与符号消费[J].浙江社会科学,(6):137-141.

道格拉斯,2018.洁净与危险:对污染和禁忌观念的分析[M].黄剑波,柳博赟,卢忱,译.北京:商务印书馆.

迪尔,2002.后现代血统:从列斐伏尔到詹姆逊[M]//包亚明.现代性与空间的生产.上海:上海教育出版社:83-110.

丁中江,1996.北洋军阀史话[M].北京:中国友谊出版公司.

杜里-柏拉,让丹,2001.学校社会学[M].汪凌,译,上海:华东师范大学出版社.

段崇轩,2019.变革人物观念 创造新的形象——关于人物和典型问题的思考[J].中国当代文学研究,(3):1-15.

樊岳红,魏屹东,2012.数学:一种人类学现象——后期维特根斯坦数学哲学思想探析[J].自然辩证法通讯,(5):53-58.

方庆圆,2021.学生的奖状及授奖仪式研究[D].宁波:宁波大学.

费伦,2002.作为修辞的叙事:技巧、读者、伦理、意识形态[M].陈永国,译.北京:北京大学出版社.

费斯克,2004.关键概念:传播与文化研究辞典[M].李彬,译.北京:新华出版社.

冯月季,2017.符码与元语言:媒介文本意义生成的符号学阐释[J].江汉大学学报(社会科学版),(4):110-114.

弗林斯,2003.舍勒思想述评[M].王芃,译.北京:华夏出版社.

福柯,2001.临床医学的诞生[M].刘北成,译.南京:译林出版社.

福柯,2007.规训与惩罚[M].3版.刘北成,杨远婴,译.北京:生活·读书·新知三联书店.

福柯,2012. 规训与惩罚[M]. 4 版. 刘北成,杨远婴,译.北京:生活·读书·新知三联书店.

福柯,雷比诺,2001.空间、知识、权力——福柯访谈录[M]//包亚明.后现代性与地理学的政治.上海:上海教育出版社:1-17.

傅淳华,2009.道德·时间·时间制度——对学校时间制度的道德审视[J].全球教育展望,(12):13-16.

高德胜,2007.道德教育的 20 个细节[M].上海:华东师范大学出版社.

高宣扬,2004. 布迪厄的社会理论[M]. 上海:同济大学出版社.

戈夫曼,1989. 日常生活中的自我呈现[M]. 黄爱华,冯钢,译. 杭州:浙江人民出版社.

顾琳,2017.试析詹姆斯·费伦的修辞叙事理念[J].语文建设,(18):55-56.

哈贝马斯,2004. 交往行为理论(第一卷):行为合理性与社会合理化[M]. 曹卫东,译. 上海:上海人民出版社.

哈维,2013.后现代的状况:对文化变迁之缘起的探究[M].阎嘉,译. 北京:商务印书馆.

海德格尔,1987.存在与时间[M].陈嘉映,王庆节,译.北京:生活·读书·新知三联书店.

韩丛耀,2011.图像符号的特性及其意义解构[J].江海学刊,(5):208-214.

韩丛耀,2015.从符号、符码到图像[J].新闻界,(19):14-18.

何峰,2006.武汉解放前夕地下党颁发的消防红袖章和聘书[J].湖北档案,(9):30-31.

贺晓星,2018.教育文学"不诞生"的学科思考:一种社会学分析[J].教育学术月刊,(5):3-16.

贺晓星,李黎,2006.彼得·潘写作:作为教育思想的少儿文学[J].教育学报,(2):43-54.

赫伯迪格,2009. 亚文化:风格的意义[M]. 陆道夫,胡疆锋,译.北京:北京大学出版社.

赫尔曼,2002.新叙事学[M]. 马海良,译. 北京:北京大学出版社.

胡春光,2017. 规训与抗拒:教育社会学视野中的学校生活[M]. 武汉:华中师范大学出版社.

胡疆锋,2016.中国当代青年亚文化:表征与透视[M].北京:中国电影出版社.

扈中平,2010.现代教育学[M].北京:高等教育出版社.

华勒斯坦,等,1999.学科·知识·权力[M].刘健芝,等译.北京:生活·读书·新知三联书店.

怀特,2003.后现代历史叙事学[M].陈永国,张万娟,译.北京:中国社会科学出版社.

怀特海,2001.自然的概念[M].张桂权,译.北京:中国城市出版社.

怀特海,2002.教育的目的[M].徐汝舟,译.北京:生活·读书·新知三联书店.

怀特海,2004.思维方式[M].刘放桐,译.北京:商务印书馆.

怀特海,2007.宗教的形成·符号的意义及效果[M].周邦宪,译.贵阳:贵州人民出版社.

黄秦安,2007."后基础主义"时代数学哲学研究的若干趋势——从波普尔、拉卡托斯到 P.欧内斯特[J].自然辩证法研究,(2):47-50.

黄友初,2014.欧美数学素养教育研究[J].比较教育研究,(6):47-52.

霍克斯,2018.结构主义与符号学[M].翟晶,译.北京:知识产权出版社.

吉登斯,1998.社会的构成:结构化理论大纲[M].李康,李猛,译.北京:生活·读书·新知三联书店.

汲喆,2009.礼物交换作为宗教生活的基本形式[J].社会学研究,(3):1-25.

季凌霄,2019.从"声景"思考传播:声音、空间与听觉感官文化[J].国际新闻界,(3):24-41.

贾少华,2013.漂泊的理想:社会学视角下的教育隐忧[M].厦门:厦门大学出版社.

焦玉萍,杜巍,2005.加强心理健康教育 提高学生心理素质[J].辽宁教育行政学院学报,(9):133-134.

卡西尔,1985.人论[M].甘阳,译.上海:上海译文出版社.

康纳顿,2000.社会如何记忆[M].纳日碧力戈,译.上海:上海人民出版社.

克莱因,1981.古今数学思想(第四册)[M].北京大学数学系数学史翻译组,译.上海:上海科学技术出版社.

克劳斯,2015.自由主义与荣誉[M].林垚,译.南京:译林出版社.

孔凡哲,史宁中,2017.中国学生发展的数学核心素养概念界定及养成途径[J].教育科学研究,(6):5-11.

夸美纽斯,1984.大教学论[M].傅任敢,译.北京:人民教育出版社.

拉波特,2016.屎的历史[M].周莽,译.北京:商务印书馆.

蓝江,2011.从主人话语到普遍性话语——对拉康的《讲座ⅩⅦ》中四种话语理论分析[J].世界哲学,(5):77-88.

朗格,1986.情感与形式[M].刘大基,傅志强,周发祥,译.北京:中国社会科学出版社.

劳斯,2004.知识与权力——走向科学的政治哲学[M].盛晓明,邱慧,孟强,译.北京:北京大学出版社.

李红真,2008.学校常规活动仪式的文化解读[J].现代教育论丛,(10):47-50.

李建华,2000.社会建构主义数学哲学与数学教育哲学及其教育图景[J].外国教育资料,(5):60-64.

李铁,2009.挎包里的中国[M].北京:外文出版社.

李雪枫,王时羽,2020.公益广告的本质思考[J].山西大学学报(哲学社会科学版),(3):56-63.

李玉凤,潘建平,2003.学生书包与特发性脊柱侧凸慢性疼痛的研究[J].国外医学·妇幼保健分册,(5):9-10.

李政涛,2006.表演:解读教育活动的新视角[M].北京:教育科学出版社.

利科,2003.虚构叙事中时间的塑形[M].王文融,译.北京:生活·读书·新知三联书店.

栗峥,2011.现代社会中的权力规训:福柯法律思想的关键词展开[J].社会科学战线,(3):189-199.

列斐伏尔,2003.空间政治学的反思[M]//包亚明.现代性与空间的生产.上海:上海教育出版社:59-75.

林凡,2019.面子本质现象学新疏[J].汕头大学学报(人文社会科学版),(8):77-84.

林贞,2014.亨利·列斐伏尔的空间生产理论探析[D].兰州:兰州大学.

林志娜,2018.新课改背景下应用题教学的四个转变[J].教育科学论坛,(22):79-80.

刘丹,陈一,2014.关于极度评价构式"最美+X"的考察与解析[J].北方论丛,(5):50-53.

刘云杉,2004.教学空间的塑造[J].教育科学研究,(6):10-12.

卢普玲,2011.普罗普功能理论对叙事学人物研究的启发意义[J].江西社会科学,(4):32-35.

卢普玲,2014.人物:虚构的生灵——论叙事学人物观[J].江西社会科学,(9):216-221.

路娟,2008.解读儿童的文化资本——基于对布迪厄"文化资本论"的理解[J].语文学刊,(5):155-157.

罗克华,2006.数学·生活——把生活经验数学化,把数学问题生活化[J].四川教育学院学报,(S2):112.

吕达,1999.课程史论[M].北京:人民教育出版社.

马尔库塞,1989.单向度的人:发达工业社会意识形态研究[M].刘继,译.上海:上海译文出版社.

马军,朱虹,黄永波,等,2001.儿童少年双肩背负重量适宜值上限范围的研究[J].中国学校卫生,(3):218-220.

马芝兰,张金发,2013.教师口语[M].沈阳:东北大学出版社.

马中红,2010.新媒介与青年亚文化转向[J].文艺研究,(12):104-112.

毛大庆,2013.无处安放的童年[M].北京:中信出版社.

毛晓钰,2019.临床医学实践中的身体、知识与权力——基于医学凝视的观点[J].自然辩证法研究,(6):56-61.

梅洛-庞蒂,2001.知觉现象学[M].姜志辉,译.北京:商务印书馆.

孟建,Friedrich S,2005.图像时代:视觉文化传播的理论诠释[M].上海:复旦大学出版社.

孟昭庚,2017.南昌起义全景实录[J].世纪风采,(8):8-13.

莫仕围,李静先,2011.背书包对儿童生理学和生物力学的影响[J].中国学校卫生,(8):1022-1024.

墨菲,2009 文化与社会人类学引论[M].王卓君,译.北京:商务印书馆.

倪爱珍,2013.人文学科视阈下叙事学的发展趋向[J].学术界,(7):105-112.

欧阳谦,2017.历史唯物主义与当代文化问题[J].教学与研究,(1):39-46.

庞学铨,2000.新现象学的情感理论[J].浙江大学学报(人文社会科学版),(5):2-13.

庞学铨,2001.身体性理论:新现象学解决心身关系的新尝试[J].浙江大学学报(人文社会科学版),(6):2-10.

彭文斌,郭建勋,2010.人类学仪式研究的理论学派述论[J].民族学刊,(2):13-18.

钱维娜,2012.生活经验数学化[J].成功(教育),(11):89.

乔晓勤,1988."文化唯物论"述评[J].中山大学学报(哲学社会科学版),(3):78-84.

渠敬东,2006.现代社会中的人性及教育:以涂尔干社会理论为视角[M].上海:上海三联书店.

塞托,2009.日常生活实践:1.实践的艺术[M].方琳琳,黄春柳,译.南京:南京大学出版社.

沙叶新,2004."检讨"文化[J].民主与科学,(1):37-40.

尚必武,2008.论后经典叙事学的排他性与互补性[J].当代外国文学,(2):27-34.

沈克宁,2010.光影、介质与空间[M]//倪梁康.中国现象学与哲学评论(第11辑):空间意识与建筑现象.上海:上海译文出版社:85-97.

盛志财,熊和平,2021.论班级卫生活动及其劳动教育价值[J].教育科学研究,(9):36-41.

施密茨,1997.新现象学[M].庞学铨,李张林,译.上海:上海译文出版社.

石艳,2009.我们的"异托邦":学校空间社会学研究[M].南京:南京师范大学出版社.

石艳,2010a.现代性与学校空间的生产[J].教育研究,(2):22-27.

石艳,2010b.现代学校空间的知识与权力——以学校卫生学为例[J].教育学报,(5):17-22.

史宗,1995.20世纪西方宗教人类学文选(下卷)[M].上海:上海三联书店.

舒斯特曼,2011.身体意识与身体美学[M].程相占,译.北京:商务印书馆.

宋厚清,2016.数学课堂生活化,生活经验数学化[J].才智,(8):81.

素质教育调研组,2006.共同的关注:素质教育系统调研[M].北京:教育科学出版社.

孙联荣,2009.非行政性组织的创建——学校组织变革的实践探索[J].教育发展研究,(8):35-38.

谭长流,2009.空间哲学[M].北京:九州出版社.

唐伟胜,2008.阅读效果还是心理表征?——修辞叙事学与认知叙事学的分歧与联系[J].外国文学评论,(4):35-44.

童强,2011.空间哲学[M].北京:北京大学出版社.

涂尔干,1999.宗教生活的基本形式[M].渠东,汲喆,译.上海:上海人民出版社.

万华颖,2020.制度化与非制度化的互补——学校仪式的运行逻辑、功能分析[J].

荆楚学刊,(1):80-84.

汪民安,1999.罗兰·巴特[M].长沙:湖南教育出版社.

汪民安,2005.身体、空间与后现代性[M].南京:江苏人民出版社.

汪民安,2006.空间生产的政治经济学[J].国外理论动态,(1):46-52.

汪民安,2007.家庭的空间政治[J].东方艺术,(6):12-21.

汪民安,2008. 福柯的界线[M]. 南京:南京大学出版社.

汪民安,2011.感官技术[M].北京:北京大学出版社.

汪民安,2014.垃圾,从乡村到城市[J].广西城镇建设,(6):26-35.

汪民安,2015.论家用电器[M].郑州:河南大学出版社.

王道俊,郭文安,2009. 教育学[M].北京:人民教育出版社.

王尔勃,2008.从"反映"、"活动"到"表征"——"文化唯物论"引发的关键词转移[J].南方文坛,(6):63-68.

王红顺,2013.学校管理的 N 个创意[M].济南:山东文艺出版社.

王杰红,2004.作者、读者与文本动力学——詹姆斯·费伦《作为修辞的叙事》的方法论诠释[J].国外文学,(3):19-23.

王进,2009.从社会批判到文化祛魅:文化唯物论视角下的文化诗学批评[J].云南社会科学,(2):150-153.

王敏,陆阿明,张秋霞,等,2015.背包对青少年平衡、身体姿势及步态影响的研究进展[J].体育科研,(2):8-12.

王秋硕,2017.电视真人秀节目主持人的角色弱化与身份重构[J].中国电视,(1):69-73.

王硕,2017.教室的诞生——课桌形制中的空间与权力[D].宁波:宁波大学.

王晓忠,2010.培养高职大学生建立良好人际关系[J].科技信息,(32):623.

魏本亚,尹逊才,2014.十位名师教《老王》[M].上海:上海教育出版社.

魏善春,李如密,2017.从"实体思维"到"事件思维":过程哲学视域中的教学生活图景[J].教育研究,(6):115-124.

沃特斯,2000.现代社会学理论[M].杨善华,李康,汪洪波,等译.北京:华夏出版社.

乌尔夫,2009.教育中的仪式:演示、模仿、跨文化[J]. 赵雅量,译,北京大学教育评论,(2):130-142.

吴恩瑛,2013.孩子的压力[M].青空,译.南宁:广西科学技术出版社.

吴冶平,2008.空间理论与文学的再现[M].兰州:甘肃人民出版社.

吴郁,2005. 当代广播电视播音主持[M]. 上海:复旦大学出版社.

武小鹏,张怡,2018."数学核心素养"内涵的再认识[J].上海教育科研,(7):16-20.

肖绍明,2020."朝向事件本身"的教育研究[J].高等教育研究,(5):10-17.

肖伟胜,2016.罗兰·巴尔特的《神话学》:从符号学到意识形态批评[J].广东社会科学,(4):175-184.

谢维和,2009.变形的教育符号——从"三好学生"的讨论说起[J].教育科学研究,(3):19-22.

徐岱,2010.小说叙事学[M].北京:商务印书馆.

徐莹,2011.老师,请走下讲台[M].南京:江苏美术出版社.

许锋华,2008.从实体到过程:过程哲学视野中传统课程观的反思[J].宁波大学学报(教育科学版),(1):2-6.

薛艺兵,2003a.对仪式现象的人类学解释(上)[J].广西民族研究,(2):26-33.

薛艺兵,2003b.对仪式现象的人类学解释(下)[J].广西民族研究,(3):39-48.

闫旭蕾,2007. 教育中的"肉"与"灵":身体社会学研究[M]. 南京:南京师范大学出版社.

扬,2002.知识与控制:教育社会学新探[M].谢维和,朱旭东,译.上海:华东师范大学出版社.

杨大春,1998.文本的世界:从结构主义到后结构主义[M].北京:中国社会科学出版社.

杨大春,2007.语言·身体·他者:当代法国哲学的三大主题[M].北京:生活·读书·新知三联书店.

仰海峰,2011.超真实、拟真与内爆——后期鲍德里亚思想中的三个重要概念[J].江苏社会科学,(4):14-21.

姚东旻,2015. 荣誉、地位的最优分配:组织中的非物质激励[M]. 北京:中国人民大学出版社.

姚伟,2005.儿童是自然的存在[J].学前教育研究,(Z1):5-7.

叶波,2014.翻转课堂颠覆了什么——论翻转课堂的价值与限度[J].课程·教材·教法,(10):29-33.

叶飞,2014.公共交往与公民教育[M].北京:人民出版社.

袁军辉,2006.检查的最终目的是什么[J].宁夏教育,(3):59.

袁宗金,2005.学校道德教育的转向:从"好孩子"到"好公民"[J].教育理论与实践,(9):43-46.

张斌,2012.仪式、象征权力与学术秩序——学术会议过程的社会学分析[J].高等教育研究,(1):21-26.

张奠宙,马文杰,2018.简评"数学核心素养"[J].教育科学研究,(9):62-66.

张海斌,2004.福柯《规训与惩罚》解读[J].青少年犯罪问题,(6):69-74.

张闳,2012.欲望号街车:流行文化符号批判[M].北京:中国人民大学出版社.

张闳,2014.言辞喧嚣的时刻[M].北京:新星出版社.

张继军,2007."新叙事学"还是"复数的叙事学"?——从《新叙事学》译名说起[J].解放军外国语学院学报,(2):100-104.

张家军,陈玲,2016.学校仪式教育的价值迷失与回归[J].中国教育学刊,(2):90-95.

张民选,王正平,2005.素质教育与上海教育发展[M].上海:上海三联书店.

张汝伦,2003.现代西方哲学十五讲[M].北京:北京大学出版社.

张艳丽,2013.空无课程资源在教材中的缺失——基于课程社会学的视角[J].教学与管理,(30):84-86.

张尧均,2004.隐喻的身体——梅洛-庞蒂的身体现象学研究[D].杭州:浙江大学.

张一兵,2008.拟像、拟真与内爆的布尔乔亚世界——鲍德里亚《象征交换与死亡》研究[J].江苏社会科学,(6):32-38.

张正江,2005."三好学生"的由来及其带来的问题[J].上海教育科研,(2):25-27.

赵锋,2016.面子、羞耻与权威的运作[J].社会学研究,(1):26-48.

赵福生,2011.福柯微观政治哲学研究[M].哈尔滨:黑龙江大学出版社.

赵国求,桂起权,吴新忠,等,2004.物理学的新神曲:量子力学曲率解释[M].武汉:武汉出版社.

赵宪章,2012.语图符号的实指和虚指——文学与图像关系新论[J].文学评论,(2):88-98.

郑佳欣,2016.高中数学应用题的特点与启示[J].科技经济导刊,(29):160.

郑文杰,2020.基于詹姆斯·费伦的修辞性叙事理论对电视小品的叙事研究[J].四川戏剧,(2):53-57.

郑毓信,1995.数学哲学、数学方法论与数学教育哲学——兼论数学哲学研究的方法论问题[J].南京大学学报(哲学社会科学版),(3):71-77.

郑毓信,肖红,2010.从数学哲学到数学教育——数学观的现代演变及其教育含义[J].课程·教材·教法,(12):39-44.

郑震,2010.空间:一个社会学的概念[J].社会学研究,(5):167-191.

中共中央文献研究室,1999.毛泽东文集(第六卷)[M].北京:人民出版社.

钟朝晖,徐晓阳,2013.青少年学习卫生知识[M].重庆:西南师范大学出版社.

钟启泉,2007."有效教学"研究呼唤教师决战课堂[J].上海教育科研,(2):34-35.

周旻,侯怀银,2016.语言与再生产——伯恩斯坦的符码理论探微[J].东北师大学报(哲学社会科学版),(3):235-239.

周庆谊,2007.青少年身心健康状况及对构建和谐社会的影响[J].前沿,(5):177-179.

周勇,2000.论教育文化研究——兼谈当代中国教育研究的困境与出路[J].教育发展研究,(7):13-16.

周远全,2011.福柯的风格[M].合肥:合肥工业大学出版社.

周志强,2017.声音与"听觉中心主义"——三种声音景观的文化政治[J].文艺研究,(11):91-102.

周作宇,2020.大学治理行动:秩序原理与制度执行[J].清华大学教育研究,(2):1-29.

朱光明,2006.座位的潜课程意义——中小学生座位体验研究[J].教育学报,(6):22-28.

朱建国,张怡,2009.促进学生理解的50种方法[M].上海:华东师范大学出版社.

朱有瓛,1989.中国近代学制史料(第一辑·上册)[M].上海:华东师范大学出版社.

佐藤学,2005.课堂改革:学校改革的中心课题[J].钟启泉,译.上海教育科研,(11):4-9.

Glas E,1999. Thought-experimentation and mathematical innovation[J]. Study in History and Philosophy of Science,(1):1-19.

Jablonka E,Niss M,2014. Mathematical literacy[M]//Lerman S,Sriraman B,Jablonka E,et al. Encyclopedia of Mathematics Education. Dordrecht:Springer:391-396.

Lacan J,1977. Ecrits:A Selection[M]. New York:Tavis-tock.

OECD,2010. PISA 2009 Assessment Framework:Key Competencies in Reading,

Mathematics and Science[R]. Paris：OECD Publishing.

Rose N，2001．The politics of life itself[J]．Theory，Culture & Society，（6）：1-30.

Sinfield A，1994．Cultural Politics-Queer Reading[M]．London：Routledge.

Williams R，1977．Marxism and Literature［M］．Oxford：Oxford University Press.

Williams R，1980．Problems in Materialism and Culture[M]．London：Verso.

后　记

　　近 20 年,我尝试着进行教育研究及其表达方式的个人转型,从原来的教育、课程、教学的基本理论研究(或称基本原理)转向教育现场的微观经验研究。转型大致经历了三个阶段:第一阶段是关于微观经验的基本理论研究,属于思辨性、概念史层面的研究;第二阶段是对教育微观经验研究及其重要性、必要性的呼吁,但没有真正从事微观经验研究;第三阶段是具体的基于校园生活的微观经验研究,到目前为止摸索了十年。其间,围绕国家社科基金项目,我们研究团队主要涉猎了两大研究主题:一是从"新现象学"的视角研究校园的日常身体现象;二是从"学校物件"的视角研究学生的日常文化实践。这些研究都是实验性的,边研究边学习边反思,力争探索出个性化的研究理路、选题视角以及教育微观经验的表达方式。

　　为什么要转到教育微观经验的研究路径上来?当时曾想,我国长期受苏联教育话语理论体系的影响,教育研究的提问方式及表达方式存在很多缺憾。教育学人总是喜欢从普遍性原理(比如基础、概要、纲要、论纲、元理论等)的层面探讨一些现代性问题,比如本质问题、规律问题、原则问题、方法问题、主体问题等。理论工作者似乎想要找到一种一劳永逸地解释、解决中国教育问题的良方,建立一种所谓的中国教育学的理论体系。我认为,这种现代主义的理论思维本身是成问题的,忽视了教育实践问题性质的合理解释与理性批判。而只有真正澄清教育实践中的问题,才能葆有理论创新的源头活水。换言之,只有从根本上澄清教育研究(或称教育学研究)的理论缺陷,解释教育实践中的问题究竟是什么,研究工作才会有理论意义、实践关怀与学科史价值。尽管

"书斋式""跟风式""标签化"的研究也有它们的意义,但要保持教育研究的"正
当性""合理性""创造性",研究者尚需持有在学科史、理论批评及教育民生等
领域独立的反思习惯。

为什么会选择从物件视角来研究教室的文化?不言而喻,校园的日常生
活是学校教育的基础,它不仅具有空间性维度,而且还具有时间性维度。在学
校众多的空间单元里,教室最具文化阐释价值。教室是学生在校生活时间最
长、物件种类最多的空间。教室作为教学的公共空间,它不是教育物件的收纳
场所,不是教育制度的管理对象,也不是师生的聚散地,而是求知、交往以及文
化接受与创造的精神家园。教室奠定了校园文化的实践根基。我们把具体的
研究视角投向教室的物件,展开了对物件体系结构、物件背后的生活事件的教
育学考察,并对知识论、身体观、主体论、教育美学、道德哲学等诸多理论范畴
进行深入的叙事化(而非概念化)的辨析,以期揭示校园生活的真实面貌。

长期以来,教育学界对文化研究的理解存在诸多歧义,一方面是因为文化
和文化研究确实很难定义,或者说其本身具有不可定义性;另一方面由于其跨
学科性的特点,它的研究对象漂浮不定,不易把握。但从狭义层面上说,自法
兰克福大学的社会研究所成立以来,文化研究以马克思主义、精神分析学派与
新康德主义的人文传统为理论基础,致力于对资本主义工业文化的批判。在
伯明翰学派那里,文化研究的宗旨与理路非常清晰——致力于工人阶级的文
化主体性的研究与坚守。因此,文化研究不能简单地被看成一种研究策略或
方法,它本身具有坚定的学术信念。文化研究源于文学研究,即一种研究文学
作品诞生与传播(后来发展为电影、电视、广告等美学领域)的外部研究,其本
质上是文学社会学的研究(或称文学文化研究)。20 世纪 60 年代以后的半个
世纪,源于文学研究的文化研究从学科内部的科学化、形式化研究转向了学科
与社会的关系研究,并在全世界范围发展成为一种人文社会科学的方法论。
教育文化研究则致力于教育与社会的复杂关系研究,是解释或揭示日常教育
活动得以"常态"运转的一种外部关系研究。

文化唯物主义(或称新物质主义)认为,物质在经过加工、生产、流动、交换
与消费等环节之后,具有传记性与文化性;物质并非科学认识的对象或客体,

它具有主体性。这种具有主体性、社会性的物质又可称为物件。物件不仅体现了特定时代的经济生产关系，而且表征了人的社会交往关系。物件在使用过程中（或者说在文化消费过程中）会产生传记故事，它的生活意义与生命价值会增值。物件并非实体性的、静态化的，它是事件化的、动态化的，会凝聚人的价值、意识与观念。

本书中的每个选题都有它的普遍性与特殊性的辩证考量。我们在研究教室里具体物件的时候，都暗含着特定的教育学主题。比如，书包的选题对应的是"学生课业负担（史）"问题，实际上是在追问课业负担的学理性难题或各种"减负"政策的合理性等。课桌的选题对应的是中国式的"知识生产方式"问题，而背后真正要追问的是——课堂的知识生产方式究竟在多大程度上受社会体制的影响，以及课桌的形制如何影响学生的日常思维方式。奖状的选题所要反思的是我国荣誉体制的深层逻辑，以及学生在特定荣誉体制的影响下形成的道德惯习问题。袖章的选题跟国家城市"创卫"工程的宏大叙事有关，主要是在一个微观的层面上投射教育秩序与社会文化的关系，即班级"创卫"理念及其卫生检查制度究竟是要建立何种卫生习惯来保证教育秩序的正常运作。基于数学应用题的选题，本质上是一种叙事学的符号研究。练习册作为一种文本现象，数学应用题编撰机制到底在何种程度上受到宏大教育母题的影响？诸如此类的系列化选题，都是以文化研究的思路来解释微观的教育经验在形塑学生的日常生活世界时所发挥的隐性作用。

秉着文化唯物主义的立场，我们在研究学校物件（包括教室物件）的时候，关注的是学生日常生活中常见的使用物，并通过观察、手记、编码、访谈、拍照、录频等具体程序把物件整理成物体系，整合成系统的研究对象。于是，我们列出了一系列的校园物件的宏大研究计划。比如教学建筑或空间艺术层面的教学楼、校门口、荣誉墙、操场、校园雕塑等；学校规章制度层面的作息表、课程表、检讨书、练习册、作业本等；学生日常生活物件层面的书包、课桌、小红花、红领巾、校服、黑板、拖把（各种卫生工具）、奖状等。这些基于日常生活的选题都曾经被列入近十年的研究计划。尤其是近五年，我们通过在中小学校园的田野调查，结识了包括校长、普通教师、学生、家长等在内的 200 多位受访者，拍摄了 2000 多张现场照片。在调查过程中,我们发现并整理了许许多多关于教室物件的故事。而且,更有趣味的是,我们在收集各类研究资料的过程中,本身也在创造着研究故事,创造了美好的与研究对象合作的故事。我们很享受这种具有创造性的研究过程。比如,我与陈广春在校门口对放学的小学生的书包进行随机称重的时候,学生觉得很新奇,排队配合称重活动,有的家长也参与进来,给我们主动讲述关于他们家小孩的书包的故事。学生与家长参与书包称重的热情超乎我们的预期。我与王硕在调研宁波市某区组织的初中小组合作教学改革的时候,关于课桌形制的改动,教研组的老师非常热情地给我们讲述了课桌变动对于小组合作教学的关键意义。另外,与方庆圆一起研究奖状与数学练习册,与盛志财一起研究学生的袖章以及班级卫生检查制度,我们遇见了许多至今仍难以忘怀的人与事。我们被故事中真实的主人公所感动,有时候我们甚至被研究过程中的意外发现所感动。如果不是真切地走进校园生活,就永远不会发现那些隐藏在物件背后的生活故事,以及故事背后所承载的教育真相。有些典型的故事已在书中呈现,而大多数则保存在调研资料中,希望有机会在后续的研究中跟读者分享。

书稿能够顺利出版,诚挚感谢责任编辑梅雪女士,她在具体的编辑过程中给我们提出许多细节上的修改意见,她的严格审查与专业细致的编辑工作,为书稿增色不少。另外,我还要感谢合作学校的刘光霞校长、赵芳燕校长、王立嘉校长、朱晓莉副校长等,以及配合调研活动的中小学老师、学生及其家长,是他们的热情参与,使我们的研究能够愉快地持续到底。

熊和平

2024 年 10 月